5년간 아무도 깨지 못한 기록

합격자 수 1위
에듀윌

공인중개사 최다 합격자 배출 공식 인증 (KRI 한국기록원 / 2016, 2017, 2019년 인증, 2021년 현재까지 업계 최고 기록)

합격자 수가 많은 이유는
분명합니다

합격자 수
1위

에듀윌 합격생 10명 중 9명
1년 내 합격

베스트셀러 1위
11 년간

합격률
4.5 배

에듀윌 공인중개사를 선택하면 합격은 현실이 됩니다.

5년간 아무도 깨지 못한 기록
합격자 수 1위 에듀윌

업계최초, 업계유일! KRI 한국기록원 공식 인증

합격자 수 최고 기록
KRI 한국기록원 공식 인증

11년간[*] 베스트셀러 1위

| 기초서 | 기본서 | 기출문제집 | 핵심요약집 | 문제집 | 실전모의고사 |

베스트셀러 1위 교재로 따라만 하면 합격하는 커리큘럼

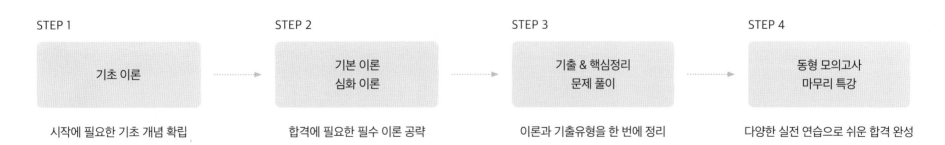

STEP 1	STEP 2	STEP 3	STEP 4
기초 이론	기본 이론 심화 이론	기출 & 핵심정리 문제 풀이	동형 모의고사 마무리 특강
시작에 필요한 기초 개념 확립	합격에 필요한 필수 이론 공략	이론과 기출유형을 한 번에 정리	다양한 실전 연습으로 쉬운 합격 완성

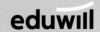

합격 후 성공까지!
최대 규모의 동문회

 그 해 합격자로 가득 찬 인맥북을
매년 발행합니다!

 전담 부서가 1만 5천여* 명 규모의
동문회를 운영합니다!

**2020 에듀윌 인맥북
두께는 무려**

7.0cm+α

* 2019년 에듀윌 인맥북 7.0cm

* 2021 대한민국 브랜드만족도 공인중개사 교육 1위 (한경비즈니스)
* 에듀윌 인맥북 2011년(22회) ~ 2020년(31회) 누적 등재 인원 수

9배* 많은
약 3만* 건의 후기

군복무 중에 에듀윌 커리큘럼만 믿고 공부해 합격

이○용 합격생

에듀윌이 합격자가 많기도 하고, 교수님이 많아 제가 원하는 강의를 고를 수 있는 점이 좋았습니다. 또, 커리큘럼이 잘 짜여 있어서 잘 따라만 가면 공부를 잘 할 수 있을 것 같아 에듀윌을 선택했습니다. 에듀윌의 커리큘럼대로 꾸준히 따라갔던 게 저만의 합격 비결인 것 같습니다.

업계 1위 에듀윌을 만나 140일 만에 동차 합격

조○아 합격생

경영 악화로 휴직을 하게 된 후 재취업의 불안함이 컸습니다. '나는 이런 사람이다'라는 걸 말해줄 수 있는 국가전문자격을 따면 좋을 거 같아 공인중개사 시험에 도전하게 되었습니다. 3남매를 키우며 공부하기가 쉽지 않았지만 에듀윌 교재에서 제공해주는 플래너에 학습 목표를 적어놓고 목표한 공부는 그날 다 끝냈어요. 슬럼프가 올 때마다 교수님들이 공부 방법과 조언을 해주셔서 그대로 따라만 갔는데 합격이라는 꿈을 이루게 되었습니다.

합격 이후가 걱정이 많았는데 에듀윌은 동문회가 잘 되어 있어 선택

김○태 합격생

뜻하지 않은 사고로 앓게 된 희귀난치성 질환. 끓는 물을 팔에 붓는 것과 같은 통증과 진통제 부작용으로 7년째 사회적으로 고립되다 보니, 국내에서는 허용되지 않지만 안락사까지 생각하게 됐습니다. 그러다, '벼랑 끝에도 희망은 있다'는 진심 어린 조언에 노후가 보장되고 꾸준히 일할 수 있는 직업인 공인중개사 공부를 시작하게 되었습니다. 저는 합격도 중요하지만 합격 이후가 걱정이 많이 됐습니다. 에듀윌은 에공회라는 동문회가 너무 잘 되어 있고, 교수진과 교재가 좋다는 얘기를 듣고 선택하게 됐습니다.

다음 합격의 주인공은 당신입니다!

더 많은
합격 비법

회원 가입하고 100% 무료 혜택 받기

가입 즉시, 공인중개사 공부에 필요한 모든 걸 드립니다!

무료 혜택 1
공인중개사 초보 수험가이드

시험개요, 과목별 학습 포인트 등 합격생들의 진짜 공부 노하우

무료 혜택 2
공인중개사 기초용어집

합격에 꼭 필요한 과목별 중요 용어만 담은 기초용어집

무료 혜택 3
전과목 기초강의 0원

2022년 시험대비 전과목 기초강의 무료 수강(7일)

무료 혜택 4
테마별 핵심특강

출제위원급 교수진의 합격에 꼭 필요한 필수 테마 무료 특강

무료 혜택 5
파이널 학습자료

시험 직전, 점수를 올려줄 핵심요약 자료와 파이널 모의고사 무료

* 조기 소진 시 다른 자료로 대체 제공될 수 있습니다.   * 서비스 개선을 위해 제공되는 자료의 세부 내용은 변경될 수 있습니다.

WELCOME COUPON

₩5,000

* 회원가입 즉시 지급됩니다.

신규 회원 가입하면 5,000원 쿠폰 바로 지급

* 해당 이벤트는 예고 없이 변경되거나 종료될 수 있습니다.

무료 회원 가입

친구 추천하고
한 달 만에 920만원 받았어요

2021년 2월 1달간 실제로 리워드 금액을 받아가신 *a*o*h**** 고객님의 실제사례입니다.

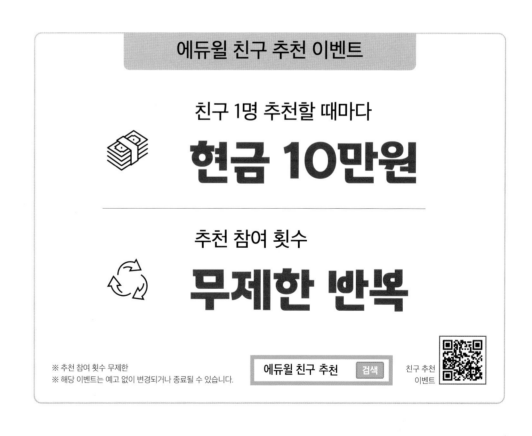

에듀윌 친구 추천 이벤트

친구 1명 추천할 때마다

현금 10만원

추천 참여 횟수

무제한 반복

※ 추천 참여 횟수 무제한
※ 해당 이벤트는 예고 없이 변경되거나 종료될 수 있습니다.

에듀윌 친구 추천 [검색]

친구 추천
이벤트

에듀윌 직영학원에서 합격을 수강하세요

서울 강남	02)6338-0600	강남역 1번 출구
서울 노량진	02)815-0600	대방역 2번 출구
서울 노원	02)3391-5600	노원역 9번 출구
서울 종로	02)6367-0600	동묘앞역 7번 출구
서울 천호	02)6314-0600	천호역 6번 출구
서울 신림	02)6269-0600	신림역 7번 출구
서울 홍대	02)6749-0600	홍대입구역 4번 출구

서울 발산	02)6091-0600	발산역 4번 출구
인천 부평	032)523-0500	부평역 지하상가 31번 출구
경기 부천	032)326-0100	상동역 3번 출구
경기 수원	031)813-0600	수원역 지하상가 13번 출구
경기 성남	031)602-0300	모란역 2번 출구
경기 평촌	031)346-0600	범계역 3번 출구
경기 일산	031)817-0600	마두역 1번 출구

경기 안산	031)505-0200	한대앞역 2번 출구
경기 김포(러닝큐브)	031)991-0600	사우역(골드라인) 3번 출구
대 전	042)331-0700	서대전네거리역 4번 출구
광 주	062)453-0600	상무역 5번 출구
대 구	053)216-0600	반월당역 12번 출구
부산 서면	051)923-0600	전포역 7번 출구
부산 해운대	051)925-0600	장산역 4번 출구

에듀윌의 상징 노란색의 환한 학원 입구

고품질 영상 및 음향 장비를 갖춘 최고의 강의실

언제나 전문 학습 매니저와 상담이 가능한 안내데스크

재충전을 위한 카페 분위기의 아늑한 휴게실

넉넉한 수납 공간의 개인사물함

시작하라.

그 자체가 천재성이고,
힘이며, 마력이다.

– 요한 볼프강 폰 괴테(Johann Wolfgang von Goethe)

2022

에듀윌 공인중개사

부동산공법 체계도

공인중개사 수험생들은
부동산공법을 가장 어려워 합니다

공법은 어디가
중요한 부분인지 모르겠어요.

분량이 너무 많아서 어디서부터
어떻게 정리를 해야 할지 모르겠어요.

공법은 봐도 봐도 너무 어렵고
어떻게 공부해야 할지 모르겠어요.

공법은 아무리 공부를 해도
점수가 안 나와요.

공법의 분량이 너무 많아서
여러 번 반복하기 힘들어요.

책을 보면 이해가 되지만
문제를 풀려고 하면 기억이 안 나요.

합격생들은 이렇게 말했습니다

"부동산공법의 정답은 체계입니다!"

* 에듀윌 공인중개사 홈페이지 교수소개 중 김희상 교수님 수강후기 게시글 내용 발췌

제목	공법 쉽게 배웠어요!!
별점	★★★★★ 등록자

공법 외울것도 많고 정말 어려웠는데
김희상교수님의 체계도와 합격노트를 병행하니
정말 쉽게 느껴지더라구요.

기본 심화 핵심만 1회독과
체계도와 합격노트 2회 반복으로 합격했습니다.

그만큼 양을 줄여주시고 중요한 부분만 콕콕 찝어 주시니

**기본 심화 핵심만 1회독과
체계도와 합격노트 2회 반복으로 합격했습니다.**

제목	합격점수받았습니다..
별점	★★★★★ 등록자

에듀윌로 따라왔지요..작년에 2문제 차이로 떨어졌는데 올해는 합격점수 받았습니다...합격노트랑 체계 강의 들

으면서도 체계도 열심히 봤어요..모의고사에서 어렵게 나와도 기본에서 약간 변형이 되어 나와도 많이 없었어요..

체계도 열심히 봤어요... 봤는데 이번 시험도 그렇게 나오더라구요...

60점 정도만

수강기간이 끝나서 더이상 선생님 답글 볼수가 없네요..작년에도 카페 있을때 글많이 남겼는데..올해도 달아주

별점	★★★★★ 등록자

에듀윌로 오셨네요.

이번에 2차 김희상 교수님 강의 듣고 과락 걱정하던 제가 60점 이상 받고 합격했어요.

그렇게 높지 않은 점수긴 하지만, 이제껏 강의 듣고 너무 반갑고 감사한 마음에 글 남깁니다.

깔끔하고 , 계속 반복적으로 듣다보니 어느새 체계도를 외우고 있던 저를 보았습니다.

체계도만 반복반복 또 했어요..

은 배신하지 않습니다. 다른분들 김희상교수님과 함께^^

체계도만 반복반복 또 했어요..

제목	29회 합격했어요~
별점	★★★★★ 등록자

김희상 교수님~
공법 ...공법... 여기도 힐끗 저기도 힐끗....방황하던 때,
교수님을 만나 정신이 번쩍 들었습니다. 그래 바로 이거야!!!!
공법 체계도는 구글 맵을 뛰어넘습니다 ㅎㅎ
진심 감사드리고 항상 응원하겠습니다~

**공법 체계도는 구글 맵을 뛰어넘습니다 ㅎㅎ
진심 감사드리고 항상 응원하겠습니다~**

베스트셀러 1위* 에듀윌 부동산공법 체계도로
공인중개사 시험에 합격하세요!

"부동산공법을 공부하는 여러분들께"

부동산공법은 수험생들에게 공포의 공법이라는 말로 불릴 만큼 용어도 낯설고 내용도 복잡하며 숫자도 많아서 접근하기가 어려운 법률입니다. 하지만 아무리 내용이 어려워도 공법의 원리와 체계를 통하여 접근하면, 공법은 더 이상 공포의 법률이 아닌 공부하고 싶고 기다려지는 과목이 됩니다. 부동산공법 체계도는 공부를 시작하는 수험생들이 공법에 대한 두려움을 없애고, 전체적인 체계도를 통해 숲을 머릿속에 그리고 세세한 이론을 공부하기를 바라는 생각에서 출간하게 되었습니다.

부동산공법의 정답은 체계입니다.

여러분이 공법을 더 이상 공포가 아닌 즐겁게 공부할 수 있도록 도와드리겠습니다.
본서를 통해 수험생 여러분들이 모두 합격의 길로 가시길 바랍니다.

2022년 1월 저자 | **명품공법 김희상**

약력
- 現 에듀윌 부동산공법 전임 교수
- 前 방송대학TV 부동산공법 강사
- 前 삼성 SDI e-campus 부동산공법 강사
- 前 한국자산관리공사 공법 특강 강사
- 前 주요 공인중개사학원 부동산공법 강사

저서
- 에듀윌 공인중개사 부동산공법 기초서, 기본서, 단원별/회차별 기출문제집, 핵심요약집, 출제예상문제집, 실전모의고사, 한손끝장 시리즈, 공법 체계도, 공법 합격노트, 민개공 30일 끝장 집필
- 주요 공인중개사학원 부동산공법 기본서, 문제집 집필

차례

이 책의 구성

1+1 체계도 + 빈칸 완성 한번 더!

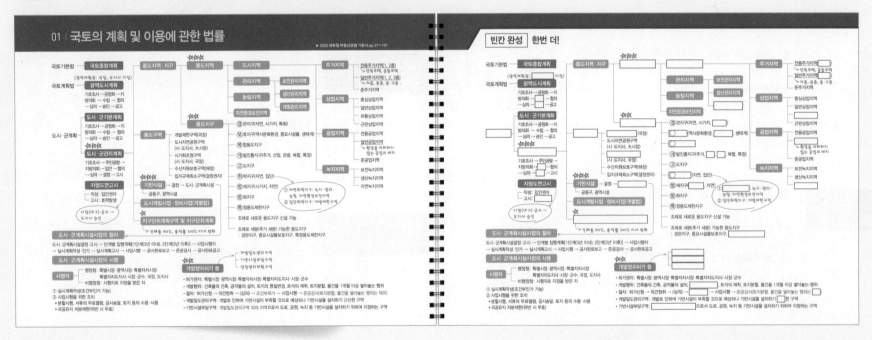

공법 흐름 한눈에 보기

공법은 전체적인 흐름과 절차를 먼저 파악한 후 세부적으로 살을 붙여나가면서 공부해야 합니다. 체계도를 통해 큰 틀을 이해하면서 전체적인 흐름을 파악하세요!

빈칸 채우면서 키워드 파악하기

무턱대고 암기하기보단 체계도 바로 옆쪽에 빈칸을 뚫은 체계도를 채워보며 자연스럽게 한번 더 주요 키워드를 반복하고 암기하세요.

2 핵심 POINT

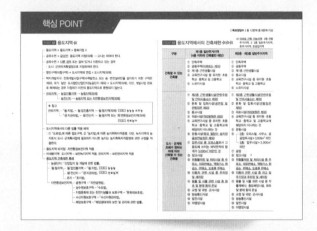

핵심 이론 보충하기

시험에 자주 출제되는 핵심 이론 위주로 압축 정리하였습니다.

3 기출 OX 문제

기출지문 정리하기

시험에 출제되었던 기출지문을 OX문제로 구성하였습니다.

4 마무리 암기노트

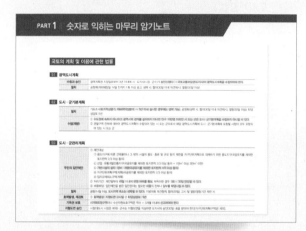

공법 중요 숫자 암기하기

중요 숫자를 완전히 내 것으로 만들어 공법 학습을 마무리하세요!

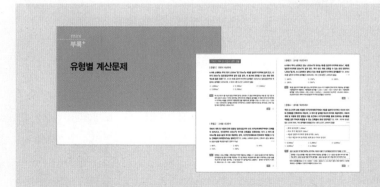

➕ [mini 부록] 유형별 계산문제

헷갈리는 계산문제를 한번에 정리할 수 있도록 유형별 계산문제를 부록으로 제공합니다.
친절한 풀이와 함께 계산문제를 해결해보세요!

법령별 주요 용어 정리

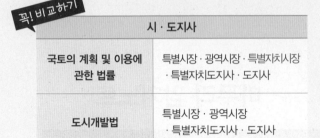

꼭! 비교하기

시·도지사	
국토의 계획 및 이용에 관한 법률	특별시장·광역시장·특별자치시장 ·특별자치도지사·도지사
도시개발법	특별시장·광역시장 ·특별자치도지사·도지사

특별자치시장·특별자치도지사·시장·군수·구청장	
도시 및 주거환경정비법	시장·군수 등
주택법	시장·군수·구청장

도시 및 주거환경 정비법	구청장 등	광역시의 군수를 포함
	기본계획	도시·주거환경정비 기본계획
	토지주택 공사등	토지주택공사 또는 지방공사
건축법	건폐율	대지면적에 대한 건축면적의 비율
	용적률	대지면적에 대한 연면적의 비율
	연면적	하나의 건축물의 각 층 바닥면적의 합계
주택법	사업주체	주택건설사업 또는 대지조성사업을 시행하는 자
	단위규모	주거전용면적

약어

국장	국토교통부장관
해장	해양수산부장관
행장	행정안전부장관
농장	농림축산식품부장관
개특법	개발제한구역의 지정 및 관리에 관한 특별조치법
공취법	공익사업을 위한 토지 등의 취득 및 보상에 관한 법률

부동산공법 체계도 이렇게 보세요!

☆	최근 5년간 시험에서 1회 이상 출제된 내용
☆☆	2회 이상 출제된 내용
☆☆☆	3회 이상 출제된 내용

검정색	기본 이론	손글씨	교수님 보충 설명
빨간색	중요 이론		재미있는 암기코드

개정법령 원스톱 서비스

에듀윌 도서몰에서 필요한 개정법령을 정리하여 제공하고 있습니다.

*에듀윌 도서몰
book.eduwill.net → 도서자료실

개정법령
확인하기

PART 1

40문제 중
12문제 출제

30%

국토의 계획 및
이용에 관한 법률

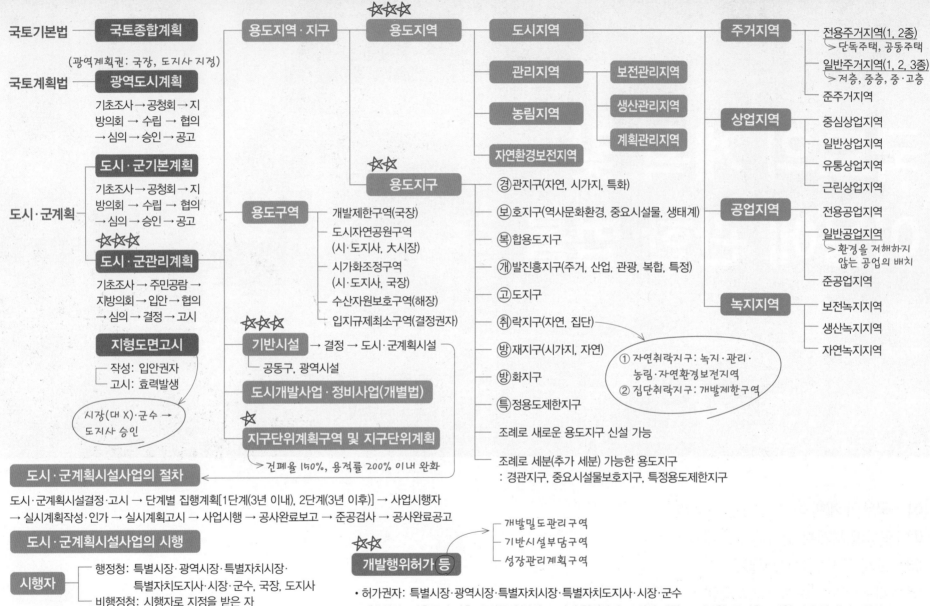

도시·군계획시설결정·고시 → 단계별 집행계획[1단계(3년 이내), 2단계(3년 이후)] → 사업시행자
→ 실시계획작성·인가 → 실시계획고시 → 사업시행 → 공사완료보고 → 준공검사 → 공사완료공고

도시·군계획시설사업의 시행

시행자 ┬ 행정청: 특별시장·광역시장·특별자치시장·
      │   특별자치도지사·시장·군수, 국장, 도지사
      └ 비행정청: 시행자로 지정을 받은 자

① 실시계획작성(조건부인가 가능)
② 사업시행을 위한 조치
 *분할시행, 서류의 무료열람, 공시송달, 토지 등의 수용·사용
 *국공유지 처분제한(위반 시 무효)

개발행위허가 등
┬ 개발밀도관리구역
├ 기반시설부담구역
└ 성장관리계획구역

• 허가권자: 특별시장·광역시장·특별자치시장·특별자치도지사·시장·군수
• 개발행위: 건축물의 건축, 공작물의 설치, 토지의 형질변경, 토석의 채취, 토지분할, 물건을 1개월 이상 쌓아놓는 행위
• 절차: 허가신청 → 의견청취 → (심의) → 조건부허가 → 사업시행 → 준공검사(토지분할, 물건을 쌓아놓는 행위는 제외)
• 개발밀도관리구역: 개발로 인하여 기반시설이 부족할 것으로 예상되나 기반시설을 설치하기 곤란한 구역
• 기반시설부담구역: 개발밀도관리구역 외의 지역으로서 도로, 공원, 녹지 등 기반시설을 설치하기 위하여 지정하는 구역

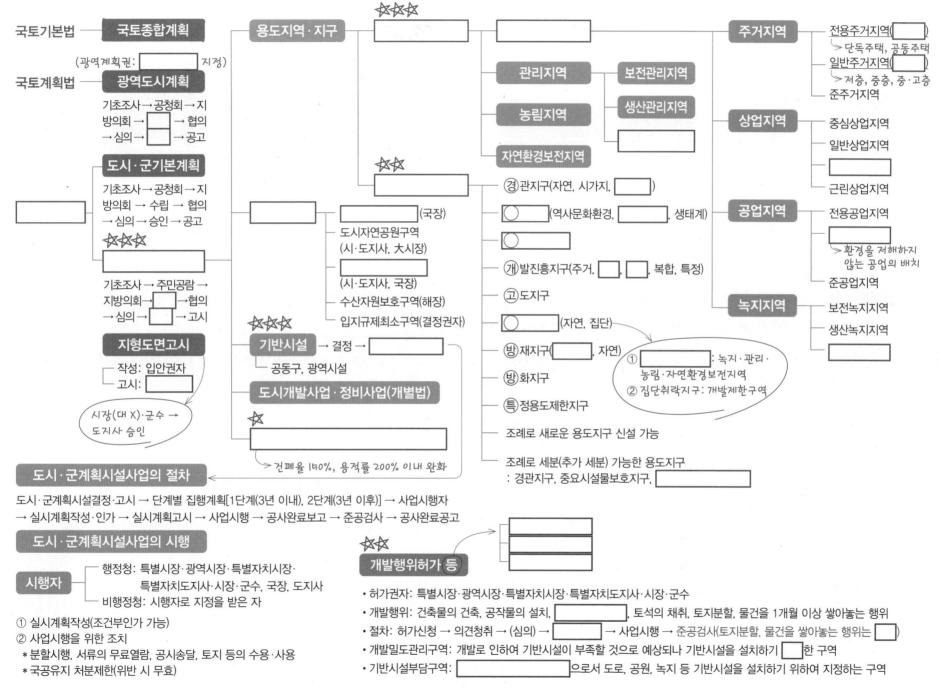

국토기본법 — 국토종합계획

(광역계획권: [　　] 지정)

국토계획법 — 광역도시계획
기초조사 → 공청회 → 지방의회 → [　　] → 협의 → 심의 [　　] → 공고

도시·군기본계획
기초조사 → 공청회 → 지방의회 → 수립 → 협의 → 심의 → 승인 → 공고

★★★
[　　　　]
기초조사 → 주민공람 → 지방의회 → [　　] → 협의 → 심의 → [　　] → 고시

지형도면고시
┌ 작성: 입안권자
└ 고시: [　　]
(시장(대 X)·군수 → 도지사 승인)

용도지역·지구
★★★ [　　] [　　]
★★ [　　]

관리지역 — 보전관리지역 / 생산관리지역 / [　　]
농림지역
자연환경보전지역

[　　] (국장)
도시자연공원구역 (시·도지사, 大시장)
[　　] (시·도지사, 국장)
수산자원보호구역(해장)
입지규제최소구역(결정권자)

★★★
기반시설 → 결정 → [　　]
└ 공동구, 광역시설
도시개발사업·정비사업(개별법)
★
[　　　　　　]
건폐율 150%, 용적률 200% 이내 완화

경 관지구(자연, 시가지, [　　])
○ [　　] (역사문화환경, [　　], 생태계)
○ [　　]
개 발진흥지구(주거, [　], [　], 복합, 특정)
고 도지구
○ [　　] (자연, 집단)
방 재지구([　　], 자연)
방 화지구
특 정용도제한지구
조례로 새로운 용도지구 신설 가능
조례로 세분(추가 세분) 가능한 용도지구 : 경관지구, 중요시설물보호지구, [　　]

① [　　]: 녹지·관리·농림·자연환경보전지역
② 집단취락지구: 개발제한구역

주거지역 — 전용주거지역([　　]) ↘ 단독주택, 공동주택
일반주거지역([　　]) ↘ 저층, 중층, 중·고층
준주거지역

상업지역 — 중심상업지역 / 일반상업지역 / [　　] / 근린상업지역

공업지역 — 전용공업지역 / [　　] ↘ 환경을 저해하지 않는 공업의 배치 / 준공업지역

녹지지역 — 보전녹지지역 / 생산녹지지역 / [　　]

도시·군계획시설사업의 절차
도시·군계획시설결정·고시 → 단계별 집행계획[1단계(3년 이내), 2단계(3년 이후)] → 사업시행자 → 실시계획작성·인가 → 실시계획고시 → 사업시행 → 공사완료보고 → 준공검사 → 공사완료공고

도시·군계획시설사업의 시행
시행자 ┬ 행정청: 특별시장·광역시장·특별자치시장·특별자치도지사·시장·군수, 국장, 도지사
　　　 └ 비행정청: 시행자로 지정을 받은 자
① 실시계획작성(조건부인가 가능)
② 사업시행을 위한 조치
* 분할시행, 서류의 무료열람, 공시송달, 토지 등의 수용·사용
* 국공유지 처분제한(위반 시 무효)

★★
개발행위허가 등 → [　　] / [　　] / [　　]
• 허가권자: 특별시장·광역시장·특별자치시장·특별자치도지사·시장·군수
• 개발행위: 건축물의 건축, 공작물의 설치, [　　], 토석의 채취, 토지분할, 물건을 1개월 이상 쌓아놓는 행위
• 절차: 허가신청 → 의견청취 → (심의) → [　　] → 사업시행 → 준공검사(토지분할, 물건을 쌓아놓는 행위는 [　])
• 개발밀도관리구역: 개발로 인하여 기반시설이 부족할 것으로 예상되나 기반시설을 설치하기 [　]한 구역
• 기반시설부담구역: [　　]으로서 도로, 공원, 녹지 등 기반시설을 설치하기 위하여 지정하는 구역

핵심 POINT

POINT 01 용어의 정의 ☆☆☆

- 광역도시계획: 광역계획권의 장기발전방향 제시
- 도시·군기본계획: 도시·군관리계획 수립의 지침
- 도시·군관리계획의 내용: 개발밀도관리구역 X, 기반시설부담구역 X
- 도시·군계획: 도시·군기본계획 + 도시·군관리계획
- 지구단위계획: 도시·군계획 수립 대상지역의 일부 전부 X
- 도시·군계획시설: 기반시설 중 도시·군관리계획으로 결정된 시설
- 도시·군계획시설사업: 도시·군계획시설을 설치·정비 또는 개량하는 사업
  └→ 기반시설 X
- 도시·군계획사업: 도시·군계획시설사업 + 도시개발사업 + 정비사업

POINT 02 광역계획권과 광역도시계획 ☆☆☆

- 지정권자 ┬ ① 둘 이상의 시·도에 걸치는 경우 → 국토교통부장관이 광역계획권을 지정할
            │   수 있다.
            └ ② 도의 관할구역에 속하는 경우 → 도지사가 광역계획권을 지정할 수 있다.
- 광역도시계획 ┬ ① 공청회(주민과 관계전문가 의견청취) 개최의무(생략 X), 타당성검토
              │   규정 X
              └ ② 국장, 시·도지사, 시장 또는 군수가 기초조사정보체계를 구축한 경우
                    에는 등록된 정보의 현황을 5년마다 확인하고 변동사항을 반영하여야
                    한다.
- 수립 및 승인
  ┌ ① 같은 도의 관할구역에 속하여 있는 경우: 시장, 군수(공동 수립) → 도지사(승인)
  ├ ② 둘 이상의 시·도의 관할구역에 걸쳐 있는 경우: 시·도지사(공동 수립) → 국토교통
  │   부장관(승인)
  ├ ③ 도지사, 국토교통부장관: 3년 이내 승인신청 X
  ├ ④ 공동 ┬ 시장, 군수 + 도지사   ┐ 요청 시
  │   └ 시·도지사 + 국토교통부장관   ┘
  └ ⑤ 단독 – 도지사: 시장, 군수가 협의 + 요청 시
- 재협의 권고 ┬ 국토교통부장관 → 시·도지사   ┐ 단독 O, 공동 X
              └ 도지사 → 시장, 군수   ┘
              └→ 기간 내 협의 X → 국장·도지사는 심의를 거쳐 직접 조정할 수 있다.

POINT 03 도시·군기본계획 ☆

- 기초조사: 토지적성평가 + 재해취약성분석
         → 5년 이내 실시한 경우에는 토지적성평가 + 재해취약성분석 생략 가능
- 확정 및 승인 ┬ 특별시장, 광역시장, 특별자치시장, 특별자치도지사 → 확정
              └ 시장, 군수 → 도지사 승인   └→ 국장의 승인 X
- 공청회: 도시·군기본계획을 수립하거나 변경하려면 주민과 관계전문가로부터 의견을 들어
         야 한다(생략 X).
- 다음의 어느 하나에 해당하는 시 또는 군은 도시·군기본계획을 수립하지 아니할 수 있다.

  > ① 수도권에 속하지 아니하고 광역시와 경계를 같이하지 아니한 인구 10만명 이하인 시
  >   또는 군
  > ② 관할구역 전부에 대하여 광역도시계획이 수립되어 있는 시 또는 군으로서 광역도시계
  >   획에 도시·군기본계획에 포함될 사항이 모두 포함되어 있는 시 또는 군

- 연계수립: 인접한 관할구역의 전부 또는 일부를 포함하여 도시·군기본계획을 수립할 수
           있다.
- 도시·군기본계획은 5년마다 타당성을 전반적으로 재검토하여 정비하여야 한다.
- 도시·군기본계획의 내용이 광역도시계획의 내용과 다를 때에는 광역도시계획의 내용이 우
  선한다.

POINT 04 도시·군관리계획 ★★☆

─ 도시지역 축소 → 주민 및 지방의회 의견청취 생략 가능

─ 기초조사 → 환경성검토 + 토지적성평가 + 재해취약성분석

─ 주민의 입안제안(면적기준은 국공유지 제외) **암기TIP** 용·산·기·지·입
 ├ ① **기**반시설 설치·정비·개량: 토지면적의 5분의 4 이상 동의
 ├ ② **지**구단위계획구역: 토지면적의 3분의 2 이상 동의
 ├ ③ 산업·유통개발진흥지구: 토지면적의 3분의 2 이상 동의
 ├ ④ 용도지구 중 용도지구에서의 건축제한 등을 지구단위계획으로 대체하기 위한 용도
 │   지구: 토지면적의 3분의 2 이상 동의
 └ ⑤ 입지규제최소구역의 지정 및 변경과 입지규제최소구역계획의 수립 및 변경에 관한
      사항
 → 45일 이내에 반영 여부 통보(1회에 한하여 30일 연장 가능)
 → 도시·군관리계획의 입안을 제안받은 자는 도시·군관리계획의 입안 및 결정에 필요한
    비용의 전부 또는 일부를 제안자에게 부담시킬 수 있다.

─ 동시입안: 도시·군관리계획은 광역도시계획이나 도시·군기본계획과 함께 입안할 수 있다.

─ 국장이 결정
 ├ ① 국장이 입안
 ├ ② 개발제한구역
 └ ③ 국가계획과 연계하여 지정하는 시가화조정구역

─ 해장이 결정: 수산자원보호구역

─ 시장·군수가 지구단위계획구역과 지구단위계획을 입안하면 시장·군수가 직접 결정한다.

─ 지형도면을 고시한 날부터 효력발생, 5년마다 타당성검토

─ 기득권보호: 시가화조정구역, 수산자원보호구역 = 착수 + 신고(3개월 이내)

POINT 05 기초조사 등의 생략가능사유 ★★☆

(1) 환경성검토, 토지적성평가, 재해취약성분석을 생략할 수 있는 사유
 ① 지구단위계획구역이 도심지(상업지역과 상업지역에 연접한 지역)에 위치하는 경우
 ② 지구단위계획구역 안의 나대지 면적이 구역 면적의 2%에 미달하는 경우
 ③ 해당 지구단위계획구역 또는 도시·군계획시설 부지가 다른 법률에 따라 지역·지구 등
    으로 지정되거나 개발계획이 수립된 경우
 ④ 지구단위계획의 내용에 너비 12m 이상 도로의 설치계획이 없는 경우
 ⑤ 기존의 용도지구를 폐지하고 지구단위계획을 수립 또는 변경하여 그 용도지구에 따른
    건축물이나 그 밖의 시설의 용도·종류 및 규모 등의 제한을 그대로 대체하려는 경우
 ⑥ 해당 도시·군계획시설의 결정을 해제하려는 경우

(2) 토지적성평가를 생략할 수 있는 사유
 ① 입안일부터 5년 이내에 토지적성평가를 실시한 경우
 ② 주거지역, 상업지역, 공업지역에 도시·군관리계획을 입안하는 경우
 ③ 「도시개발법」에 따른 도시개발사업의 경우
 ④ 지구단위계획구역 또는 도시·군계획시설 부지에서 도시·군관리계획을 입안하는 경우
 ⑤ 개발제한구역에 기반시설을 설치하는 경우
 ⑥ 개발제한구역에서 조정 또는 해제된 지역에 대하여 도시·군관리계획을 입안하는 경우

◈ 비교정리

구분	광역도시계획	도시·군기본계획	도시·군관리계획
기초조사	기초조사정보체계 (5년마다 반영)	• 토지적성평가 • 재해취약성분석	• 환경성검토 • 토지적성평가 • 재해취약성분석
타당성검토	×	○	○

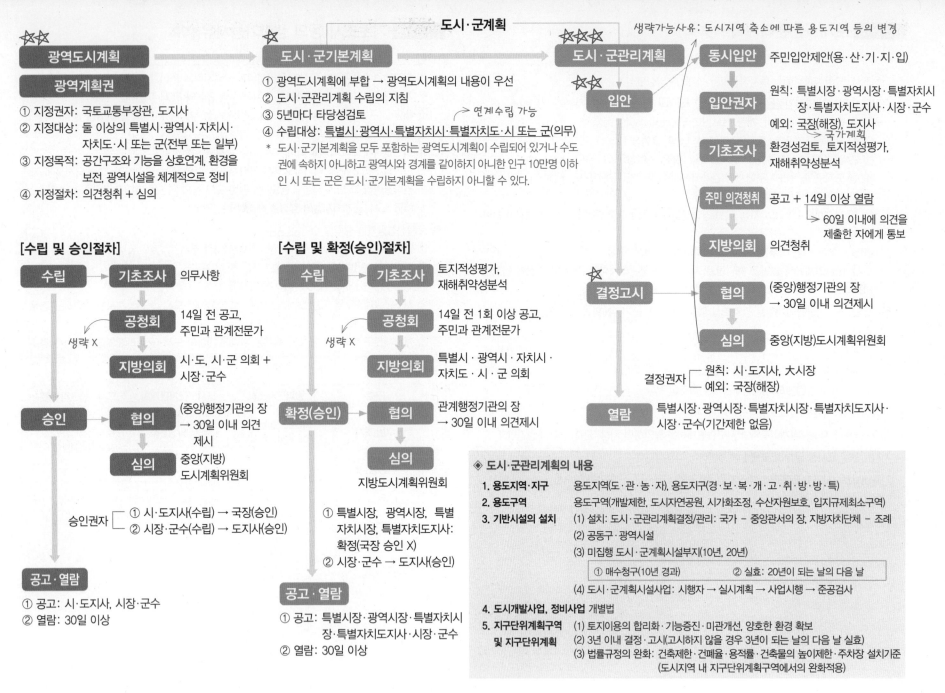

도시·군계획

생략가능사유 : 도시지역 축소에 따른 용도지역 등의 변경

광역도시계획 ☆☆

광역계획권

① 지정권자 : 국토교통부장관, 도지사
② 지정대상 : 둘 이상의 특별시·광역시·자치시·자치도·시 또는 군(전부 또는 일부)
③ 지정목적 : 공간구조와 기능을 상호연계, 환경을 보전, 광역시설을 체계적으로 정비
④ 지정절차 : 의견청취 + 심의

도시·군기본계획 ☆

① 광역도시계획에 부합 → 광역도시계획의 내용이 우선
② 도시·군관리계획 수립의 지침
③ 5년마다 타당성검토
④ 수립대상 : 특별시·광역시·특별자치시·특별자치도·시 또는 군(의무)
* 도시·군기본계획을 모두 포함하는 광역도시계획이 수립되어 있거나 수도권에 속하지 아니하고 광역시와 경계를 같이하지 아니한 인구 10만명 이하인 시 또는 군은 도시·군기본계획을 수립하지 아니할 수 있다.

연계수립 가능

도시·군관리계획 ☆☆☆
입안 ☆☆

동시입안 주민입안제안(용·산·기·지·입)

입안권자
원칙 : 특별시장·광역시장·특별자치시장·특별자치도지사·시장·군수
예외 : 국장(해장), 도지사
→ 국가계획

기초조사 환경성검토, 토지적성평가, 재해취약성분석

주민 의견청취 공고 + 14일 이상 열람
→ 60일 이내에 의견을 제출한 자에게 통보

지방의회 의견청취

결정고시 ☆

협의 (중앙)행정기관의 장 → 30일 이내 의견제시

심의 중앙(지방)도시계획위원회

결정권자 ┌ 원칙 : 시·도지사, 大시장
        └ 예외 : 국장(해장)

열람 특별시장·광역시장·특별자치시장·특별자치도지사·시장·군수(기간제한 없음)

[수립 및 승인절차]

수립 → **기초조사** 의무사항

공청회 14일 전 공고, 주민과 관계전문가

생략 X

지방의회 시·도, 시·군 의회 + 시장·군수

승인 → **협의** (중앙)행정기관의 장 → 30일 이내 의견 제시

심의 중앙(지방) 도시계획위원회

승인권자 ┌ ① 시·도지사(수립) → 국장(승인)
        └ ② 시장·군수(수립) → 도지사(승인)

공고·열람

① 공고 : 시·도지사, 시장·군수
② 열람 : 30일 이상

[수립 및 확정(승인)절차]

수립 → **기초조사** 토지적성평가, 재해취약성분석

공청회 14일 전 1회 이상 공고, 주민과 관계전문가

생략 X

지방의회 특별시·광역시·자치시·자치도·시·군 의회

확정(승인) → **협의** 관계행정기관의 장 → 30일 이내 의견제시

심의 지방도시계획위원회

① 특별시장, 광역시장, 특별자치시장, 특별자치도지사 : 확정(국장 승인 X)
② 시장·군수 → 도지사(승인)

공고·열람

① 공고 : 특별시장·광역시장·특별자치시장·특별자치도지사·시장·군수
② 열람 : 30일 이상

◈ 도시·군관리계획의 내용

1. **용도지역·지구** 용도지역(도·관·농·자), 용도지구(경·보·복·개·고·취·방·방·특)
2. **용도구역** 용도구역(개발제한, 도시자연공원, 시가화조정, 수산자원보호, 입지규제최소구역)
3. **기반시설의 설치**
   (1) 설치 : 도시·군관리계획결정/관리 : 국가 – 중앙관서의 장, 지방자치단체 – 조례
   (2) 공동구·광역시설
   (3) 미집행 도시·군계획시설부지(10년, 20년)

① 매수청구(10년 경과)	② 실효 : 20년이 되는 날의 다음 날

   (4) 도시·군계획시설사업 : 시행자 → 실시계획 → 사업시행 → 준공검사
4. **도시개발사업, 정비사업** 개별법
5. **지구단위계획구역 및 지구단위계획**
   (1) 토지이용의 합리화·기능증진·미관개선, 양호한 환경 확보
   (2) 3년 이내 결정·고시(고시하지 않을 경우 3년이 되는 날의 다음 날 실효)
   (3) 법률규정의 완화 : 건축제한·건폐율·용적률·건축물의 높이제한·주차장 설치기준 (도시지역 내 지구단위계획구역에서의 완화적용)

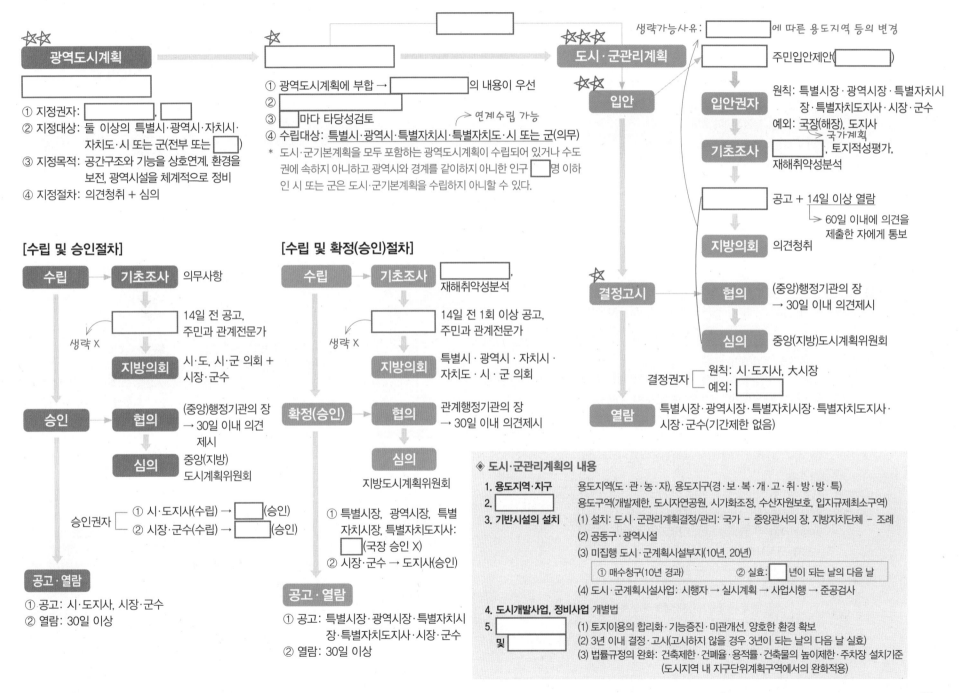

☆☆
광역도시계획 ➡

[   ]

① 지정권자: [   ], [   ]
② 지정대상: 둘 이상의 특별시·광역시·자치시·
   자치도·시 또는 군(전부 또는 [   ])
③ 지정목적: 공간구조와 기능을 상호연계, 환경을
   보전, 광역시설을 체계적으로 정비
④ 지정절차: 의견청취 + 심의

☆
[   ] ➡

① 광역도시계획에 부합 → [   ]의 내용이 우선
② [   ]
③ [   ]마다 타당성검토
④ 수립대상: 특별시·광역시·특별자치시·특별자치도·시 또는 군(의무)
                                    ⤷ 연계수립 가능
* 도시·군기본계획을 모두 포함하는 광역도시계획이 수립되어 있거나 수도
권에 속하지 아니하고 광역시와 경계를 같이하지 아니한 인구 [   ]명 이하
인 시 또는 군은 도시·군기본계획을 수립하지 아니할 수 있다.

생략가능사유: [   ]에 따른 용도지역 등의 변경

☆☆☆☆
도시·군관리계획
☆☆
입안

[수립 및 승인절차]

수립 → **기초조사** 의무사항
                ⬇
     [   ] 14일 전 공고,
     주민과 관계전문가
  생략 X ⬇
   지방의회 시·도, 시·군 의회 +
           시장·군수

승인 → **협의** (중앙)행정기관의 장
              → 30일 이내 의견
                 제시
         ⬇
       심의 중앙(지방)
           도시계획위원회

승인권자 ⎰ ① 시·도지사(수립) → [   ](승인)
        ⎱ ② 시장·군수(수립) → [   ](승인)

공고·열람

① 공고: 시·도지사, 시장·군수
② 열람: 30일 이상

[수립 및 확정(승인)절차]

수립 → **기초조사** [   ]
                 재해취약성분석
                ⬇
     [   ] 14일 전 1회 이상 공고,
     주민과 관계전문가
  생략 X ⬇
   지방의회 특별시·광역시·자치시·
           자치도·시·군 의회

확정(승인) → **협의** 관계행정기관의 장
                  → 30일 이내 의견제시
             ⬇
           심의
       지방도시계획위원회

① 특별시장, 광역시장, 특별
  자치시장, 특별자치도지사:
  [   ](국장 승인 X)
② 시장·군수 → 도지사(승인)

공고·열람

① 공고: 특별시장·광역시장·특별자치시
   장·특별자치도지사·시장·군수
② 열람: 30일 이상

☆
결정고시

입안권자 원칙: 특별시장·광역시장·특별자치시
            장·특별자치도지사·시장·군수
       예외: 국장(해장), 도지사
                 ⤷ 국가계획
   ⬇
기초조사 [   ], 토지적성평가,
          재해취약성분석
   ⬇
[   ] 공고 + 14일 이상 열람
          ⤷ 60일 이내에 의견을
            제출한 자에게 통보
   ⬇
지방의회 의견청취
   ⬇
협의 (중앙)행정기관의 장
      → 30일 이내 의견제시
   ⬇
심의 중앙(지방)도시계획위원회

결정권자 ⎰ 원칙: 시·도지사, 大시장
        ⎱ 예외: [   ]

열람 특별시장·광역시장·특별자치시장·특별자치도지사·
       시장·군수(기간제한 없음)

주민입안제안([   ])

◈ **도시·군관리계획의 내용**

1. 용도지역·지구	용도지역(도·관·농·자), 용도지구(경·보·복·개·고·취·방·방·특)
2. [ ]	용도구역(개발제한, 도시자연공원, 시가화조정, 수산자원보호, 입지규제최소구역)
3. 기반시설의 설치	(1) 설치: 도시·군관리계획결정/관리: 국가 - 중앙관서의 장, 지방자치단체 - 조례
	(2) 공동구 광역시설
	(3) 미집행 도시·군계획시설부지(10년, 20년)

   ① 매수청구(10년 경과) | ② 실효: [   ]년이 되는 날의 다음 날

(4) 도시·군계획시설사업: 시행자 → 실시계획 → 사업시행 → 준공검사

4. 도시개발사업, 정비사업 개별법

5. [   ] 및 [   ]

(1) 토지이용의 합리화·기능증진·미관개선, 양호한 환경 확보
(2) 3년 이내 결정·고시(고시하지 않을 경우 3년이 되는 날의 다음 날 실효)
(3) 법률규정의 완화: 건축제한·건폐율·용적률·건축물의 높이제한·주차장 설치기준
   (도시지역 내 지구단위계획구역에서의 완화적용)

핵심 POINT

POINT 01 용도지역 ☆

- 용도지역 + 용도지역 = 중복지정 X
- 공유수면 + 같으면: 용도지역 지정(의제) → 고시는 하여야 한다.
- 공유수면 + 다른 경우 또는 걸쳐 있거나 이웃하고 있는 경우
  : 도시·군관리계획결정으로 지정하여야 한다.
- 항만구역(어항구역) + 도시지역에 연접 = 도시지역(의제)
- 택지개발지구, 전원개발사업구역(수력발전소 또는 송·변전설비만을 설치하기 위한 구역은 제외), 국가·일반·도시첨단산업단지(농공단지 제외) = 도시지역(의제). 다만, 개발사업 완료로 해제되는 경우 지정하기 이전의 용도지역으로 환원되지 않는다.
- 관리지역 ┬ 농업진흥지역 → 농림지역(의제)
           └ 보전산지 → 농림지역 또는 자연환경보전지역(의제)

  > ◈ 참고
  > 관리지역 ┬ 「농 지법」 – 농 업진흥지역 → 농 림지역(의제) 암기TIP 농농농 쓰리농
  >   └ 「산 지관리법」 – 보 전산지 → 농 림지역 또는 자 연환경보전지역(의제)
  >   암기TIP 산보농자

- 도시지역에서의 다른 법률 적용 배제
  : ① 「도로법」에 따른 접도구역, ② 「농지법」에 따른 농지취득자격증명. 다만, 녹지지역의 농지로서 도시·군계획사업에 필요하지 아니한 농지는 농지취득자격증명에 관한 규정을 적용한다.
- 용도지역 미지정: 자연환경보전지역 적용
- 미세분지역: 도시지역 – 보전녹지지역 적용, 관리지역 – 보전관리지역 적용
- 용도지역 건축제한 특례
  ┬ 농공단지: 「산업입지 및 개발에 관한 법률」
  ├ 농 림지역 ┬ 농 업진흥지역 – 「농 지법」 암기TIP 농농농
  │   ├ 보 전산지 – 「산 지관리법」 암기TIP 산보농자
  │   └ 초지 – 「초지법」
  └ 자연환경보전지역 ┬ 공원구역 – 「자연공원법」
                    ├ 상수원보호구역 – 「수도법」
                    ├ 지정문화재 또는 천연기념물과 보호구역 – 「문화재보호법」
                    ├ 수산자원보호구역 – 「수산자원관리법」
                    └ 해양보호구역 – 「해양생태계의 보전 및 관리에 관한 법률」

POINT 02 용도지역에서의 건축제한 ☆☆☆

cf) 아파트 건축 가능지역: 2종 전용주거지역, 2·3종 일반주거지역, 준주거지역, 준공업지역

구분	제1종 일반주거지역 (4층 이하의 건축물만 해당)	제2종·제3종 일반주거지역
건축할 수 있는 건축물	① 단독주택 ② 공동주택(아파트는 제외) ③ 제1종 근린생활시설 ④ 교육연구시설 중 유치원·초등학교·중학교 및 고등학교 ⑤ 노유자시설	① 단독주택 ② 공동주택 ③ 제1종 근린생활시설 ④ 종교시설 ⑤ 교육연구시설 중 유치원·초등학교·중학교 및 고등학교 ⑥ 노유자시설
도시·군계획 조례가 정하는 바에 따라 건축할 수 있는 건축물	① 제2종 근린생활시설(단란주점 및 안마시술소는 제외) ② 문화 및 집회시설(공연장 및 관람장은 제외) ③ 종교시설 ④ 의료시설(격리병원은 제외) ⑤ 교육연구시설 중 유치원·초등학교·중학교 및 고등학교에 해당하지 아니하는 것 ⑥ 운동시설(옥외 철탑이 설치된 골프연습장은 제외) ⑦ 업무시설 중 오피스텔로서 그 용도에 쓰이는 바닥면적의 합계가 3,000㎡ 미만인 것 ⑧ 창고시설 ⑨ 위험물저장 및 처리시설 중 주유소, 석유판매소, 액화가스 취급소·판매소, 도료류 판매소 ⑩ 자동차 관련 시설 중 주차장 및 세차장 ⑪ 동물 및 식물 관련 시설 중 화초 및 분재 등의 온실 ⑫ 교정 및 국방·군사시설 ⑬ 방송통신시설 ⑭ 발전시설 ⑮ 야영장시설	① 제2종 근린생활시설(단란주점 및 안마시술소는 제외) ② 문화 및 집회시설(관람장은 제외) ③ 의료시설(격리병원은 제외) ④ 교육연구시설 중 유치원·초등학교·중학교 및 고등학교에 해당하지 아니하는 것 ⑤ 운동시설 ⑥ ┬ 2종: 오피스텔, 사무소, 공공업무시설+3,000㎡ 미만 　└ 3종: 업무시설+3,000㎡ 미만 ⑦ 공장 ⑧ 창고시설 ⑨ 위험물저장 및 처리시설 중 주유소, 석유판매소, 액화가스 취급소·판매소, 도료류 판매소 ⑩ 자동차 관련 시설 중 차고 및 주기장과 주차장 및 세차장 ⑪ 동물 및 식물 관련 시설 중 작물재배사, 종묘배양시설, 화초 및 분재 등의 온실 ⑫ 교정 및 국방·군사시설 ⑬ 방송통신시설 ⑭ 발전시설 ⑮ 야영장시설

(1) 건폐율 및 용적률의 최대한도

용도지역		세분된 용도지역	건폐율	용적률
도시지역	주거지역	제1종 전용주거지역	50%	100%
		제2종 전용주거지역	50%	150%
		제1종 일반주거지역	60%	200%
		제2종 일반주거지역	60%	250%
		제3종 일반주거지역	50%	300%
		준주거지역	70%	500%
	상업지역	중심상업지역	90%	1,500%
		일반상업지역	80%	1,300%
		유통상업지역	80%	1,100%
		근린상업지역	70%	900%
	공업지역	전용공업지역	70%	300%
		일반공업지역	70%	350%
		준공업지역	70%	400%
	녹지지역	보전녹지지역	20%	80%
		생산녹지지역	20%	100%
		자연녹지지역	20%	100%
관리지역		보전관리지역	20%	80%
		생산관리지역	20%	80%
		계획관리지역	40%	100%
농림지역		–	20%	80%
자연환경보전지역		–	20%	80%

(2) 건폐율 특별규정(조례로 정하는 비율)

① 자연취락지구: 60% 이하, ② 도시지역 외의 지역에 지정된 개발진흥지구: 40% 이하,

③ 자연녹지지역에 지정된 개발진흥지구: 30% 이하, ④ 수산자원보호구역: 40% 이하,

⑤ 자연공원: 60% 이하, ⑥ 농공단지: 70% 이하,

⑦ 공업지역에 있는 국가산업단지, 일반산업단지, 도시첨단산업단지 및 준산업단지
 : 80% 이하

(3) 용적률 특별규정(조례로 정하는 비율)

① 도시지역 외의 지역에 지정된 개발진흥지구: 100% 이하

② 수산자원보호구역: 80% 이하

③ 자연공원: 100% 이하

④ 농공단지(도시지역 외의 지정된 경우에 한함): 150% 이하

⑤ 방재지구(재해저감대책에 부합한 주거지역·상업지역·공업지역): 120% 이하

용도지구의 세분 ─ 경관지구(자연, 시가지, 특화), 보호지구(역사문화환경, 중요시설물, 생태계)
 ├ 개발진흥지구(주거, 산업·유통, 관광·휴양, 복합, 특정)
 └ 취락지구(자연, 집단), 방재지구(시가지, 자연)

조례에 의한 세분 또는 추가세분: 경관지구, 중요시설물보호지구 및 특정용도제한지구

복합용도지구 ─ 일반주거지역: 안마시술소, 관람장, 공장, 위험물 저장 및 처리시설, 동물 및 식물 관련 시설, 장례시설을 건축할 수 없다.
 암기TIP 마관동 공장물
 ├ 일반공업지역: 아파트, 단란주점 및 안마시술소, 노유자시설을 건축할 수 없다.
 암기TIP 노란파마
 └ 계획관리지역: 판매시설, 유원시설업의 시설을 건축할 수 있다.

개발진흥지구 ─ 지구단위계획 또는 개발계획을 수립하는 경우 → 지구단위계획 또는 개발계획
 ├ 지구단위계획 또는 개발계획이 수립되기 전 → 조례
 └ 지구단위계획 또는 개발계획이 수립되지 아니한 경우 → 해당 용도지역에 허용하는 건축물을 건축할 수 있다.

고도지구: 도시·군관리계획으로 정하는 높이를 초과하는 건축물을 건축할 수 없다.

자연취락지구: 녹지지역, 관리지역, 농림지역, 자연환경보전지역 ⟶ 노래연습장은 설치 가능
 → 4층 이하 + [단독주택, 제1종 근린생활시설, 제2종 근린생활시설(휴게음식점, 제과점, 일반음식점, 단란주점, 안마시술소는 제외), 운동시설, 동물 및 식물 관련 시설, 방송통신시설, 발전시설, 창고(농업·임업·축산업·수산업)]를 건축할 수 있다.

집단취락지구: 개발제한구역(개특법)

◆ 추가
용도지역·용도지구 안에서의 도시·군계획시설에 대하여는 용도지역·용도지구 안의 건축제한에 관한 규정을 적용하지 아니한다.

핵심 POINT

MEMO

POINT 05 용도구역 ☆

- 개 발제한구역: 국토교통부장관 + 보안
- 도 시자연공원구역: 시·도지사, 대도시 시장 + 산지
- 시 가화조정구역: 시·도지사, 국토교통부장관(국가계획과 연계 시)
  - 무질서한 시가화 방지 + 계획적·단계적 개발을 도모
  - 시가화 유보기간: 5년 ~ 20년 이내
  - 유보기간 + 다음 날 = 실효(고시의무)
  - 도시·군계획사업: ① 국방상·공익상 불가피한 것 + ② 중앙행정기관의 장의 요청 + ③ 국장이 인정하는 사업만 시행할 수 있다.
  - 비도시·군계획사업: 허가(O)
- 수 산자원보호구역: 해양수산부장관 + 수산자원을 보호·육성(공유수면)
- 입 지규제최소구역: 도시·군관리계획의 결정권자
  - 지정대상 ― ① 도시·군기본계획에 따른 도심·부도심 또는 생활권의 중심지역
    - ② 철도역사, 터미널, 항만, 공공청사, 문화시설 등의 기반시설 중 지역의 거점 역할을 수행하는 시설을 중심으로 주변지역을 집중적으로 정비할 필요가 있는 지역
    - ③ 세 개 이상의 노선이 교차하는 대중교통 결절지로부터 1km 이내에 위치한 지역
    - ④ 「도시 및 주거환경정비법」에 따른 노후·불량건축물이 밀집한 주거지역 또는 공업지역으로 정비가 시급한 지역
    - ⑤ 「도시재생 활성화 및 지원에 관한 특별법」에 따른 도시재생활성화지역 중 도시경제기반형 활성화계획을 수립하는 지역
    - ⑥ 도시첨단산업단지
    - ⑦ 소규모주택정비사업의 시행구역
    - ⑧ 근린재생형활성화계획을 수립하는 지역
  - 협의기간: 10일 이내에 의견을 회신하여야 한다.
  - 지정제한: 다른 법률에서 도시·군관리계획의 결정을 의제하고 있는 경우에도 「국토의 계획 및 이용에 관한 법률」에 따르지 아니하고 입지규제최소구역의 지정과 입지규제최소구역계획을 결정할 수 없다.
  - 적용배제: ① 부설주차장 설치기준, ② 건축물에 대한 미술작품의 설치, ③ 공개공지 등의 확보에 관한 규정을 적용하지 아니할 수 있다.
  - 지정의제: 입지최소구역으로 지정된 지역은 「건축법」에 따른 특별건축구역으로 지정된 것으로 본다.

기출 OX 문제

광역도시계획 및 도시·군계획

01 중앙행정기관의 장, 시·도지사, 시장 또는 군수는 국토교통부장관이나 도지사에게 광역계획권의 변경을 요청할 수 있다. [29회] (O | X)

02 국토교통부장관은 시·도지사가 요청하는 경우에도 시·도지사와 공동으로 광역도시계획을 수립할 수 없다. [28회] (O | X)

03 광역도시계획을 공동으로 수립하는 시·도지사는 그 내용에 관하여 서로 협의가 되지 아니하면 공동이나 단독으로 국토교통부장관에게 조정을 신청할 수 있다. [31회] (O | X)

04 용도지구의 지정은 도시·군관리계획으로 결정한다. [26회] (O | X)

05 광역계획권은 광역시장이 지정할 수 있다. [26회] (O | X)

06 광역도시계획의 수립을 위한 공청회는 광역계획권 단위로 개최하되, 필요한 경우에는 광역계획권을 여러 개의 지역으로 구분하여 개최할 수 있다. [31회] (O | X)

07 도지사는 시장 또는 군수가 협의를 거쳐 요청하는 경우에는 단독으로 광역도시계획을 수립할 수 있다. [31회] (O | X)

08 도시지역에 대해 세부 용도지역이 지정되지 아니한 경우 건폐율에 대해서는 자연녹지지역에 관한 규정을 적용한다. [24회] (O | X)

09 「수도권정비계획법」에 따른 수도권에 속하지 아니하고 광역시와 경계를 같이하지 아니하는 인구 7만명의 군은 도시·군기본계획을 수립하지 아니할 수 있다. [24회] (O | X)

10 광역시장이 도시·군기본계획을 수립하려면 국토교통부장관의 승인을 받아야 한다. [24회] (O | X)

11 도시·군기본계획 입안일부터 5년 이내에 토지적성평가를 실시한 경우에는 토지적성평가를 하지 아니할 수 있다. [31회] (O | X)

12 시장 또는 군수는 인접한 시 또는 군의 관할구역을 포함하여 도시·군기본계획을 수립하려면 미리 그 시장 또는 군수와 협의하여야 한다. [31회] (O | X)

13 광역도시계획이 수립되어 있는 지역에 대하여 수립하는 도시·군기본계획의 내용이 광역도시계획의 내용과 다를 때에는 도시·군기본계획의 내용이 우선한다. [26회] (O | X)

14 산업·유통개발진흥지구의 지정 및 변경에 관한 사항은 주민의 입안제안의 대상에 해당하지 않는다. [30회], [32회] (O | X)

15 시장 또는 군수가 입안한 지구단위계획구역의 지정·변경에 관한 도시·군관리계획은 시장 또는 군수가 직접 결정한다. [31회] (O | X)

16 개발제한구역의 지정에 관한 도시·군관리계획은 국토교통부장관이 결정한다. [31회] (O | X)

17 도시·군관리계획 결정의 효력은 지형도면을 고시한 날부터 발생한다. [31회], [32회] (O | X)

18 특별시장·광역시장·특별자치시장·특별자치도지사·시장 또는 군수는 도시·군관리계획에 대하여 10년마다 타당성을 전반적으로 재검토하여 이를 정비하여야 한다. [22회] (O | X)

정답

01 O **02** X (국토교통부장관은 시·도지사가 요청하는 경우에는 시·도지사와 공동으로 광역도시계획을 수립할 수 있다) **03** O **04** O **05** X (광역계획권은 국토교통부장관 또는 도지사가 지정한다) **06** O **07** O **08** X (자연녹지지역이 아니라 보전녹지지역에 관한 규정을 적용한다) **09** O **10** X (광역시장이 도시·군기본계획을 수립하려면 국토교통부장관의 승인을 받지 않고 확정한다) **11** O **12** O **13** X (광역도시계획의 내용이 우선한다) **14** X (주민은 산업·유통개발진흥지구의 지정 및 변경에 관한 사항에 대하여 입안을 제안할 수 있다) **15** O **16** O **17** O **18** X (5년마다 타당성을 재검토하여 이를 정비하여야 한다)

주차장, 사회복지시설, 장사시설, 종합의료시설, 빗물저장 및 이용시설, 폐차장은 도시·군관리계획으로 결정 X

도시·군계획시설 결정·고시

① 원칙: 시·도지사 또는 大시장
② 예외: 국장

단계별 집행계획수립 → 입안권자

① 대상: 도시·군계획시설
② 기간: 결정·고시일로부터 3개월 이내
③ 구분: 1단계(3년 이내), 2단계(3년 이후)
④ 절차: 협의 + 지방의회 의견청취 → 수립 → 공고
⑤ 내용: 재원조달계획, 보상계획

사업시행자

행정청 ─ 원칙: 관할구역의 장(6명)
　　　　└ 협의(X): 국장 또는 도지사가 시행자를 지정한다.
　　　　예외: 국장 → 국가계획,
　　　　　　　 도지사 → 광역도시계획

비행정청 ─ 지정받은 자: 민간사업시행자(면적 2/3 이상 소유 + 총수 1/2 이상 동의)

실시계획 작성 및 인가신청

① 사업시행자 작성의무
② 인가권자
　┌ 원칙: 시·도지사 또는 大시장
　└ 예외: 국장(국장이 지정한 시행자)

실시계획인가·고시

① 인가절차: 공고+14일 이상 열람
② 조건부 인가(기·위·환·경·조)
③ 이행보증금 예치(국가, 지방자치단체, 공공기관 등은 제외)
④ 경미한 변경: 인가받지 않아도 된다.
　→ 사업구역 경계의 변경이 없는 범위 안에서 연면적 10% 미만 변경
⑤ 실시계획의 실효

10년 이후
↓ 5년
재결신청(X)　　5년이 지나기 전에 면적 2/3 이상 소유한 경우에는 7년
↓
5년이 되는 날의 다음 날

사업시행

1. 시행자 보호규정
　① 사업의 분할시행
　② 서류의 무료 열람
　③ 서류의 공시송달(비행정청: 국장, 시·도지사, 大시장 승인)
　④ 행정심판: 비행정청 → 시행자를 지정한 자
　⑤ 공·취·법을 준용

◈ **공·취·법의 특례**
　㉠ 실시계획 고시 → 사업인정 및 고시(의제)
　㉡ 재결신청기간 → 사업시행기간(1년 이내 X)

2. 필요한 토지 등은 수용 가능
3. 인접한 토지 등은 일시사용만 가능(수용 X)

준공검사

① 시·도지사 또는 大시장(국장 X)
② 준공검사증명서 발급

공사완료공고

① 시·도지사 또는 大시장 → 공보와 인터넷 홈페이지
② 국장 → 관보와 국토교통부의 인터넷 홈페이지

◈ **도시·군계획시설결정의 실효** ☆☆☆

도시·군계획시설결정이 고시된 도시·군계획시설에 대하여 그 고시일부터 20년이 지날 때까지 그 시설의 설치에 관한 도시·군계획시설사업이 시행되지 아니하는 경우 그 도시·군계획시설결정은 그 고시일부터 20년이 되는 날의 다음 날에 그 효력을 잃는다.

◈ **지방의회의 해제권고**

해제권고	보고주체	지방자치단체의 장(6명)은 도시·군계획시설결정의 고시일부터 10년이 지날 때까지 사업이 시행되지 아니한 경우에는 지방의회의 정례회 또는 임시회의 기간 중에 이를 보고하여야 한다.
	보고기간	① 지방의회의 해제권고 → 90일 이내에 해제를 권고하는 서면을 지방자치단체의 장에게 송부 ② 해제되지 아니한 시설 → 2년마다 지방의회에 보고
해제결정		① 해제권고받은 지방자치단체의 장 → 1년 이내에 해제를 위한 결정 ② 지방자치단체의 장이 해제할 수 없다고 인정 → 6개월 이내에 소명
결정신청		시장·군수 → 도지사에게 결정신청

◈ **도시·군계획시설부지의 매수청구** ☆☆☆

1. 매수청구자	도시·군관리계획의 결정의 고시일로부터 10년 이내에 도시·군계획시설사업이 시행되지 아니한 경우(실시계획의 인가가 진행된 경우는 제외) 지목이 대(垈)인 토지(건축물 및 정착물을 포함)의 소유자
2. 매수의무자	(1) 특별시장·광역시장·특별자치시장·특별자치도지사·시장·군수 (2) 사업시행자 (3) 설치·관리의무자(서로 다른 경우에는 설치의무자)
3. 매수 여부 결정 및 통지	(1) 매수청구가 있는 날부터 6개월 이내에 매수 여부를 결정 → 토지소유자에게 통지 (2) 매수결정을 통지한 날로부터 2년 이내에 매수하여야 한다.
4. 매수대금의 지급	(1) 원칙: 현금 (2) 예외: 도시·군계획시설채권(매수의무자가 지방자치단체) 　① 토지소유자가 원하는 경우 　② 부재부동산소유자의 토지 또는 비업무용 토지로서 매수대금이 3천만원을 초과하여 그 초과하는 금액을 지급하는 경우 (3) 상환기간 및 이율: 상환기간은 10년 이내로 하며, 이율은 1년 만기 정기예금금리의 평균 이상으로 하되 구체적인 상환기간과 이율은 조례로 정한다. (4) 「지방재정법」 준용: 채권의 발행절차에 관한 사항은 「지방재정법」에 따른다.
5. 매수가격 및 절차	공·취·법 준용 → 다중주택 X, 다가구주택 X, 공관 X
6. 매수거부·지연 시 조치	(1) 3층 이하의 단독주택, 3층 이하의 1종 근린생활시설, 3층 이하의 2종 근린생활시설(단란주점, 안마시술소, 노래연습장, 다중생활시설은 제외), 공작물 설치 가능 (2) 개발행위허가의 기준을 적용하지 아니한다.

주차장, ⬚⬚⬚⬚, 장사시설, 종합의료시설, 빗물저장 및 이용시설, 폐차장은 도시·군관리계획으로 결정 X

도시·군계획시설 결정·고시

① 원칙: 시·도지사 또는 大시장
② 예외: 국장

⬚⬚⬚⬚ → 입안권자

① 대상: 도시·군계획시설
② 기간: 결정·고시일로부터 3개월 이내
③ 구분: 1단계(3년 이내), 2단계(3년 이후)
④ 절차: 협의 + 지방의회 의견청취 → 수립
　　　　→ 공고
⑤ 내용: 재원조달계획, 보상계획

✦ 사업시행자

행정청 ─ 원칙: 관할구역의 장(6명)
　　　　　└ 협의(X): 국장 또는 도지사가
　　　　　　　　　　　 시행자를 지정한다.
　　　　─ 예외: 국장 → ⬚⬚⬚⬚
　　　　　　　도지사 → 광역도시계획
비행정청 ─ 지정받은 자: ⬚⬚⬚⬚ (면적 2/3 이상 소유 + 총수 ⬚⬚ 동의)

실시계획 작성 및 인가신청

① 사업시행자 작성의무
② 인가권자
　┌ 원칙: 시·도지사 또는 大시장
　└ 예외: 국장(국장이 지정한 시행자)

✦ 실시계획인가·고시

① 인가 절차: 공고+14일 이상 열람
② ⬚⬚⬚⬚ (기·위·환·경·조)
③ 이행보증금 예치(국가, 지방자치단체,
　 공공기관 등은 ⬚⬚⬚⬚)
④ 경미한 변경: 인가받지 않아도 된다.
　 ↳ 사업구역 경계의 변경이 ⬚ 범위
　　 안에서 연면적 10% 미만 변경
⑤ 실시계획의 실효

10년 이후
　↓
　5년　뒤년이 지나기 전에
　↓　　　 면적 2/3 이상
재결신청(X)　소유한 경우에는 7년
　↓
5년이 되는 날의 다음 날

◈ 도시·군계획시설결정의 실효 ✦✦✦

도시·군계획시설결정이 고시된 도시·군계획시설에 대하여 그 고시일부터 20년이 지날 때까지 그 시설의 설치에 관한 도시·군계획시설사업이 시행되지 아니하는 경우 그 도시·군계획시설결정은 그 고시일부터 20년이 되는 날의 ⬚⬚ 에 그 효력을 잃는다.

◈ 지방의회의 해제권고

해제권고	보고주체	지방자치단체의 장(6명)은 도시·군계획시설결정의 고시일부터 10년이 지날 때까지 사업이 시행되지 아니한 경우에는 지방의회의 정례회 또는 임시회의 기간 중에 이를 보고하여야 한다.
	보고기간	① 지방의회의 해제권고 → 90일 이내에 해제를 권고하는 서면을 지방자치단체의 장에게 송부 ② 해제되지 아니한 시설 → 2년마다 지방의회에 보고
해제결정		① 해제권고받은 지방자치단체의 장 → ⬚⬚ 에 해제를 위한 결정 ② 지방자치단체의 장이 해제할 수 없다고 인정 → ⬚⬚ 에 소명
결정신청		시장·군수 → ⬚⬚ 에게 결정신청

✦ 사업시행

1. 시행자 보호규정
　① 사업의 ⬚⬚⬚⬚
　② 서류의 무료 열람
　③ 서류의 공시송달(비행정청: 국장, 시·도지사, 大시장 승인)
　④ 행정심판: 비행정청 → 시행자를 지정한 자
　⑤ 공·취·법을 준용

　◈ **공·취·법의 특례**
　　㉠ ⬚⬚⬚⬚ → 사업인정 및 고시(의제)
　　㉡ 재결신청기간 → 사업시행기간(1년 이내 X)

2. 필요한 토지 등은 수용 가능
3. 인접한 토지 등은 ⬚⬚⬚⬚ 만 가능(수용 X)

준공검사

① 시·도지사 또는 大시장(국장 X)
② 준공검사증명서 발급

공사완료공고

① 시·도지사 또는 大시장 → 공보와 인터넷 홈페이지
② 국장 → 관보와 국토교통부의 인터넷 홈페이지

◈ 도시·군계획시설부지의 매수청구 ✦✦✦

1. 매수청구자	도시·군관리계획의 결정의 고시일로부터 ⬚⬚ 이내에 도시·군계획시설사업이 시행되지 아니한 경우(실시계획의 인가가 진행된 경우는 제외) 지목이 ⬚⬚ 인 토지 (⬚⬚ 및 정착물을 포함)의 소유자
2. 매수의무자	(1) 특별시장·광역시장·특별자치시장·특별자치도지사·시장·군수 (2) ⬚⬚⬚⬚ (3) 설치·관리의무자(서로 다른 경우에는 설치의무자)
3. 매수 여부 결정 및 통지	(1) 매수청구가 있은 날부터 ⬚⬚ 에 매수 여부를 결정 → 토지소유자에게 통지 (2) 매수결정을 통지한 날로부터 ⬚⬚ 에 매수하여야 한다.
4. 매수대금의 지급	(1) 원칙: 현금 (2) 예외: 도시·군계획시설채권(매수의무자가 ⬚⬚⬚⬚)

　① 토지소유자가 원하는 경우
　② 부재부동산소유자의 토지 또는 비업무용 토지로서 매수대금이 ⬚⬚ 을 초과하여 그 ⬚⬚ 을 지급하는 경우

(3) 상환기간 및 이율: 상환기간은 ⬚⬚ 로 하며, 이율은 1년 만기 정기예금금리의 평균 이상으로 하되 구체적인 상환기간과 이율은 조례로 정한다.
(4) 「지방재정법」 준용: 채권의 발행절차에 관한 사항은 「지방재정법」에 따른다.

5. 매수가격 및 절차	공·취·법 준용 ↳ 다중주택 X, 다가구주택 X, 공관 X
6. 매수거부·지연 시 조치	(1) 3층 이하의 ⬚⬚ , 3층 이하의 1종 근린생활시설, 3층 이하의 2종 근린생활시설(단란주점, 안마시술소, 노래연습장, ⬚⬚ 은 제외), 공작물 설치 가능 (2) 개발행위허가의 기준을 적용하지 아니한다.

핵심 POINT

POINT 01 도시 · 군계획시설사업 ★★☆

- 기반시설의 종류 ┬ 공간시설: 광장, 공원, 녹지, 유원지, 공공공지
  └ 환경기초시설: 하수도, 폐기물처리 및 재활용시설, 빗물저장 및 이용시설, 수질오염방지시설, 폐차장

- <u>주</u> 차장, <u>사</u> 회복지시설, <u>장</u> 사시설, <u>종</u> 합의료시설, <u>빗</u> 물저장 및 이용시설, <u>폐</u> 차장
  → <u>도시 · 군관리계획으로 결정(X)</u> [암기TIP] 주 사 장 이 종 일 비 맞고 폐 차장에 서 있다.

- 공동구 ┬ 설치: 200만m² 초과 + [도시개발구역, 정비구역, 택지개발지구, 경제자유구역, 도청이전신도시, 공공주택지구] → 사업시행자(설치의무)
  ├ 관리 ┬ 공동구관리자는 5년마다 공동구 안전 및 유지 · 관리계획을 수립 · 시행하여야 한다.
  │   └ 1년에 1회 이상 안전점검
  ├ 분할납부: 공동구관리자는 공동구 관리에 소요되는 비용을 연 2회로 분할하여 납부하게 하여야 한다.
  ├ 납부시기: 공동구 점용예정자는 공사가 착수되기 전에 부담금의 3분의 1 이상을 납부하여야 하고, 나머지는 공사기간 만료일 전까지 납부하여야 한다.
  └ 공동구협의회 심의사항: 가스관, 하수도관

- 시행자 ┬ 행정청 ┬ 원칙: 특별시장, 광역시장, 특별자치시장, 특별자치도지사, 시장, 군수 (6명)
  │   └ 예외: 국장(국가계획), 도지사(광역도시계획) ┈┈→ 동의 X
  └ 비행정청(지정받은 자) ┬ <u>공공(한국토지주택공사, 지방공사 등)은 지정요건(X)</u>
                          └ 민간: 면적 2/3 이상 소유 + 총수 1/2 이상 동의(O)

- 실시계획고시: 사업인정 및 고시(의제)

- 필요한 → 수용 가능, 인접한 → 일시사용만 가능(수용 X)

- 행정심판: 비행정청의 경우에는 시행자를 지정한 자

- 실효: 20년 사업시행(X) → 도시 · 군계획시설결정의 고시일 20년 + 다음 날

POINT 02 도시 · 군계획시설부지의 매수청구 ★★☆

- 매수청구 ┬ 10년 이내 미집행 + 지목이 대(垈)인 토지(건축물 및 정착물을 포함)
  └ 실시계획인가가 진행된 경우 → 매수청구 제외

- 매수의무자 ┬ ① 특별시장 · 광역시장 · 자치시장 · 자치도지사 · 시장 · 군수
  ├ ② 시행자
  └ ③ 설치 · 관리의무자(다른 경우에는 설치의무자)

- 매수 여부 결정: 6 개월, 매수기한: 2 년 [암기TIP] 6月2

- 매수가격: 공 · 취 · 법 준용

- 도시 · 군계획시설채권 발행 가능 – 상환기간: 10년 이내
  ↑ 지방자치단체 ┬ + ① 토지소유자가 원하거나, ┐ [3천만원(현금) + 초과(채권)]
  (매수의무자)   └ + ① 부재부동산 또는 비업무용 토지 + ② 3천만원 초과

- 매수거부: 3층 이하 + [① 단독주택, ② 제1종 근린생활시설, ③ 제2종 근린생활시설(단란주점, 안마시술소, 노래연습장, 다중생활시설은 설치 X)], ④ 공작물 → 설치 가능

- 지방의회 해제권고: 10년 미집행 + 90일 이내에 해제권고 + 1년 이내에 해제결정 + 시장, 군수는 도지사에게 해제결정을 신청

POINT 03 비용부담

- 원칙: 시행자의 비용부담

- 예외: <u>수익자의 비용부담</u>

  [시 · 도지사] ━비용부담━→ [특별시 · 광역시 · 자치시 · 자치도 · 시 · 군]
  └→ 협의(×): 행정안전부장관이 결정한다.

- 보조 또는 융자 ┬ <u>기초조사 또는 지형도면 작성</u>: <u>80% 이하</u>의 범위에서 국가예산으로 보조할 수 있다.
  ├ <u>행정청인 시행자</u>: 사업비용의 <u>50% 이하</u>의 범위에서 국가예산으로 보조 또는 융자할 수 있다.
  └ <u>비행정청인 시행자</u>: 사업비용의 <u>3분의 1 이하</u>의 범위에서 국가 또는 지자체가 보조 또는 융자할 수 있다.

기출 OX 문제

도시·군계획시설사업

01 도시·군계획시설은 기반시설 중 도시·군관리계획으로 결정된 시설이다. [32회] (O | X)

02 폐차장은 기반시설 중 환경기초시설에 해당한다. [26회] (O | X)

03 폐기물처리 및 재활용시설은 기반시설 중 보건위생시설에 해당한다. [32회] (O | X)

04 「도시개발법」에 따른 도시개발구역이 200만㎡를 초과하는 경우 해당 구역에서 개발사업을 시행하는 자는 공동구를 설치하여야 한다. [29회], [32회] (O | X)

05 공동구관리자는 10년마다 해당 공동구의 안전 및 유지·관리계획을 수립·시행하여야 한다. [29회] (O | X)

06 도시·군관리계획으로 결정된 하천의 정비사업은 도시·군계획시설사업에 해당한다. [27회] (O | X)

07 광역시장이 단계별 집행계획을 수립하고자 하는 때에는 미리 관계 행정기관의 장과 협의하여야 하며, 해당 지방의회의 의견을 들어야 한다. [28회] (O | X)

08 도시·군계획시설사업이 둘 이상의 지방자치단체의 관할구역에 걸쳐 시행되는 경우, 사업시행자에 대한 협의가 성립되지 아니하는 때에는 사업면적이 가장 큰 지방자치단체가 사업시행자가 된다. [24회] (O | X)

09 도시·군계획시설사업 실시계획에는 사업의 착수예정일 및 준공예정일도 포함되어야 한다. [32회] (O | X)

10 사업구역경계의 변경이 있더라도 건축물의 연면적 10% 미만을 변경하는 경우에는 실시계획 변경인가를 받을 필요가 없다. [21회] (O | X)

11 도시·군계획시설결정의 고시일부터 10년 이내에 도시·군계획시설사업에 관한 실시계획의 인가만 있고 사업이 시행되지 아니하는 경우에는 그 시설부지의 매수청구권이 인정된다.

[24회] (O | X)

12 도시·군계획시설부지의 매수의무자인 지방공사는 도시·군계획시설채권을 발행하여 그 대금을 지급할 수 있다. [32회] (O | X)

13 도시·군계획시설부지의 매수의무자는 매수하기로 결정한 토지를 매수결정을 알린 날부터 2년 이내에 매수하여야 한다. [32회] (O | X)

14 도시·군계획시설결정이 고시된 도시·군계획시설에 대하여 그 고시일부터 20년이 지날 때까지 그 시설의 설치에 관한 도시·군계획시설사업이 시행되지 아니하는 경우 그 도시·군계획시설결정은 그 고시일부터 20년이 되는 날의 다음 날에 그 효력을 잃는다. [30회] (O | X)

15 행정청인 도시·군계획사업의 시행자가 도시·군계획사업에 의하여 새로 공공시설을 설치한 경우, 새로 설치된 공공시설은 그 시설을 관리할 관리청에 무상으로 귀속된다. [27회] (O | X)

정답

01 O   02 O   03 X (폐기물처리 및 재활용시설은 기반시설 중 환경기초시설에 해당한다)   04 O   05 X (5년마다 안전 및 유지·관리계획을 수립·시행하여야 한다)   06 O   07 O   08 X (둘 이상의 지방자치단체의 관할구역에 걸쳐 시행되는 경우, 협의가 성립되지 않으면 국토교통부장관 또는 도지사가 시행자를 지정한다)   09 O   10 X (사업구역경계의 변경이 있기 때문에 실시계획 변경인가를 받아야 한다)   11 X (실시계획의 인가가 있는 경우에는 매수청구권이 인정되지 않는다)   12 X (매수의무자인 지방공사는 도시·군계획시설채권을 발행할 수 없다)   13 O   14 O   15 O

지구단위계획구역 지구단위계획구역(재량적·의무적 가능)

1. 지구단위계획구역의 지정 ★★★☆

재량적 지정대상지역	의무적 지정대상지역
① 용도지구(취락지구 등)	① 사업이 끝난 후 10년이 지난 지역
② 도시개발구역, 정비구역	㉺비구역
③ 택지개발지구, 대지조성사업지구	㉹지개발지구
④ 산업단지와 준산업단지, 관광특구	② 면적이 30만㎡ 이상인 지역
⑤ ㉺발제한구역, ㉺시자연공원구역, ㉺가화조정구역, ㉺원에서 해제되는 구역	㉠ 시가화조정구역 또는 공원에서 해제되는 지역
⑥ 녹지지역에서 주거지역·상업지역·공업지역으로 변경되는 구역	㉡ 녹지지역에서 주거지역·상업지역·공업지역으로 변경되는 지역
⑦ 세 개 이상의 노선이 교차하는 대중교통 결절지로부터 1km 이내에 위치한 지역	

2. 도시지역 외의 지역에 지정하는 경우 ☆

(1) 계획관리지역(구역 면적의 50% 이상이 포함)

   ① 지정요건(계획관리지역 + 생산관리지역 + 보전관리지역) → 자연보전권역인 경우에는 10만㎡ 이상

> ㉠ 아파트, 연립주택 건설계획이 포함된 경우에는 토지면적이 30만㎡ 이상이고, 아파트, 연립주택 건설계획이 포함되지 않은 경우에는 3만㎡ 이상
> ㉡ 해당 지역에 도로, 상하수도 등 기반시설을 공급할 수 있을 것
> ㉢ 자연환경, 경관, 미관 등을 해치지 아니하고 문화재의 훼손 우려가 없을 것

(2) 개발진흥지구

   ① 계획관리지역에서의 요건에 해당할 것

   ② 해당 개발진흥지구가 다음의 지역에 위치할 것

> ㉠ 주거, 특정, 복합개발진흥지구(주거기능이 포함) → 계획관리지역
> ㉡ 산업·유통, 복합개발진흥지구(주거기능이 포함되지 않은 경우) → 계획관리지역, 생산관리지역, 농림지역
> ㉢ 관광·휴양개발진흥지구 → 도시지역 외의 지역(관리·농림·자연환경보전지역)

(3) 용도지구를 폐지하고 용도지구에서의 행위제한을 지구단위계획으로 대체하려는 지역

지구단위계획 도시·군계획 수립대상지역의 일부에 대하여 토지이용을 합리화하고 그 기능을 증진시키며 미관을 개선하고 양호한 환경을 확보하며, 그 지역을 체계적·계획적으로 관리하기 위하여 수립하는 도시·군관리계획을 말한다.

1. 지구단위계획의 수립(수립기준: 국장) ★★☆

내용

지구단위계획에는 ②와 ④의 사항을 포함한 둘 이상의 사항이 포함되어야 한다.
① 용도지역이나 용도지구를 대통령령으로 정하는 범위에서 세분하거나 변경하는 사항
①의2. 기존의 용도지구를 폐지하고 그 용도지구에서의 건축물이나 그 밖의 시설의 용도·종류 및 규모 등의 제한을 대체하는 사항
② 대통령령으로 정하는 기반시설의 배치와 규모
③ 도로로 둘러싸인 일단의 지역 또는 계획적인 개발·정비를 위하여 구획된 일단의 토지의 규모와 조성계획
④ 건축물의 용도제한, 건축물의 건폐율 또는 용적률, 건축물의 높이의 최고한도 또는 최저한도
⑤ 건축물의 배치·형태, 색채 또는 건축선에 관한 계획
⑥ 환경관리계획 또는 경관계획
⑦ 보행안전 등을 고려한 교통처리계획
⑧ 그 밖에 토지 이용의 합리화, 도시나 농·산·어촌의 기능증진에 필요한 사항

2. 완화규정 ★★★

완화대상	도시지역 내	도시지역 외
건축제한	건축물의 용도·종류 및 규모	
건폐율	150%	150%
용적률	200%	200%
건축물의 높이제한	120%	완화규정 없음
주차장 설치기준	100%	

3. 지구단위계획구역 지정의 실효

지구단위계획구역의 지정에 관한 도시·군관리계획결정의 고시일부터 3년 이내에 지구단위계획이 결정·고시되지 아니하면 그 3년이 되는 날의 다음 날에 효력을 잃는다.

지구단위 계획구역

지구단위계획구역(재량적·의무적 가능)

1. 지구단위계획구역의 지정 ☆☆☆

재량적 지정대상지역	의무적 지정대상지역
① 용도지구(취락지구 등) ② [ ], 정비구역 ③ 택지개발지구, [ ] ④ 산업단지와 준산업단지, [ ] ⑤ (개)발제한구역, (도)시자연공원구역, 　[ ], (공)원에서 [ ]되는 구역 ⑥ 녹지지역에서 주거지역·상업지역·공업지역 　으로 변경되는 구역 ⑦ 세 개 이상의 노선이 교차하는 대중교통 결 　절지로부터 [ ] 이내에 위치한 지역	① 사업이 끝난 후 [ ]이 지난 지역 　(정)비구역 ② 면적이 [ ] 이상인 지역 　㉠ 시가화조정구역 또는 공원에서 해제되는 　　지역 　㉡ [ ]에서 주거지역·상업지역·공업 　　지역으로 변경되는 지역

2. 도시지역 외의 지역에 지정하는 경우 ☆

(1) [ ] (구역 면적의 50% 이상이 포함)

　① 지정요건(계획관리지역 + 생산관리지역 + 보전관리지역) *자연보전권역인 경우에는 10만m² 이상*

> ㉠ 아파트, 연립주택 건설계획이 포함된 경우에는 토지면적이 [ ]m² 이상이고,
> 　아파트, 연립주택 건설계획이 포함되지 않은 경우에는 3만m² 이상
> ㉡ 해당 지역에 도로, 상하수도 등 기반시설을 공급할 수 있을 것
> ㉢ 자연환경, 경관, 미관 등을 해치지 아니하고 문화재의 훼손 우려가 없을 것

(2) [ ]

　① 계획관리지역에서의 요건에 해당할 것

　② 해당 개발진흥지구가 다음의 지역에 위치할 것

> ㉠ 주거, 특정, 복합개발진흥지구(주거기능이 포함) → 계획관리지역
> ㉡ 산업·유통, 복합개발진흥지구(주거기능이 포함되지 않은 경우) → 계획관리지
> 　역, 생산관리지역, [ ]
> ㉢ 관광·휴양개발진흥지구 → 도시지역 외의 지역(관리·농림·자연환경보전지역)

(3) 용도지구를 폐지하고 용도지구에서의 행위제한을 [ ]으로 대체하려는 지역

지구단위 계획

도시·군계획 수립대상지역의 [ ]에 대하여 토지이용을 합리화하고 그 기능을 증진시키며 미관을 개선하고 양호한 환경을 확보하며, 그 지역을 체계적·계획적으로 관리하기 위하여 수립하는 [ ]을 말한다.

1. 지구단위계획의 수립(수립기준: [ ]) ☆☆

내용	지구단위계획에는 ②와 ④의 사항을 포함한 둘 이상의 사항이 포함되어야 한다. ① 용도지역이나 용도지구를 대통령령으로 정하는 범위에서 세분하거나 변경하는 사항 ①의2. 기존의 용도지구를 폐지하고 그 용도지구에서의 건축물이나 그 밖의 시설의 용도· 　종류 및 규모 등의 제한을 대체하는 사항 ② 대통령령으로 정하는 [ ]의 배치와 규모 ③ 도로로 둘러싸인 일단의 지역 또는 계획적인 개발·정비를 위하여 구획된 일단의 토지 　의 규모와 조성계획 ④ 건축물의 [ ], 건축물의 건폐율 또는 [ ], 건축물의 높이의 [ ] 또는 　최저한도 ⑤ 건축물의 배치·형태, 색채 또는 건축선에 관한 계획 ⑥ 환경관리계획 또는 경관계획 ⑦ 보행안전 등을 고려한 교통처리계획 ⑧ 그 밖에 토지 이용의 합리화, 도시나 농·산·어촌의 기능증진에 필요한 사항

2. 완화규정 ☆☆☆

완화대상	도시지역 내	도시지역 외
건축제한	건축물의 용도·종류 및 규모	
건폐율	[ ]	150%
용적률	[ ]	200%
건축물의 높이제한	[ ]	완화규정 [ ]
주차장 설치기준	[ ]	

3. 지구단위계획구역 지정의 실효

지구단위계획구역의 지정에 관한 도시·군관리계획결정의 고시일부터 3년 이내에 지구단위계획이 결정·고시되지 아니하면 그 3년이 되는 날의 [ ]에 효력을 잃는다.

핵심 POINT

POINT 01 지구단위계획구역 ★★★☆

- 재량적 지정대상: 지구단위계획구역으로 지정할 수 있다 → 전부 또는 일부 가능
  - ① 도시개발구역, 정비구역, 택지개발지구, 대지조성사업지구, 관광단지, 관광특구
    - 암기TIP 정 택 이 도 관 대 하다
  - ② 개발제한구역, 도시자연공원구역, 시가화조정구역, 공원 + 해제
    - 암기TIP 공개도시
- 의무적 지정대상: 지구단위계획구역으로 지정하여야 한다.
  - ① [정비구역, 택지개발지구] + 10년 이 지난 지역 암기TIP 정 택 이는 10년 지난 친구
  - ② 시가화조정구역 또는 공원에서 해제되는 구역 + 30만㎡ 이상(녹지지역으로 존치되거나 개발계획이 수립되지 아니하는 경우는 제외)
  - ③ [녹지지역 → 주거지역, 상업지역, 공업지역] + 면적 30만㎡ 이상
- 계획관리지역 + 생산관리지역 또는 보전관리지역
  - ① 자연보전권역에 아파트 또는 연립주택 건설계획이 포함된 경우: 10만㎡ 이상
  - ② 아파트 또는 연립주택 건설계획이 포함되지 않은 경우: 3만㎡ 이상
  - ③ 보전관리지역이 포함하는 경우: 보전관리지역의 면적은 다음의 요건을 충족할 것
    - 지구단위계획구역 면적이 10만㎡ 이하: 면적의 20% 이내
    - 지구단위계획구역 면적이 10만㎡ 초과 20만㎡ 이하인 경우: 2만㎡
    - 지구단위계획구역 면적이 20만㎡를 초과하는 경우: 전체 지구단위계획구역 면적의 10% 이내
- 개발진흥지구의 지정요건
  - ① 주거개발진흥지구, 복합개발진흥지구(주거기능 포함 O) + 특정개발진흥지구 → 계획관리지역
  - ② 산업·유통개발진흥지구 및 복합개발진흥지구(주거기능 포함 X) → 계획관리지역, 생산관리지역, 농림지역
  - ③ 관광·휴양개발진흥지구 → 관리지역, 농림지역, 자연환경보전지역

POINT 02 지구단위계획 ★★★☆

- 수립기준: 국토교통부장관이 정한다.
- 의무적 포함: ① 기반시설의 배치와 규모, ② 건축물의 용도제한, 건폐율, 용적률, 건축물 높이의 최고한도 또는 최저한도에 관한 사항은 지구단위계획에 포함되어야 한다.
- 완화규정
  - 도시지역 내
    - ① 건축제한: 건축물의 용도·종류·규모
    - ② 건폐율: 150%를 초과할 수 없다.
    - ③ 용적률: 200%를 초과할 수 없다.
    - ④ 건축물 높이제한: 120% 이내에서 완화하여 적용할 수 있다.
    - ⑤ 채광 등의 확보를 위한 높이제한: 200% 이내에서 완화하여 적용할 수 있다.
    - ⑥ 주차장 설치기준: 100%까지 완화하여 적용할 수 있다.
  - 도시지역 외
    - ① 건축제한: 건축물의 용도·종류·규모 등을 완화하여 적용할 수 있다.
    - ② 건폐율: 150% 이내에서 완화하여 적용할 수 있다.
    - ③ 용적률: 200% 이내에서 완화하여 적용할 수 있다.
- 도시지역에 개발진흥지구를 지정하고 해당 지구를 지구단위계획으로 지정한 경우 해당 용도지역의 용적률을 120% 이내에서 완화적용할 수 있다.
- 실효:

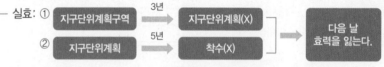

- 지구단위계획구역에서의 건축: 지구단위계획이 수립되어 있는 지구단위계획구역에서 건축물(일정기간 내 철거가 예상되는 가설건축물은 제외)를 건축 또는 용도변경하거나 공작물을 설치하려면 지구단위계획에 맞게 하여야 한다.

기출 OX 문제

지구단위계획구역 및 지구단위계획

01 지구단위계획의 수립기준은 국토교통부장관이 정한다. [27회] (O I X)

02 시·도지사는 「도시개발법」에 따라 지정된 도시개발구역의 전부 또는 일부에 대하여 지구단위계획구역을 지정할 수 있다. [27회] (O I X)

03 두 개의 노선이 교차하는 대중교통 결절지로부터 2km 이내에 위치한 지역은 지구단위계획구역으로 지정하여야 한다. [27회] (O I X)

04 「주택법」에 따라 대지조성사업지구로 지정된 지역의 전부에 대하여 지구단위계획구역을 지정할 수는 없다. [24회] (O I X)

05 주민은 도시·군관리계획 입안권자에게 지구단위계획의 변경에 관한 도시·군관리계획의 입안을 제안할 수 있다. [25회] (O I X)

06 「택지개발촉진법」에 따라 지정된 택지개발지구에서 시행되는 사업이 끝난 후 10년이 지난 지역으로서 관계 법률에 따른 토지 이용과 건축에 관한 계획이 수립되어 있지 않은 지역은 지구단위계획구역으로 지정하여야 한다. [27회] (O I X)

07 계획관리지역 외의 지역에 지정된 개발진흥지구 내의 지구단위계획구역에서는 건축물의 용도·종류 및 규모 등을 완화하여 적용할 경우 아파트 및 연립주택은 허용되지 아니한다.

[29회] (O I X)

08 시장 또는 군수가 입안한 지구단위계획의 수립·변경에 관한 도시·군관리계획은 해당 시장 또는 군수가 직접 결정한다. [25회], [31회], [32회] (O I X)

09 도시지역 외에 지정하는 지구단위계획구역에 대해서는 해당 용도지역에 적용되는 건축물 높이의 120% 이내에서 높이제한을 완화하여 적용할 수 있다. [29회] (O I X)

10 도시지역 내에 지정하는 지구단위계획구역에 대해서는 해당 지역에 적용되는 건폐율의 200% 이내에서 건폐율을 완화하여 적용할 수 있다. [24회] (O I X)

정답

01 O   02 O   03 X (세 개 이상의 노선이 교차하는 대중교통 결절지로부터 1km 이내에 위치한 지역은 지구단위계획구역으로 지정할 수 있다)   04 X (대지조성사업지구의 전부에 대하여 지정할 수 있다)   05 O   06 O   07 O   08 O   09 X (해당 용도지역에 적용되는 건축물 높이의 120% 이내에서 높이제한을 완화하여 적용할 수 있는 지역은 도시지역 내에 지정하는 지구단위계획구역에서 적용되는 규정이다)   10 X (건폐율의 150%를 초과할 수 없다)

개발행위 허가	허가권자
	특별시장, 광역시장, 특별자치시장, 특별자치도지사, 시장 또는 군수

1. 허가대상 개발행위 ☆☆☆
→ 도시·군계획시설사업 + 도시개발사업 + 정비사업

허가대상(도시·군계획사업은 제외)	
건축물의 건축	「건축법」에 따른 건축물의 건축
공작물의 설치	인공을 가하여 제작한 시설물의 설치
토지의 형질변경	절토(땅깎기), 성토(흙쌓기), 정지(땅고르기), 포장 등의 행위와 공유수면의 매립(경작을 위한 경우는 제외)
토석채취	토지의 형질변경을 목적으로 하지 않는 토석의 채취
토지분할	① 녹지지역, 관리지역, 농림지역, 자연환경보전지역에서 관계 법령에 따른 인가·허가 등을 받지 아니하고 행하는 토지의 분할 ② 「건축법」에 따른 분할제한면적 미만으로의 토지의 분할 ③ 관계 법령에 따른 인가·허가 등을 받지 아니하고 행하는 너비 5m 이하로의 토지의 분할
물건을 쌓아놓는 행위	녹지지역, 관리지역, 자연환경보전지역에서 울타리 안에 위치하지 아니한 토지에 물건을 1개월 이상 쌓아놓는 행위

2. 허가절차 ☆

15일 이내
(협의 또는 심의기간 제외)

허가신청 → 시행자 의견청취 → 도시계획위원회의 심의 → 허가 또는 불허가 처분 → 사업시행 → 준공검사

↳ 부피 3만m³ 이상 토석채취

토지분할(X) 물건쌓기(X)

3. 조건부 허가 ☆☆☆

허가권자는 ㉦반시설의 설치 또는 그에 필요한 용지의 확보, ㉪해 방지, ㉫경오염 방지, ㉭관, ㉬경 등에 관해 조치할 것을 조건으로 개발행위허가를 할 수 있다.

↳ 국가, 지자체, 공공기관은 예치 X

4. 이행보증금의 예치금액 및 예치방법

예치금액	기반시설의 설치, 위해 방지, 환경오염 방지, 경관 및 조경에 필요한 비용의 범위에서 산정하되 총 공사비의 20% 이내가 되도록 한다.
예치방법	① 원칙: 현금으로 납입 ② 예외: 이행보증서 등으로 갈음할 수 있다.
반환시기	개발행위허가를 받은 자가 준공검사를 받은 때에는 즉시 반환하여야 한다.

개발행위 허가제한	제한권자
	국토교통부장관, 시·도지사, 시장 또는 군수

1. 제한기간

(1) 원칙: 1회에 한하여 3년 이내의 기간 동안 제한할 수 있다.
(2) 예외: 제한대상지역 ③, ④, ⑤에 대하여 1회에 한하여 2년 이내의 기간 동안 제한기간을 연장할 수 있다. → 연장 시 심의 X

2. 제한대상지역 ☆

> ① 녹지지역이나 계획관리지역으로서 수목이 집단적으로 자라고 있거나 조수류 등이 집단적으로 서식하고 있는 지역 또는 우량농지 등으로 보전할 필요가 있는 지역
> ② 개발행위로 인하여 주변의 환경, 경관, 미관, 문화재 등이 크게 오염되거나 손상될 우려가 있는 지역
> ③ 도시·군기본계획이나 도시·군관리계획을 수립하고 있는 지역으로서 그 도시·군기본계획이나 도시·군관리계획이 결정될 경우 용도지역, 용도지구, 용도구역의 변경이 예상되고 그에 따라 개발행위허가의 기준이 크게 달라질 것으로 예상되는 지역
> ④ 지구단위계획구역으로 지정된 지역
> ⑤ 기반시설부담구역으로 지정된 지역

3. 제한절차

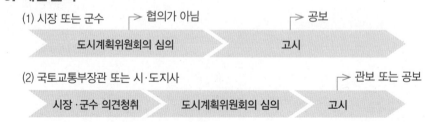

(1) 시장 또는 군수 → 협의가 아님 → 공보

도시계획위원회의 심의 → 고시

(2) 국토교통부장관 또는 시·도지사 → 관보 또는 공보

시장·군수 의견청취 → 도시계획위원회의 심의 → 고시

4. 위반자에 대한 조치

토지의 원상회복	개발행위허가를 받지 아니하고 개발행위를 하거나 허가내용과 다르게 개발행위를 하는 자에게는 그 토지의 원상회복을 명할 수 있다.
행정대집행	원상회복의 명령을 받은 자가 원상회복을 하지 아니하면 행정대집행에 따라 원상회복을 할 수 있다.
행정형벌	3년 이하의 징역 또는 3천만원 이하의 벌금

개발행위 허가

허가권자
특별시장, 광역시장, 특별자치시장, 특별자치도지사, 시장 또는 군수

1. 허가대상 개발행위 ☆☆☆

[＿＿＿＿] + 도시개발사업 + [＿＿＿＿]

허가대상(도시·군계획사업은 제외)	
[＿＿＿＿]	「건축법」에 따른 건축물의 건축
공작물의 설치	인공을 가하여 제작한 시설물의 설치
토지의 형질변경	절토(땅깎기), 성토(흙쌓기), 정지(땅고르기), 포장 등의 행위와 공유수면의 매립([＿＿＿]을 위한 경우는 제외)
토석채취	토지의 형질변경을 목적으로 하지 않는 토석의 채취
토지분할	① 녹지지역, 관리지역, 농림지역, 자연환경보전지역에서 관계 법령에 따른 인가·허가 등을 받지 아니하고 행하는 토지의 분할 ② 「건축법」에 따른 분할제한면적 미만으로의 토지의 분할 ③ 관계 법령에 따른 인가·허가 등을 받지 아니하고 행하는 너비 5m 이하로의 토지의 분할
물건을 쌓아놓는 행위	녹지지역, 관리지역, 자연환경보전지역에서 울타리 안에 위치하지 아니한 토지에 물건을 [＿＿＿] 이상 쌓아놓는 행위

2. 허가절차 ☆

15일 이내
(협의 또는 심의기간 제외)

허가신청 ▸ 시행자 의견청취 ▸ 도시계획 위원회의 심의 ▸ 허가 또는 불허가 처분 ▸ 사업시행 ▸ 준공검사

부피 3만㎥ 이상 토석채취

[＿＿＿＿](X)
물건쌓기(X)

3. 조건부 허가 ☆☆☆

허가권자는 (◯)[＿＿＿＿＿＿] 또는 그에 필요한 용지의 확보, (◯)[＿＿＿＿], (환)경오염 방지, (경)관, (조)경 등에 관해 조치할 것을 조건으로 개발행위허가를 할 수 [＿＿＿].

▸국가, 지자체, 공공기관은 예치 X

4. 이행보증금의 예치금액 및 예치방법

예치금액	기반시설의 설치, 위해 방지, 환경오염 방지, 경관 및 조경에 필요한 비용의 범위에서 산정하되 총 공사비의 20% 이내가 되도록 한다.
예치방법	① 원칙: 현금으로 납입 ② 예외: 이행보증서 등으로 갈음할 수 있다.
반환시기	개발행위허가를 받은 자가 [＿＿＿]를 받은 때에는 즉시 반환하여야 한다.

개발행위 허가제한

제한권자
[＿＿＿＿＿＿], 시·도지사, 시장 또는 군수

1. 제한기간

(1) 원칙: 1회에 한하여 3년 이내의 기간 동안 제한할 수 있다.
(2) 예외: 제한대상지역 [＿＿＿＿]에 대하여 1회에 한하여 [＿＿＿＿]의 기간 동안 제한기간을 연장할 수 있다. → 연장 시 심의 X

2. 제한대상지역 ☆

① 녹지지역이나 계획관리지역으로서 수목이 집단적으로 자라고 있거나 조수류 등이 집단적으로 서식하고 있는 지역 또는 [＿＿＿＿] 등으로 보전할 필요가 있는 지역
② 개발행위로 인하여 주변의 환경, 경관, 미관, 문화재 등이 크게 오염되거나 손상될 우려가 있는 지역
③ 도시·군기본계획이나 [＿＿＿＿＿＿＿]을 수립하고 있는 지역으로서 그 도시·군기본계획이나 도시·군관리계획이 결정될 경우 용도지역, 용도지구, 용도구역의 변경이 예상되고 그에 따라 개발행위허가의 기준이 크게 달라질 것으로 예상되는 지역
④ [＿＿＿＿＿＿]으로 지정된 지역
⑤ [＿＿＿＿＿＿]으로 지정된 지역

3. 제한절차

(1) 시장 또는 군수 ▸ 협의가 아님 ▸ 공보
도시계획위원회의 심의 ▸ 고시

(2) 국토교통부장관 또는 시·도지사 ▸ 관보 또는 공보
시장·군수 의견청취 ▸ 도시계획위원회의 심의 ▸ 고시

4. 위반자에 대한 조치

토지의 원상회복	개발행위허가를 받지 아니하고 개발행위를 하거나 허가내용과 다르게 개발행위를 하는 자에게는 그 토지의 원상회복을 명할 수 [＿＿＿].
행정대집행	원상회복의 명령을 받은 자가 원상회복을 하지 아니하면 행정대집행에 따라 원상회복을 할 수 있다.
행정형벌	3년 이하의 징역 또는 3천만원 이하의 벌금

핵심 POINT

POINT 01 개발행위허가 ★★☆

- 도시·군계획사업, 경작을 위한 토지형질변경, 응급조치: 허가대상 X
- 사업기간을 (단축) 또는 부지면적 5% 범위 안에서 (축소): 변경허가 X
- 사업기간 (연장) 또는 부지면적 (확장): 변경허가를 받아야 한다.
- 준공검사대상이 아닌 것: 토지분할, 물건쌓기
- 조건부허가 ── ① 허가권자는 기반시설의 설치, 위해방지, 환경오염방지, 경관, 조경 등의 조치를 할 것을 조건으로 허가를 할 수 있다.
  └── ② 허가권자는 개발행위허가에 조건을 붙이려는 때에는 미리 개발행위허가를 신청한 자의 의견을 들어야 한다.
- 개발행위허가의 규모 ┬ 공업지역, 관리지역, 농림지역: 3만m² 미만 ┐ 공삼이,
  ├ 보전녹지지역, 자연환경보전지역: 5천m² 미만 ┤ 관농이
  └ 주거지역, 상업지역, 생산녹지, 자연녹지: 1만m² 미만 ┘
- 허가대상 토지가 2 이상 걸치는 경우: 각각 적용한다.

> ◆ 추가정리
> 개발행위허가의 대상인 토지의 총면적이 해당 토지가 걸쳐 있는 용도지역 중 개발행위의 규모가 가장 큰 용도지역의 개발행위의 규모를 초과하여서는 아니 된다.

- 개발행위허가 기준을 강화 또는 완화 적용하는 지역(유보용도)
  : 계획관리지역, 생산관리지역, 자연녹지지역
- 개발행위허가 제한 ┬ ① 도시·군기본계획이나 도시·군관리계획을 수립하고 있는 지역
  ├ ② 지구단위계획구역
  └ ③ 기반시설부담구역
  → 최대 5년[3년 + 2년(연장)]까지 개발행위허가를 제한할 수 있다.

> ◆ 비교정리
> ① 녹지지역이나 계획관리지역 + 수목, 조수류, 우량농지 등으로 보전할 필요가 있는 지역
> ② 개발행위로 주변의 환경·경관·미관·문화재 등이 크게 오염되거나 손상될 우려가 있는 지역
> → 최대 3년(연장 X)까지 개발행위허가를 제한할 수 있다.

POINT 02 공공시설의 귀속 ★★☆

① 새로운 공공시설: 그 시설을 관리할 관리청에 무상으로 귀속
② 종래의 공공시설

> ㉠ 개발행위자가 행정청인 경우: 개발행위허가를 받은 자에게 무상으로 귀속
> ㉡ 개발행위자가 비행정청인 경우: 용도폐지되는 공공시설은 새로 설치한 공공시설의 설치비용에 상당하는 범위 안에서 개발행위허가를 받은 자에게 무상양도 가능

POINT 03 청문 ★★☆

① 개발행위허가 취소
② 도시·군계획시설사업의 시행자 지정 취소
③ 실시계획인가 취소

기출 OX 문제

개발행위허가

01 「도시개발법」에 따른 도시개발사업에 의해 건축물을 건축하는 경우에는 허가를 필요로 하지 않는다. [22회] (O | X)

02 재해복구를 위한 응급조치로서 공작물의 설치를 하려는 자는 도시·군계획사업에 의한 행위가 아닌 한 개발행위허가를 받아야 한다. [30회] (O | X)

03 허가받은 개발행위의 사업기간을 연장하려는 경우에는 변경에 대한 허가를 받아야 한다. [23회] (O | X)

04 개발행위를 허가하는 경우에는 조건을 붙일 수 없다. [24회] (O | X)

05 환경오염 방지조치를 할 것을 조건으로 개발행위허가를 하려는 경우에는 미리 개발행위허가를 신청한 자의 의견을 들어야 한다. [30회] (O | X)

06 국가나 지방자치단체가 시행하는 개발행위에도 이행보증금을 예치하게 하여야 한다. [30회] (O | X)

07 개발행위로 인하여 주변의 문화재 등이 크게 손상될 우려가 있는 지역에 대해서는 최대 5년까지 개발행위허가를 제한할 수 있다. [24회] (O | X)

08 지구단위계획구역으로 지정된 지역으로서 도시·군관리계획상 특히 필요하다고 인정하는 지역에 대해서는 최장 5년의 기간 동안 개발행위허가를 제한할 수 있다. [22회] (O | X)

09 토지분할에 대해 개발행위허가를 받은 자가 그 개발행위를 마치면 관할 행정청의 준공검사를 받아야 한다. [26회] (O | X)

10 개발행위허가를 받은 자가 행정청이 아닌 경우 개발행위허가를 받은 자가 새로 설치한 공공시설은 그 시설을 관리할 관리청에 무상으로 귀속된다. [32회] (O | X)

11 개발행위허가를 받은 자가 행정청이 아닌 경우 개발행위로 용도가 폐지되는 공공시설은 개발행위허가를 받은 자에게 무상으로 귀속된다. [32회] (O | X)

12 개발행위허가를 취소하려면 청문을 실시하여야 한다. [32회] (O | X)

정답

01 O　　02 X (응급조치는 개발행위허가를 받지 않아도 된다)　　03 O　　04 X (허가권자는 미리 개발행위허가를 신청한 자의 의견을 들어 조건부 허가를 할 수 있다)　　05 O　　06 X (국가나 지방자치단체는 이행보증금 예치대상이 아니다)　　07 X (최대 3년까지 개발행위허가를 제한할 수 있다)　　08 O　　09 X (토지분할은 준공검사대상이 아니다)　　10 O　　11 X (개발행위허가를 받은 자가 행정청이 아닌 경우 개발행위로 용도가 폐지되는 공공시설은 새로 설치한 공공시설의 설치비용에 상당하는 범위에서 개발행위허가를 받은 자에게 무상으로 양도할 수 있다)　　12 O

구분	개발밀도관리구역 ★★★	기반시설부담구역 ★★★
지정권자	특별시장·광역시장·특별자치시장·특별자치도지사·시장 또는 군수(승인 X)	
대상지역	주거지역·상업지역·공업지역에서의 개발행위로 인하여 기반시설의 처리·공급 또는 수용능력이 부족할 것으로 예상되는 지역 중 기반시설의 설치가 곤란한 지역	① 이 법 또는 다른 법령의 제정·개정으로 인하여 행위제한이 완화되거나 해제되는 지역 ② 이 법 또는 다른 법령에 따라 지정된 용도지역 등이 변경되거나 해제되어 행위제한이 완화되는 지역 ③ 전년도 개발행위허가 건수가 전전년도 개발행위허가 건수보다 20% 이상 증가한 지역 ④ 해당 지역의 전년도 인구증가율이 그 지역이 속하는 특별시·광역시·특별자치시·특별자치도·시 또는 군의 전년도 인구증가율보다 20% 이상 높은 지역
절차	지방도시계획위원회의 심의 → 고시(주민 의견청취 X)	주민 의견청취 → 지방도시계획위원회의 심의 → 고시
지정기준 (국장이 정함)	① 해당 지역의 도로서비스 수준이 매우 낮아 차량 통행이 현저히 지체되는 지역 ② 해당 지역의 도로율이 국토교통부령이 정하는 용도지역별 도로율에 20% 이상 미달하는 지역 ③ 향후 2년 이내에 해당 지역의 수도에 대한 수요량이 수도시설의 시설용량을 초과할 것으로 예상되는 지역 ④ 향후 2년 이내에 해당 지역의 하수발생량이 하수시설의 시설용량을 초과할 것으로 예상되는 지역 ⑤ 향후 2년 이내에 해당 지역의 학생 수가 학교수용능력을 20% 이상 초과할 것으로 예상되는 지역	① 기반시설부담구역은 기반시설이 적절하게 배치될 수 있는 규모로서 최소 10만m² 이상의 규모가 되도록 지정할 것 ② 소규모 개발행위가 연접하여 시행될 것으로 예상되는 지역의 경우에는 하나의 단위구역으로 묶어서 기반시설부담구역을 지정할 것 ③ 기반시설부담구역의 경계는 도로, 하천, 그 밖의 특색 있는 지형지물을 이용하는 등 경계선이 분명하게 구분되도록 할 것
지정효과	① 개발밀도관리구역 안에서는 건폐율 또는 용적률을 강화하여 적용한다. ② 해당 용도지역에 적용되는 용적률의 최대한도의 50%의 범위에서 강화하여 적용한다.	특별시장·광역시장·특별자치시장·특별자치도지사·시장 또는 군수는 기반시설부담구역이 지정되면 대통령령으로 정하는 바에 따라 기반시설설치계획을 수립하여야 하며, 이를 도시·군관리계획에 반영하여야 한다.
해제	규정 없음	기반시설부담구역의 지정·고시일부터 1년이 되는 날까지 기반시설설치계획을 수립하지 아니하면 그 1년이 되는 날의 다음 날에 기반시설부담구역의 지정은 해제된 것으로 본다.
비용부담	규정 없음	① 기반시설설치비용의 부과대상은 단독주택 및 숙박시설 등 연면적 200m²(기존 건축물의 연면적을 포함)를 초과하는 건축물의 신축·증축 행위로 한다. ② 민간개발사업자의 부담비율: 20/100(100분의 25의 범위에서 가감) ③ 기반시설설치비용: 현금(카드), 토지로 납부(물납) 인정 ④ 부과시기: 건축허가를 받은 날부터 2개월 이내 ⑤ 납부시기: 사용승인 신청 시까지

구분	[　　　] ☆☆☆		[　　　] ☆☆☆	
지정권자	특별시장·광역시장·특별자치시장·특별자치도지사·시장 또는 군수(승인 X)			
대상지역	주거지역·[　　]·공업지역에서의 개발행위로 인하여 기반시설의 처리·공급 또는 수용능력이 부족할 것으로 예상되는 지역 중 기반시설의 설치가 [　　]한 지역		① 이 법 또는 다른 법령의 제정·개정으로 인하여 행위제한이 [　　]되거나 해제되는 지역 ② 이 법 또는 다른 법령에 따라 지정된 용도지역 등이 변경되거나 해제되어 행위제한이 완화되는 지역 ③ 전년도 개발행위허가 건수가 전전년도 개발행위허가 건수보다 [　　]한 지역 ④ 해당 지역의 전년도 인구증가율이 그 지역이 속하는 특별시·광역시·특별자치시·특별자치도·시 또는 군의 전년도 인구증가율보다 20% 이상 높은 지역	
절차	지방도시계획위원회의 심의 → 고시(주민 의견청취 X)		[　　　] → 지방도시계획위원회의 심의 → 고시	
지정기준 (국장이 정함)	① 해당 지역의 도로서비스 수준이 매우 낮아 차량 통행이 현저히 지체되는 지역 ② 해당 지역의 도로율이 국토교통부령이 정하는 용도지역별 도로율에 20% 이상 미달하는 지역 ③ 향후 2년 이내에 해당 지역의 수도에 대한 수요량이 수도시설의 시설용량을 초과할 것으로 예상되는 지역 ④ 향후 2년 이내에 해당 지역의 하수발생량이 하수시설의 시설용량을 초과할 것으로 예상되는 지역 ⑤ 향후 [　　]에 해당 지역의 학생 수가 학교수용능력을 [　　]할 것으로 예상되는 지역		① 기반시설부담구역은 기반시설이 적절하게 배치될 수 있는 규모로서 최소 [　　] 이상의 규모가 되도록 지정할 것 ② 소규모 개발행위가 연접하여 시행될 것으로 예상되는 지역의 경우에는 하나의 단위구역으로 묶어서 기반시설부담구역을 지정할 것 ③ 기반시설부담구역의 경계는 도로, 하천, 그 밖의 특색 있는 지형지물을 이용하는 등 경계선이 분명하게 구분되도록 할 것	
지정효과	① 개발밀도관리구역 안에서는 건폐율 또는 용적률을 강화하여 적용한다. ② 해당 용도지역에 적용되는 [　　]의 최대한도의 [　　]의 범위에서 [　　]하여 적용한다.		특별시장·광역시장·특별자치시장·특별자치도지사·시장 또는 군수는 기반시설부담구역이 지정되면 대통령령으로 정하는 바에 따라 기반시설설치계획을 수립하여야 하며, 이를 [　　　]에 반영하여야 한다.	
해제	규정 없음		기반시설부담구역의 지정·고시일부터 1년이 되는 날까지 기반시설설치계획을 수립하지 아니하면 그 [　]이 되는 날의 [　　]에 기반시설부담구역의 지정은 [　]된 것으로 본다.	
비용부담	규정 없음		① 기반시설설치비용의 부과대상은 단독주택 및 숙박시설 등 연면적 200m²(기존 건축물의 연면적을 포함)를 초과하는 건축물의 [　　] 행위로 한다. ② 민간개발사업자의 부담비율: 20/100(100분의 25의 범위에서 가감) ③ 기반시설설치비용: 현금(카드), [　　]로 납부(물납) 인정 ④ 부과시기: 건축허가를 받은 날부터 2개월 이내 ⑤ 납부시기: 사용승인 신청 시까지	

핵심 POINT

POINT 01 개발밀도관리구역, 기반시설부담구역 ★★☆

— 개발밀도관리구역과 기반시설부담구역은 중복지정할 수 없다.

— 개발밀도관리구역: '곤란' + 건폐율, 용적률(50%) 강화하여 적용한다.

— 기반시설부담구역: '완화' + 20% 이상 증가 + 주민의 의견청취 + 10만m² 이상
 + 1년(다음 날 해제). 대학은 제외

— 기반시설부담구역 지정 → 기반시설설치계획 수립 → 도시·군관리계획에 반영하여야 한다.

— 기반시설유발계수: ㈜락시설(2.1) → ㈜광휴게시설(1.9) → 제②종 근린생활시설(1.6)
 → ㈜교시설, 운수시설, 문화 및 집회시설, 자원순환 관련 시설(1.4) →
 제①종 근린생활시설, 판매시설(1.3) → ㈜박시설(1.0) → ㈜료시설
 (0.9) → ㈜통신시설(0.8) → 단독주택, 공동주택, 교육연구시설, 노유
 자시설, 수련시설, 운동시설, 업무시설(0.7)

> 💡 **암기 TIP** 암기코드 → 기반시설유발계수 높은 순!
>
> ㈜ → 위락시설
> ㈜ → 관광휴게시설
> ㈜ → 제2종 근린생활시설
> 가
> ㈜교시설에서는 좋은 ㈜㈜만 온다 → 종교시설, 운수시설, 문화 및
> 집회시설, 자원순환 관련 시설
> ㈜ → 제1종 근린생활시설
> ㈜캐면 → 숙박시설
> ㈜원 간 것을 → 의료시설
> ㈜송으로 알리자 → 방송통신시설

> ◆ 비교정리 → 펄프, 종이 및 종이제품 제조공장(2.5) / 목재 및 나무제품 제조공장(2.1)
> / 코크스, 석유정제품 및 핵연료 제조공장(2.1) / 비금속 광물제품 제조공
> 장(1.3) / 가죽, 가방 및 신발 제조공장(1.0)

— 기반시설설치비용의 부과대상: ① 단독주택 및 숙박시설 + ② 연면적 200m² 초과 +
 ③ 건축물의 신축·증축 → 토지로 납부(물납) 가능

— 기반시설설치비용 부과시기: 건축허가를 받은 날부터 2개월 이내 부과

— 기반시설설치비용 납부시기: 사용승인 신청 시까지 납부

— 연기 및 분할납부: 납부의무자가 재해나 도난으로 재산에 심한 손실을 입은 경우 등 기반시
 설설치비용을 납부하기가 곤란하다고 인정되는 1년의 범위에서 납부기
 일을 연기하거나 2년의 범위에서 분할납부를 인정할 수 있다.

POINT 02 성장관리계획구역

① 지정대상지역: 특별시장·광역시장·특별자치시장·특별자치도지사·시장 또는 군수는 ㉫
 지지역, ㉮리지역, ㉤림지역 및 ㉯연환경보전지역 중 다음의 어느 하나에 해당하는 지역의
 전부 또는 일부에 대하여 성장관리계획구역을 지정할 수 있다.

> ㉠ 개발수요가 많아 무질서한 개발이 진행되고 있거나 진행될 것으로 예상되는 지역
> ㉡ 주변의 토지이용이나 교통여건 변화 등으로 향후 시가화가 예상되는 지역
> ㉢ 주변지역과 연계하여 체계적인 관리가 필요한 지역

② 지정절차

> ㉠ 주민 + 지방의회 의견청취 + 협의 + 심의: 경미한 사항을 변경하는 경우에는 그러하지
> 아니하다.
> ㉡ 지방의회 의견제시: ⑥60일)이내
> ㉢ 협의기간: 30일 이내

POINT 03 성장관리계획

① 내용: 특별시장·광역시장·특별자치시장·특별자치도지사·시장 또는 군수는 성장관리계
 획구역을 지정할 때에는 다음의 사항을 포함하여 성장관리계획을 수립하여야 한다.

> ㉠ 도로, 공원 등 기반시설의 배치와 규모에 관한 사항
> ㉡ 건축물의 용도제한, 건축물의 건폐율 또는 용적률
> ㉢ 건축물의 배치, 형태, 색채 및 높이
> ㉣ 환경관리 및 경관계획

② 건폐율 완화규정: 성장관리계획구역에서는 다음의 범위에서 성장관리계획으로 정하는 바에
 따라 조례로 정하는 비율까지 건폐율을 완화하여 적용할 수 있다.

> ㉠ 계획관리지역: ⑤50%)이하
> ㉡ 생산관리지역·농림지역 및 자연녹지지역·생산녹지지역: ③30%)이하

③ 용적률 완화규정: 성장관리계획구역 내 계획관리지역에서는 ⑫125%)이하의 범위에서 성장관
 리계획으로 정하는 바에 따라 조례로 정하는 비율까지 용적률을 완화하여 적용할 수 있다.

④ 타당성검토: ⑤5년)

⑤ 건축제한: 성장관리계획구역에서 개발행위 또는 건축물의 용도변경을 하려면 그 성장관리
 계획에 맞게 하여야 한다.

기출 OX 문제

개발밀도관리구역과 기반시설부담구역

01 개발행위로 인하여 기반시설의 수용능력이 부족할 것이 예상되는 지역 중 기반시설의 설치가 곤란한 지역은 기반시설부담구역으로 지정하여야 한다. [22회] (O | X)

02 「고등교육법」에 따른 대학은 기반시설부담구역에 설치가 필요한 기반시설에 해당한다. [25회] (O | X)

03 기반시설설치비용은 현금, 신용카드 또는 직불카드 납부를 원칙으로 하되, 부과대상 토지 및 이와 비슷한 토지로 하는 납부를 인정할 수 있다. [25회] (O | X)

04 기반시설부담구역의 지정고시일부터 2년이 되는 날까지 기반시설설치계획을 수립하지 아니하면 그 2년이 되는 날의 다음 날에 구역의 지정은 해제된 것으로 본다. [25회], [32회] (O | X)

05 개발밀도관리구역에서는 해당 용도지역에 적용되는 용적률의 최대한도의 50% 범위에서 용적률을 강화하여 적용한다. [24회], [32회] (O | X)

06 동일한 지역에 대해 기반시설부담구역과 개발밀도관리구역을 중복하여 지정할 수 있다. [27회] (O | X)

07 기반시설부담구역 내에서 「주택법」에 따른 리모델링을 하는 건축물은 기반시설설치비용의 부과대상이 아니다. [27회] (O | X)

08 녹지와 폐기물처리 및 재활용시설은 기반시설부담구역에 설치가 필요한 기반시설에 해당한다. [27회] (O | X)

09 기존 건축물을 철거하고 신축하는 건축행위가 기반시설설치비용의 부과대상이 되는 경우에는 기존 건축물의 건축 연면적을 초과하는 건축행위만 부과대상으로 한다. [27회] (O | X)

10 군수가 개발밀도관리구역을 지정하려면 지방도시계획위원회의 심의를 거쳐 도지사의 승인을 받아야 한다. [29회] (O | X)

11 시장 또는 군수가 개발밀도관리구역을 지정하려는 경우 주민의 의견을 들어야 한다. [30회] (O | X)

12 시장은 기반시설부담구역을 지정하면 기반시설설치계획을 수립하여야 하며, 이를 도시·군관리계획에 반영하여야 한다. [29회] (O | X)

13 시장 또는 군수는 기반시설설치비용 납부의무자가 지방자치단체로부터 건축허가를 받은 날부터 3개월 이내에 기반시설설치비용을 부과하여야 한다. [32회] (O | X)

14 주변지역과 연계하여 체계적 관리가 필요한 주거지역은 성장관리계획구역을 지정할 수 있는 지역에 해당한다. [29회], [32회] (O | X)

정답

01 X (기반시설부담구역이 아니라 개발밀도관리구역 지정대상이다) **02** X (대학은 기반시설부담구역에 설치가 필요한 기반시설에 해당하지 않는다) **03** O **04** X (2년이 아니라 1년이다) **05** O **06** X (기반시설부담구역과 개발밀도관리구역은 중복하여 지정할 수 없다) **07** O **08** O **09** O **10** X (도지사의 승인을 받지 않아도 된다) **11** X (개발밀도관리구역을 지정하려는 경우에는 주민의 의견을 듣는 절차가 없다) **12** O **13** X (건축허가를 받은 날부터 2개월 이내에 기반시설설치비용을 부과하여야 한다) **14** X (주거지역은 성장관리계획구역을 지정할 수 있는 지역에 해당하지 않는다)

국토의 계획 및 이용에 관한 법률

01 광역도시계획

수립과 승인	광역계획권 지정일로부터 3년 이내에 시·도지사(시장·군수)가 승인신청(X) → 국토교통부장관(도지사)이 광역도시계획을 수립하여야 한다.
절차	공청회(개최예정일 14일 전까지 1회 이상 공고, 생략 X), 협의(30일 이내 의견제시), 열람(30일 이상)

02 도시·군기본계획

절차	기초조사(토지적성평가, 재해취약성분석 → 5년 이내 실시한 경우에는 생략 가능), 공청회(생략 X), 협의(30일 이내 의견제시), 열람(30일 이상), 타당성검토 5년
수립(재량)	① 수도권에 속하지 아니하고 광역시와 경계를 같이하지 아니한 인구 10만명 이하인 시 또는 군은 도시·군기본계획을 수립하지 아니할 수 있다. ② 관할구역 전부에 대하여 광역도시계획이 수립되어 있는 시 또는 군으로서 해당 광역도시계획에 도시·군기본계획에 포함될 사항이 모두 포함되어 있는 시 또는 군

03 도시·군관리계획

주민의 입안제안	① 제안대상 　㉠ 용도지구에 따른 건축물이나 그 밖의 시설의 용도·종류 및 규모 등의 제한을 지구단위계획으로 대체하기 위한 용도지구(국공유지를 제외한 토지면적 2/3 이상 동의) 　㉡ 산업·유통개발진흥지구(국공유지를 제외한 토지면적 2/3 이상 동의 + 1만m² 이상 3만m² 미만) 　㉢ 기반시설의 설치·정비·개량(국공유지를 제외한 토지면적 4/5 이상 동의) 　㉣ 지구단위계획구역(계획)(국공유지를 제외한 토지면적 2/3 이상 동의) 　㉤ 입지규제최소구역(계획) ② 처리기간: 제안일부터 45일 이내에 반영 여부를 통보. 부득이한 경우 1회 - 30일 연장할 수 있다. ③ 비용부담: 입안제안을 받은 입안권자는 필요한 비용의 전부나 일부를 제안자에게 부담시킬 수 있다.
절차	공람(14일 이상, 도시지역 축소는 생략할 수 있다), 지방의회 의견청취, 협의(30일), 고시 및 열람(열람기간 제한 X)
효력발생, 재검토	① 효력발생: 지형도면 고시일 ② 타당성검토: 5년
기득권 보호	시가화조정구역이나 수산자원보호구역은 착수 + 3개월 이내에 신고하여야 한다.
지형도면 승인	시장(대도시 시장은 제외)·군수는 지형도면을 작성하면 도지사의 승인(30일 내)을 받아야 한다[지구단위계획(구역)은 제외].

04 용도지역

건폐율 특별규정	① 취락지구: 60% 이하 ② 개발진흥지구(㉠ 도시지역 외의 지역: 40% 이하, ㉡ 자연녹지지역: 30% 이하) ③ 수산자원보호구역: 40% 이하 ④ 자연공원: 60% 이하 ⑤ 농공단지: 70% 이하 ⑥ 공업지역에 있는 국가산업단지, 일반산업단지, 도시첨단산업단지 및 준산업단지: 80% 이하 ⑦ 성장관리계획구역 내 계획관리지역: 50% 이하 ⑧ 성장관리계획구역 내 생산관리지역·농림지역·자연녹지지역·생산녹지지역: 30% 이하

05 용도구역

시가화유보기간	5년 이상 20년 이내: 유보기간이 끝나는 날의 다음 날 실효

06 도시·군계획시설

공동구 설치의무	면적이 200만㎡를 초과하는 다음의 지역에서 개발사업을 시행하는 자는 공동구를 설치하여야 한다. ① 도시개발구역 ② 정비구역 ③ 택지개발지구 ④ 경제자유구역 ⑤ 도청이전신도시 ⑥ 공공주택지구
공동구 관리	① 공동구관리자는 5년마다 공동구 안전 및 유지·관리계획을 수립·시행하여야 한다. ② 안전점검: 관리자는 1년에 1회 이상 실시하여야 한다.
실효	도시·군계획시설결정의 고시일부터 20년이 지날 때까지 사업이 시행되지 아니하는 경우 그 도시·군계획시설결정은 그 고시일부터 20년이 되는 날의 다음 날에 그 효력을 잃는다.
단계별 집행계획	① 수립시기: 도시·군계획시설결정의 고시일로부터 3개월 이내 ② 구분: 1단계(3년 이내 시행할 사업), 2단계(3년 이후 시행할 사업) ③ 절차: 협의 + 지방의회 의견청취
지정시행자(민간)	토지면적의 2/3 이상을 소유하고 토지소유자 총수의 1/2 이상의 동의 필요
실시계획	국토교통부장관, 시·도지사, 대도시 시장은 실시계획을 인가하려면 14일 이상 일반에게 공람시켜야 한다.

매수청구	도시·군계획시설결정의 고시일부터 **10년** 이내에 사업이 시행되지 아니한 경우(실시계획인가가 진행된 경우는 제외) 지목이 대(垈)인 토지(건축물 및 정착물 포함)의 소유자는 매수청구를 할 수 있다.
	① 매수청구가 있으면 → **6개월 이내에 매수 여부를 결정**하여 토지소유자와 특별시장·광역시장·특별자치시장·특별자치도지사·시장·군수에게 알려야 한다.
	② 매수를 결정한 경우 → 매수결정을 알린 날부터 **2년** 이내에 매수하여야 한다.
	③ 지방자치단체가 매수의무자로서 ㉠ 토지소유자가 원하거나, ㉡ 부재부동산(비업무용 토지) + 매수대금이 3천만원을 초과하여 그 초과하는 금액을 지급하는 경우
	   ㄴ, 도시·군계획시설채권의 발행이 가능하며 상환기간은 10년 이내에서 조례로 정한다.
	④ 매수하지 아니하기로 결정하거나 매수결정을 알린 날부터 2년 이내에 매수가 이루어지지 아니한 경우
	   ㄴ, 허가를 받아 3층 이하의 단독주택과 3층 이하의 제1종·제2종 근린생활시설(단란주점, 안마시술소, 노래연습장, 다중생활시설은 제외) 또는 공작물을 설치할 수 있다.

지방의회 해제권고	① 특별시장·광역시장·특별자치시장·특별자치도지사·시장·군수는 도시·군계획시설(국토교통부장관이 결정·고시한 시설 중 중앙이 직접 설치하기로 한 시설은 제외) 중 ㉠ 설치할 필요성이 없어진 경우 또는 ㉡ 10년이 지날 때까지 해당 사업이 시행되지 아니하는 경우에는 지방의회에 보고하여야 하며, 해제되지 아니한 장기미집행 도시·군계획시설 등에 대하여 최초로 지방의회에 보고한 때부터 2년마다 지방의회에 보고하여야 한다. ② 보고를 받은 지방의회는 보고가 접수된 날부터 90일 이내에 해제를 권고하는 서면을 특별시장·광역시장·특별자치시장·특별자치도지사·시장·군수에게 보내야 한다. ③ 특별시장·광역시장·특별자치시장·특별자치도지사는 해제권고를 받은 날부터 **1년 이내에 해제를 위한 도시·군관리계획**을 결정하여야 하고, 시장·군수는 도지사에게 그 결정을 신청하여야 한다. → 도지사는 1년 이내에 해제를 위한 **도시·군관리계획**을 결정하여야 한다. 이 경우 해제할 수 없다고 인정하는 특별한 사유를 해제권고를 받은 날부터 6개월 이내에 소명하여야 한다.
토지소유자의 해제신청	① 입안권자: 3개월 이내에 입안 여부 통보 ② 결정권자: 2개월 이내에 결정 여부 통보 ③ 국장으로부터 해제권고를 받은 경우: 결정권자가 6개월 이내에 이행

07 지구단위계획구역

의무적 지정대상	① 정비구역 및 택지개발지구에서 사업이 끝난 후 10년이 지난 지역 ② 시가화조정구역 또는 공원에서 해제되는 지역 → 30만m² 이상 ③ 녹지지역에서 주거·상업·공업지역으로 변경되는 지역 → 30만m² 이상

도시지역 외 지역에서의 지정요건	지정면적 50% 이상이 계획관리지역(나머지 구역은 생산관리지역 + 보전관리지역)으로서 다음에 해당하는 지역 ① 아파트 또는 연립주택의 건설계획이 포함: 30만㎡ 이상 → 자연보전권역 또는 초등학교기준 충족: 10만㎡ 이상 ② 아파트 또는 연립주택의 건설계획이 포함되지 아니한 경우: 3만㎡ 이상일 것
완화	도시지역 내에서 건폐율 150%, 용적률 200%, 건축물의 높이제한 120%, 채광 등의 확보를 위한 높이제한 200% 이내, 주차장 설치기준을 100% 이내에서 완화하여 적용할 수 있다.
실효	① 지구단위계획구역 결정·고시 + 3년 이내 지구단위계획 결정·고시(X) = 다음 날 ② 지구단위계획 결정·고시 + 5년 이내 착수(X) = 다음 날

08 개발행위허가

허가대상	① 1개월 이상 물건쌓기(녹지지역·관리지역·자연환경보전지역) ② 부지면적 또는 연면적 5% 이내에서 축소는 허가(X)
신고대상	응급조치(1개월 이내 신고)
개발행위규모	① 공업지역·관리지역·농림지역: 3만㎡ 미만 ② 보전녹지지역·자연환경보전지역: 5천㎡ 미만 ③ 주거지역·상업지역·자연녹지지역·생산녹지지역: 1만㎡ 미만
처리기간	허가신청 15일 이내(협의 또는 심의기간은 제외)에 허가 또는 불허가처분을 하여야 한다.
이행보증금	민간개발행위자에 한하여 총 공사비의 20% 이내에서 이행보증금을 예치(국가·지자체·공공기관·공공단체는 제외)
제한기간	보전목적(수목, 조수류, 우량농지, 문화재) 3년간, ① 도시·군기본(관리)계획을 수립하고 있는 지역, ② 지구단위계획구역, ③ 기반시설부담구역은 최장 5년까지 개발행위허가를 제한할 수 있다.
위반자	3년 이하의 징역 또는 3천만원 이하의 벌금

09 개발밀도관리구역

대상지역(곤란)	① 차량통행이 현저히 지체되는 지역 ② 도로율이 용도지역별 도로율 기준에 20% 이상 미달하는 지역 ③ 향후 2년 이내: 수도수요량·하수발생량 초과예상 지역, 학생 수가 학교수용능력을 20% 이상 초과할 것으로 예상되는 지역
강화	용적률의 최대한도의 50%의 범위 안에서 강화하여 적용한다.

10 기반시설부담구역(대학 제외)

대상지역 **(의무적 지정)**	① 법령의 제정·개정으로 인하여 행위제한이 완화되거나 해제되는 지역 ② 용도지역 등이 변경되거나 해제되어 행위제한이 완화되는 지역 ③ 전년도 개발행위허가 건수가 전전년도 개발행위허가 건수보다 20% 이상 증가한 지역 ④ 전년도 인구증가율이 그 지역이 속하는 도시의 인구증가율보다 20% 이상 높은 지역
해제	기반시설부담구역 지정·고시일부터 1년이 되는 날까지 기반시설설치계획을 수립하지 아니하면 그 1년이 되는 날의 다음 날에 기반시설부담구역의 지정은 해제된 것으로 본다.
지정면적	개발밀도관리구역 외의 지역으로서 그 면적은 최소 10만㎡ 이상이 되도록 하여야 한다.
기반시설유발계수	① 위락시설: 2.1 ② 관광휴게시설: 1.9 ③ 제2종 근린생활시설: 1.6 ④ 종교시설, 운수시설, 문화 및 집회시설, 자원순환 관련 시설: 1.4 ⑤ 제1종 근린생활시설, 판매시설: 1.3 ⑥ 숙박시설: 1.0 ⑦ 의료시설: 0.9 ⑧ 방송통신시설: 0.8 ⑨ 단독주택, 공동주택, 교육연구시설, 업무시설, 노유자시설, 수련시설: 0.7
설치비용	① 부과대상: 단독주택, 숙박시설 등의 건축물을 200㎡를 초과하는 건축물의 신축·증축 ② 부과시기: 건축허가를 받은 날부터 2개월 이내 부과 ③ 납부: 사용승인 신청 시까지 토지로 납부(물납)할 수 있다. ④ 연기 및 분할납부: 1년의 범위에서 납부기일을 연기하거나 2년의 범위에서 분할납부를 인정할 수 있다.

11 시범도시

보조 및 융자	① 시범도시사업계획의 수립에 소요되는 비용의 80% 이하 ② 시범도시사업의 시행에 소요되는 비용(보상비를 제외)의 50% 이하

PART 2

도시개발법

40문제 중
6문제 출제

15%

☆☆☆ ☆☆☆☆
◈ 개발계획의 수립 → 도시개발구역의 지정

지정권자: 시·도지사, 大시장, 국토교통부장관　　＊ 공청회 개최는 100만㎡ 이상(의무)

구역지정절차	➡	기초조사	➡	공람 또는 공청회	➡	협의	➡	심의	➡	지정·고시	➡	공람

- 제안·요청　（임의적）
  - └ 국가·지자체·조합을 제외

기초조사:
- 주민과 전문가 의견청취
- 일간신문 공고(10만㎡ 미만 제외)

협의: 지정권자 → 관계 행정기관의 장

심의:
- 국장 → 중앙도시계획위원회
- 시·도지사, 大시장 → 지방도시계획위원회

지정·고시:
- 효과: 도시지역과 지구단위계획구역(의제) (취락지구 X)

공람: 특별자치도지사, 시장·군수 또는 구청장

◈ 도시개발사업(단지 또는 시가지조성사업)

시행자

1. 공공사업시행자
① 국가·지자체
② 공공기관, 정부출연기관
③ 지방공사

2. 민간사업시행자
① 토지소유자·조합(전부환지방식)
② 이전법인
③ 등록사업자
④ 건설업자, 부동산개발업자
⑤ 부동산투자회사

3. 도시개발조합 ☆☆☆
① 토지소유자 7명 이상 → 정관 작성
  (면적 2/3 이상 + 총수 1/2 이상 동의)
② 지정권자의 인가
③ 등기(성립요건): 「민법」 중 사단법인(준용)
④ 조합원: 토지소유자
⑤ 조합임원: 조합장, 이사, 감사

4. 시행자 변경 ☆☆☆
① 실시계획인가 2년 이내 사업을 착수(X)
② 시행자 지정 또는 실시계획인가가 취소된 경우
③ 부도·파산 등으로 목적 달성이 어렵다고 인정되는 경우
④ 전부환지방식(토지소유자 또는 조합) → 도시개발구역 지정·고시일부터 1년 이내에 실시계획인가 신청(X)

5. 도시개발사업의 대행 및 위탁 ☆☆☆
① 대행: 공공사업시행자는 도시개발사업을 효율적으로 시행하기 위하여 필요한 경우에는 설계·분양 등 도시개발사업의 일부를 「주택법」에 따른 주택건설사업자 등으로 하여금 대행하게 할 수 있다.
② 위탁시행: 시행자는 항만·철도, 그 밖에 「국토의 계획 및 이용에 관한 법률」에 따른 기반시설의 건설과 공유수면의 매립에 관한 업무를 대통령령으로 정하는 바에 따라 국가, 지방자치단체, 대통령령으로 정하는 공공기관·정부출연기관 또는 지방공사에 위탁하여 시행할 수 있다.

실시계획

→ **인가·고시**
도시·군관리계획의 결정·고시(의제)

개발계획에 부합, 지구단위계획이 포함

（감정가격 + 토지평가 협의회의 심의 → 결정）

사업시행
수용방식
환지방식
혼용방식
└ 분할혼용방식, 미분할혼용방식

☆☆☆
◈ **수용방식**
① 민간사업시행자(면적 2/3 이상 토지 소유 + 토지소유자 총수 1/2 이상 동의)
② 세부목록 고시 → 사업인정 및 고시(의제)
③ 재결신청 → 사업시행기간 종료일까지
④ 토지상환채권(시행자가 발행)
  ㉠ 토지소유자가 원하는 경우 + 매수대금의 일부
  ㉡ 민간시행자 → 지급보증　㉢ 발행규모(1/2 초과 X)
  ㉣ 기명증권(양도 가능)
⑤ 이주대책(의무)
⑥ 선수금(지정권자 승인)
⑦ 원형지(조성되지 아니한 상태의 토지) → 1/3 이내 공급
⑧ 조성토지 공급가격(학교, 폐기물처리시설 → 감정가격 이하)

준공검사

◈ **환지방식**

1. 환지계획 ☆☆☆☆
① 행정청이 아닌 시행자 → 특별자치도지사, 시장·군수·구청장의 인가
② 원칙: 종전 토지와 환지의 위치·지목·면적·토질·수리·이용상황·환경 등을 종합적으로 고려하여 합리적으로 정하여야 한다.
③ 예외
  ㉠ 토지소유자의 동의 또는 신청에 의한 환지부지정(임차권자 등의 동의), 직권부지정
  ㉡ 면적 고려: 증환지, 감환지, 입체환지　㉢ 공공시설용지: 환지계획 작성기준 적용(X)
  ㉣ 체비지(경비충당 목적), 보류지(규약·정관·시행규정으로 정하는 목적)

2. 환지예정지
① 임의적, 임차권자 등 아울러 지정　② 사용·수익권 이전(종전 토지 → 환지예정지)
③ 종전 토지의 사용·수익 금지　④ 체비지 → 시행자가 사용·수익·처분

3. 환지처분 ☆☆
① 준공검사 후 60일 이내 공고　② 공고일 다음 날 효력발생
③ 권리의 이전(종전 토지 → 환지)　④ 예외: 행정상·재판상의 처분, 지역권(존속)
⑤ 입체환지: 건축물의 일부와 토지의 공유지분 취득(환지처분공고일 다음 날)
⑥ 권리의 소멸: 환지부지정된 종전 토지에 있던 권리는 환지처분공고일이 끝나는 때 소멸
⑦ 체비지는 시행자, 보류지는 환지계획에서 정한 자가 환지처분공고일 다음 날 취득
⑧ 청산금(분할징수·교부 가능)
  ㉠ 환지처분 시 결정 → 공고일 다음 날 확정
  ㉡ 환지처분 공고 후 징수·교부, 다만 환지를 정하지 아니한 토지는 환지처분 전에 교부 가능
⑨ 환지등기: 시행자는 환지처분이 공고되면 공고 후 14일 이내 촉탁·신청

◆ 개발계획의 수립 → 도시개발구역의 지정 ☆☆☆ ☆☆☆☆

지정권자: 시·도지사, 大시장, ☐

* 공청회 개최는 ☐ 이상(의무)

구역지정절차	➡	기초조사	➡	공람 또는 공청회	➡	협의	➡	심의	➡	지정·고시	➡	공람

제안·요청 (임의적)
└▸ 국가·지자체·☐을 제외

┌ 주민과 전문가 의견청취
└ 일간신문 공고(10만m² 미만 제외)

지정권자 → 관계
행정기관의 장

┌ 국장 → 중앙도시
│ 계획위원회
└ 시·도지사, 大시장 →
   지방도시계획위원회

효과: 도시지역과 지
구단위계획구역(의제)
(☐ X)

특별자치도지사,
시장·군수 또는 구청장

◆ 도시개발사업(단지 또는 시가지조성사업)

시행자

1. 공공사업시행자
① 국가·지자체
② 공공기관, 정부출연기관
③ 지방공사

2. ☐
① 토지소유자·조합(전부환지방식)
② 이전법인
③ 등록사업자
④ 건설업자, 부동산개발업자
⑤ 부동산투자회사

3. 도시개발조합 ☆☆☆
① 토지소유자 ☐ 이상 → 정관 작성
  (면적 2/3 이상 + ☐ 이상
  동의)
② 지정권자의 인가
③ 등기(성립요건): ☐ 중 사단법
  인(준용)
④ 조합원: 토지소유자
⑤ 조합임원: 조합장, 이사, ☐

4. 시행자 변경 ☆☆
① 실시계획인가 ☐ 이내 사업을 착수(X)
② 시행자 지정 또는 실시계획인가가 취소
  된 경우
③ 부도·파산 등으로 목적 달성이 어렵다
  고 인정되는 경우
④ 전부환지방식(토지소유자 또는 조합)
  → 도시개발구역 지정·고시일부터 ☐
  이내에 실시계획인가 신청(X)

5. 도시개발사업의 대행 및 위탁 ☆☆
① 대행: ☐사업시행자는 도시개발사업을 효율적으로 시행
  하기 위하여 필요한 경우에는 설계·분양 등 도시개
  발사업의 일부를 「주택법」에 따른 주택건설사업자
  등으로 하여금 대행하게 할 수 ☐.
② 위탁시행: 시행자는 항만·철도, 그 밖에 「국토의 계획 및
  이용에 관한 법률」에 따른 기반시설의 건설과
  공유수면의 매립에 관한 업무를 대통령령으로
  정하는 바에 따라 국가, 지방자치단체, 대통령령
  으로 정하는 공공기관·정부출연기관 또는 지방
  공사에 위탁하여 시행할 수 있다.

실시계획 → **인가·고시**

개발계획에 부합,
☐이 포함

☐의
결정·고시(의제)

(말풍선) 감정가격 + 토지평가
협의회의 심의 → 결정

◆ 환지
방식

1. 환지계획 ☆☆☆
① 행정청이 아닌 시행자 → 특별자치도지사, ☐의 인가
② 원칙: 종전 토지와 환지의 위치·지목·면적·토질·수리·이용상황·환경 등을 종합적으로
  고려하여 합리적으로 정하여야 한다.
③ 예외
  ㉠ 토지소유자의 동의 또는 신청에 의한 환지부지정(☐ 등의 동의), 직권부지정
  ㉡ 면적 고려: 증환지, 감환지, 입체환지 ㉢ 공공시설용지: 환지계획 작성기준 적용(X)
  ㉣ 체비지(경비충당 목적), 보류지(규약·정관·시행규정으로 정하는 목적)

2. ☐
① 임의적, 임차권자 등 아울러 지정 ② 사용·수익권 이전(종전 토지 → 환지예정지)
③ 종전 토지의 사용·수익 금지 ④ 체비지 → 시행자가 사용·수익·☐

사업시행

수용방식
환지방식
혼용방식

┌ 분할혼용방식,
  미분할혼용방식

◆ 수용방식 ☆☆☆☆

① ☐사업시행자(면적 2/3 이상 토지 소유
  + 토지소유자 총수 1/2 이상 동의)
② ☐ → 사업인정 및 고시(의제)
③ 재결신청 → 사업시행기간 종료일까지
④ 토지상환채권(시행자가 발행)
  ㉠ 토지소유자가 원하는 경우 + 매수대금의 ☐
  ㉡ 민간시행자 → ☐ ㉢ 발행규모(☐ X)
  ㉣ ☐(양도 가능)
⑤ 이주대책(의무)
⑥ 선수금(지정권자 승인)
⑦ 원형지(조성되지 아니한 상태의 토지) → ☐ 공급
⑧ 조성토지 공급가격(☐, 폐기물처리시설 → ☐ 이하)

3. 환지처분 ☆☆
① 준공검사 후 60일 이내 공고 ② 공고일 ☐ 효력발생
③ 권리의 이전(종전 토지 → ☐) ④ 예외: 행정상·재판상의 처분, ☐(존속)
⑤ ☐: 건축물의 일부와 토지의 공유지분 취득(환지처분공고일 다음 날)
⑥ 권리의 소멸: 환지부지정된 종전 토지에 있던 권리는 환지처분공고일이 ☐ 소멸
⑦ 체비지는 시행자, 보류지는 환지계획에서 정한 자가 환지처분공고일 ☐ 취득
⑧ 청산금(분할징수·교부 가능)
  ㉠ 환지처분 시 결정 → 공고일 ☐ 확정
  ㉡ 환지처분 공고 후 징수·교부, 다만 환지를 정하지 아니한 토지는 환지처분 전에 교부 가능
⑨ 환지등기: 시행자는 환지처분이 공고되면 공고 후 14일 이내 촉탁·신청

준공검사

핵심 POINT

POINT 01 개발계획 ☆☆

- 도시개발구역 지정 후 → 개발계획을 수립할 수 있다. (지가가 낮은 지역)
  - ① 자연녹지지역
  - ② 생산녹지지역(생산녹지지역이 도시개발구역 지정면적의 100분의 30 이하만 해당)
  - ③ 도시지역 외의 지역 (관리지역, 농림지역, 자연환경보전지역)
  - ④ 국장이 국가균형발전을 위하여 지정하려는 지역(자연환경보전지역은 제외)
  - ⑤ 주거지역·상업지역·공업지역 + 전체 면적의 100분의 30 이하인 지역
- 개발계획 + 환지방식: 면적 2/3 이상 + 총수 1/2 이상 동의
  - (시행자가 국가 또는 지방자치단체: 동의 X)
- 도시개발구역 지정 후 개발계획에 포함시킬 수 있는 내용
  - ① 도시개발구역 밖에 기반시설 설치, ② 토지의 세부목록,
  - ③ 임대주택건설계획, ④ 순환개발(1공구, 2공구) 암기TIP (봄이 되니)새순임박
- 동의기준 - 국공유지 면적: 포함, 철회: 제외, 구분소유자: 각각 1명,
  - 변경: 기존 토지소유자(변경 전)를 기준
- 개발계획: 광역도시계획이나 도시·군기본계획에 들어맞도록 하여야 한다.
- 복합기능의 도시: 330만m² 이상
- 개발계획의 작성기준: 국토교통부장관이 정한다.
- 개발계획 변경 시 토지소유자의 동의를 받아야 하는 경우
  - ① 너비가 12m 이상인 도로를 신설 또는 폐지하는 경우
  - ② 사업시행지구를 분할하거나 통합하는 경우
  - ③ 기반시설을 제외한 용적률이 종전보다 100분의 5 이상 증가하는 경우

POINT 02 도시개발구역의 지정제안

- 제안의 주체: 국가, 지자체, 조합을 제외한 시행자로 지정될 수 있는 자 → 특별자치도지사·시장·군수·구청장
- 서류의 제출: 지정을 제안하려는 지역이 둘 이상의 시·군·구에 걸치는 경우에는 면적이 가장 큰 시장·군수·구청장에게 서류를 제출하여야 한다.
- 제안의 동의: 민간시행자 → 면적 2/3 이상
- 결과 통보: 1개월 이내(1개월의 범위에서 연장 가능)
- 비용 부담: 비용의 전부 또는 일부를 부담시킬 수 있다.

POINT 03 도시개발구역 ☆☆☆

- 지정권자 ─ 원칙: 시·도지사 또는 대도시 시장
  - └ 예외: 국토교통부장관
- 국장이 도시개발구역을 지정할 수 있는 경우
  - ① 국가가 도시개발사업을 시행할 필요가 있는 경우
  - ② 중앙행정기관의 장이 요청하는 경우
  - ③ 공공기관의 장(한국토지주택공사 등) 또는 정부출연기관의 장 + 30만m² 이상 + 국가계획 + 제안하는 경우
  - ④ 시·도지사 또는 대도시 시장의 협의가 성립되지 아니하는 경우
  - ⑤ 천재지변 + 긴급하게 할 필요가 있는 경우
- 분할(1만m² 이상)하거나 결합하여 도시개발구역으로 지정할 수 있다.
- 도시개발구역 지정면적 ─ 공업지역: 3만m² 이상 암기TIP 공삼이
  - └ 주거지역, 상업지역, 자연녹지, 생산녹지: 1만m² 이상
- 지정절차: 공청회 개최는 100만m² 이상(의무), 10만m² 미만은 일간신문 공고 X
- 도시개발구역 지정·고시의 효과
  - : 도시지역과 지구단위계획구역으로 결정·고시(의제), 취락지구는 의제 X
- 허가대상
  - ① 건축물(가설건축물 포함)의 건축, 대수선 또는 용도변경
  - ② 공작물의 설치
  - ③ 토지의 형질변경: 공유수면의 매립
  - ④ 토석의 채취
  - ⑤ 토지분할
  - ⑥ 물건을 쌓아놓는 행위: 1개월 이상
  - ⑦ 죽목의 벌채 및 식재
- 허용사항 ─ ① 응급조치[국계법: 신고(1개월 이내), 도시개발법: 신고 X],
  - ② 비닐하우스 설치
  - ③ 경작 + 형질변경
  - ④ 관상용 죽목의 임시식재(경작지에서의 임시식재는 허가를 요한다)
    → 3천 그루
- 도시개발구역의 해제: 다음 날
- 공사완료로 해제된 경우: 종전의 용도지역으로 환원 X
- 기득권 보호: 착수 + 신고(30일 이내)

POINT 04 도시개발조합 ★★☆

- 전부환지방식: 토지소유자 또는 조합을 시행자로 지정한다.
- 도시개발조합
  - ① 토지소유자 7명 이상 + 정관 작성 → 지정권자의 인가
  - ② 조합설립의 동의: 면적(국공유지 포함) 2/3 이상 + 총수 1/2 이상
  - ③ 조합은 30일 이내 등기함으로써 성립된다.
  - ④ 조합원: 토지소유자(동의 여부를 불문) → 결격사유(X)
  - ⑤ 조합원의 권리: 평등한 의결권
  - ⑥ 조합임원의 선임: 의결권을 가진 조합원 중에서 총회에서 선임한다.
  - ⑦ 조합의 임원은 다른 조합의 임원이나 직원을 겸할 수 없다.
  - ⑧ 자격상실: 조합의 임원으로 선임된 자가 결격사유에 해당하면 그 다음 날부터 임원의 자격을 상실한다.
  - ⑨ 임원의 결격사유(조합원 X): 파산선고를 받고 복권되지 아니한 자 등
  - ⑩ 조합장 또는 이사의 자기를 위한 조합과의 계약이나 소송: 감사가 조합을 대표한다.
- 시행자 변경사유
  - ① 실시계획인가를 받은 후 ②년 이내에 착수하지 아니한 경우
  - ② 전부환지방식의 시행자: 1년(6개월의 범위에서 연장한 경우에는 연장된 기간) 이내에 실시계획의 인가를 신청하지 아니한 경우

POINT 05 대의원회, 실시계획 ★★☆

- 의결권을 가진 조합원의 수가 50인 이상인 조합은 총회의 권한을 대행하기 위하여 대의원회를 둘 수 있다. **암기 TIP** 개 임에 환 장 해
  - 대의원회(총회의 권한 대행)
    - ① 정관의 변경은 대행 X
    - ② 개발계획의 수립 및 변경(경미한 변경은 제외)은 대행 X
    - ③ 환지계획의 작성(경미한 변경은 제외)은 대행 X
    - ④ 조합 임원(조합장, 이사, 감사)의 선임은 대행 X
    - ⑤ 조합의 합병 및 해산(청산금의 징수·교부를 완료하여 해산하는 경우는 제외)은 대행 X
    - * 실시계획 수립 및 변경은 대행 O
- 실시계획은 개발계획에 맞게 작성되어야 하고, 지구단위계획이 포함되어야 한다.
- 실시계획인가권자: 지정권자(변경하거나 폐지하는 경우에도 인가 O)
- 국장이 인가: 시·도지사 또는 대도시 시장의 의견청취
- 시·도지사가 인가: 시장(대도시 시장은 제외)·군수·구청장의 의견청취
- 경미한 변경(인가 X) ┬ 면적: 100분의 10의 범위에서 감소
                      └ 사업비: 100분의 10의 범위에서 증감
- 실시계획을 고시: 도시·군관리계획으로 결정·고시(의제). 이 경우 종전에 도시·군관리계획으로 결정된 사항 중 고시내용에 저촉되는 사항은 고시된 내용으로 변경된 것으로 본다.
- 인·허가 등의 의제: 지정권자가 관계 행정기관의 장과 협의하면 「농어촌정비법」에 따른 농업생산시설의 허가 등을 받은 것으로 본다.
- 협의기간: 20일 이내

도시개발구역의 지정

01 대도시 시장은 직접 도시개발구역을 지정할 수 있다. [30회], [32회] (O | X)

02 지정권자는 도시개발사업을 환지방식으로 시행하려고 개발계획을 수립할 때에 시행자가 지방자치단체이면 토지소유자의 동의를 받을 필요가 없다. [31회] (O | X)

03 해당 도시개발구역에 포함되는 주거지역이 전체 도시개발구역 지정 면적의 100분의 40인 지역을 도시개발구역으로 지정할 때에는 도시개발구역을 지정한 후에 개발계획을 수립할 수 있다. [26회] (O | X)

04 산업통상자원부장관이 10만m² 규모로 도시개발구역의 지정을 요청하는 경우에는 국토교통부장관이 도시개발구역을 지정할 수 있다. [26회] (O | X)

05 도시개발구역의 토지면적을 산정하는 경우 국공유지는 제외한다. [22회], [27회] (O | X)

06 도시개발구역의 지정은 도시개발사업의 공사완료의 공고일에 해제된 것으로 본다. [24회] (O | X)

07 자연녹지지역에서 도시개발구역으로 지정할 수 있는 규모는 3만m² 이상이어야 한다. [25회], [29회] (O | X)

08 세입자의 주거 및 생활안정대책에 관한 사항은 도시개발구역을 지정한 후에 개발계획의 내용으로 포함시킬 수 있다. [26회] (O | X)

09 시행자가 작성하는 실시계획에는 지구단위계획이 포함되어야 한다. [23회], [31회] (O | X)

10 지정권자인 국토교통부장관이 실시계획을 작성하는 경우 시 · 도지사 또는 대도시 시장의 의견을 미리 들어야 한다. [31회] (O | X)

11 지정권자가 시행자가 아닌 경우 시행자는 작성된 실시계획에 관하여 지정권자의 인가를 받아야 한다. [31회] (O | X)

12 인가를 받은 실시계획 중 사업시행면적의 100분의 20이 감소된 경우 지정권자의 변경인가를 받을 필요가 없다. [29회] (O | X)

13 지정권자는 시행자가 도시개발구역 지정의 고시일부터 6개월 이내에 실시계획의 인가를 신청하지 아니하는 경우 시행자를 변경할 수 있다. [29회] (O | X)

14 실시계획을 고시한 경우 그 고시된 내용 중 「국토의 계획 및 이용에 관한 법률」에 따라 도시 · 군관리계획(지구단위계획을 포함)으로 결정하여야 하는 사항은 같은 법에 따른 도시 · 군관리계획이 결정되어 고시된 것으로 본다. [23회] (O | X)

15 실시계획을 인가할 때 지정권자가 해당 실시계획에 대한 「하수도법」에 따른 공공하수도 공사시행의 허가에 관하여 관계 행정기관의 장과 협의한 때에는 해당 허가를 받은 것으로 본다.

[29회] (O | X)

정답

01 O **02** O **03** X (100분의 30 이하인 지역이다) **04** O **05** X (국공유지를 포함한다) **06** X (공사완료의 공고일 다음 날에 해제된 것으로 본다) **07** X (규모가 1만m² 이상이어야 한다)

08 O **09** O **10** O **11** O **12** X (사업시행면적의 100분의 20이 감소된 경우에는 변경인가를 받아야 한다) **13** X (1년 이내에 실시계획의 인가를 신청하지 아니하는 경우 시행자를 변경할 수 있다) **14** O **15** O

사업시행자

01 국가는 도시개발사업의 시행자가 될 수 없다. [29회] (O | X)

02 지정권자는 시행자가 도시개발사업에 관한 실시계획의 인가를 받은 후 2년 이내에 사업을 착수하지 아니하는 경우 시행자를 변경할 수 있다. [25회], [29회] (O | X)

03 토지소유자가 도시개발구역의 지정을 제안하려는 경우에는 대상 구역 토지면적의 2분의 1 이상에 해당하는 토지소유자의 동의를 받아야 한다. [29회] (O | X)

04 사업주체인 지방자치단체는 조성된 토지의 분양을 「주택법」에 따른 주택건설사업자에게 대행하게 할 수 없다. [29회] (O | X)

05 조합이 작성하는 정관에는 도시개발구역의 면적이 포함되어야 한다. [27회] (O | X)

06 조합의 이사는 그 조합의 조합장을 겸할 수 없다. [27회] (O | X)

07 조합을 설립하려면 도시개발구역의 토지소유자 7명 이상이 정관을 작성하여 지정권자에게 조합설립의 인가를 받아야 한다. [27회] (O | X)

08 조합의 감사는 도시개발구역의 토지소유자이어야 한다. [22회] (O | X)

09 조합설립인가신청을 위한 동의자 수 산정에 있어 도시개발구역의 토지면적은 국공유지를 제외하고 산정한다. [25회] (O | X)

10 조합장의 선임에 관한 사항은 대의원회가 총회의 권한을 대행할 수 있다. [31회] (O | X)

11 이사의 자기를 위한 조합과의 계약에 관하여는 조합장이 조합을 대표한다. [24회] (O | X)

12 조합원으로 된 자가 금고 이상의 형의 선고를 받은 경우에는 그 사유가 발생한 다음 날부터 조합원의 자격을 상실한다. [25회] (O | X)

13 조합은 도시개발사업 전부를 환지방식으로 시행하는 경우에 도시개발사업의 시행자가 될 수 있다. [27회], [31회] (O | X)

14 도시개발구역의 토지소유자가 미성년자인 경우에는 조합의 조합원이 될 수 없다. [31회] (O | X)

15 조합설립의 인가를 신청하려면 해당 도시개발구역의 토지면적의 2분의 1 이상에 해당하는 토지소유자와 그 구역의 토지소유자 총수의 3분의 2 이상의 동의를 받아야 한다.

[31회] (O | X)

정답

01 X (국가는 도시개발사업의 시행자가 될 수 있다)　　**02** O　　**03** X (대상 구역 토지면적의 3분의 2 이상에 해당하는 토지소유자의 동의를 받아야 한다)　　**04** X (대행하게 할 수 있다)　　**05** O
06 O　　**07** O　　**08** O　　**09** X (국공유지를 포함하여 산정한다)　　**10** X (조합장의 선임에 관한 사항은 대의원회가 총회의 권한을 대행할 수 없다)　　**11** X (감사가 조합을 대표한다)　　**12** X (조합원이 아니라 조합임원에 관한 규정이다)　　**13** O　　**14** X (토지소유자가 미성년자인 경우에도 조합의 조합원이 될 수 있다)　　**15** X (토지면적의 3분의 2 이상에 해당하는 토지소유자의 동의와 그 구역의 토지소유자 총수의 2분의 1 이상의 동의를 받아야 한다)

◈ 도시개발사업 시행절차(환지방식)

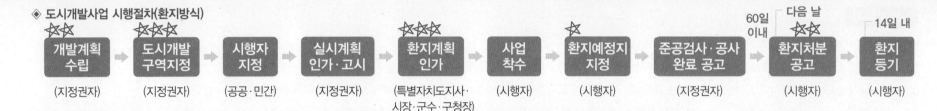

개발계획 수립	도시개발 구역지정	시행자 지정	실시계획 인가·고시	환지계획 인가	사업 착수	환지예정지 지정	준공검사·공사 완료 공고	환지처분 공고	환지 등기
(지정권자)	(지정권자)	(공공·민간)	(지정권자)	(특별자치도지사· 시장·군수·구청장)	(시행자)	(시행자)	(지정권자)	(시행자)	(시행자)

(60일 이내) (다음 날) (14일 내)

---

1. 개발계획의 수립시기

(1) 원칙: 구역 지정 전

(2) 예외: 구역 지정 후
 ① 자연녹지지역
 ② 생산녹지지역(도시개발구역 면적의 30/100 이하)
 ③ 도시지역 외의 지역
 ④ 국토교통부장관이 균형발전을 위하여 지정하는 지역(자연환경보전지역은 제외)
 ⑤ 주거지역·상업지역·공업지역의 면적의 합계가 30/100 이하

2. 개발계획의 수립동의

(1) 환지방식: 면적 2/3 이상 + 총수 1/2 이상

(2) 시행자가 국가, 지방자치단체인 경우에는 동의(X)

3. 도시개발구역 지정 후 개발계획 포함내용

(1) 도시개발구역 밖에 기반시설을 설치하는 경우 비용부담계획

(2) 수용 또는 사용의 대상이 되는 토지의 세부목록

(3) 임대주택건설계획 등 세입자 등의 주거 및 생활안정대책

(4) 순환개발

---

1. 도시개발구역의 지정권자

(1) 원칙: 시·도지사, 大시장

(2) 예외: 국토교통부장관
 ① 국가가 실시할 필요 있는 경우
 ② 중앙행정기관의 장이 요청
 ③ 공공기관, 정부출연기관의 장이 30만㎡ 이상으로 국가계획과 밀접한 관련이 있는 구역의 지정을 제안한 경우
 ④ 시·도지사, 大시장 협의 성립(X)
 ⑤ 천재지변 등 긴급한 경우

2. 도시개발구역 지정의 효과

(1) 도시지역과 지구단위계획구역 지정 의제(취락지구는 제외)

(2) 지형도면의 고시: 사업시행기간

(3) 기득권 보호: 공사나 사업에 착수한 자는 30일 이내에 신고

3. 도시개발구역의 해제 의제

(1) 도시개발구역 지정고시 후 3년 이내에 실시계획인가를 신청하지 아니하는 경우에는 3년이 되는 날의 다음 날 → 환원(O)

(2) 공사완료공고일 다음 날(수용방식), 환지처분공고일 다음 날(환지방식) → 환원(X)

---

1. 시행자 지정

(1) 공공사업시행자
 ① 국가·지방자치단체
 ② 공공기관
 ③ 정부출연기관
 ④ 지방공사

(2) 민간사업시행자
 ① 토지소유자
 ② 조합
 ③ 이전법인
 ④ 등록사업자
 ⑤ 건설업자·부동산개발업자
 ⑥ 부동산투자회사

2. 시행자의 변경

(1) 실시계획인가 후 2년 이내에 사업 착수(X)

(2) 시행자 지정·실시계획인가 취소

(3) 부도·파산 등 목적달성이 어렵다고 인정

(4) 전부환지방식으로 시행 → 도시개발구역 지정 고시일부터 1년 이내 → 실시계획의 인가 신청(X)

---

1. 실시계획의 작성·인가

작성	개발계획 부합, 지구단위계획 포함
↓	
의견청취	① 국장 → 시·도지사, 大시장 ② 시·도지사 → 시장·군수· 구청장
↓	
인가	지정권자
↓	
고시	지정권자
↓	
공람	특별자치도지사, 시장·군수·구청장

2. 실시계획고시의 효과

(1) 도시·군관리계획결정·고시 (의제): 결정된 사항 중 고시 내용에 저촉되는 사항은 고시된 내용으로 변경된 것으로 본다.

(2) 지형도면의 고시: 사업시행기간

(3) 협의 → 관련 인·허가 등 의제

(4) 협의기간: 20일 이내

◈ 수용 또는 사용방식

1. 토지 등의 수용·사용

(1) 수용권자: 사업시행자 민간사업시행자(공공 X): 면적 2/3 (소유) + 총수 1/2(동의)

(2) 공·취·법(특례)
 ① 세부목록 고시 → 사업인정 및 고시(의제)
 ② 재결신청: 시행기간 종료일

2. 토지상환채권

(1) 지급보증: 민간시행자

(2) 발행규모: 1/2 초과 금지

(3) 발행계획: 지정권자 승인

(4) 발행방법: 기명식 증권

(5) 이율: 발행자가 정함

(6) 양도 가능

3. 선수금(지정권자 승인)

4. 이주대책수립(의무)

5. 원형지(조성되지 아니한 상태)

6. 조성토지의 공급방법

(1) 추첨방법: 국민주택규모 이하의 주택건설용지, 공공택지, 330㎡ 이하의 단독주택용지, 공장용지

(2) 공급가격
 ┌ 원칙: 감정가격
 └ 예외: 학교·폐기물처리시설· 사회복지시설(유료는 제외)은 감정가격 이하로 할 수 있다.

◈ 환지방식에 의한 사업시행

1. 환지계획

(1) 작성자: 행정청이 아닌 시행자 → 특별자치도지사·시장·군수·구청장 인가

(2) 내용: 환지설계·환지(입체환지)명세·청산대상 토지명세·체비지·보류지

(3) 작성기준: 위치, 지목, 면적, 토질, 수리, 이용상황, 환경 고려

(4) 작성특례: 환지부지정, 증환지, 감환지, 입체환지, 공공시설용지, 체비지, 보류지

2. 환지예정지 지정(임의적 절차)

(1) 지정의 효과: 종전 토지에서 환지예정지로 사용·수익권 이전 → 종전 토지는 사용·수익할 수 없다.

(2) 체비지는 사용·수익·처분 가능

3. 환지처분

소유권이전등기를 마친 때 소유권 취득

(1) 준공검사 후 60일 이내 환지처분공고

(2) 공고일 다음 날 종전 토지로 본다.

(3) 청산금
 ① 환지처분 시 결정, 환지처분공고일 다음 날 확정
 ② 환지처분공고 후 징수·교부. 다만, 환지를 정하지 아니한 토지는 환지처분 전에 교부 가능(분할징수, 분할교부 가능)
 ③ 소멸시효: 5년

(4) 체비지는 시행자가, 보류지는 환지계획에서 정한 자가 공고일 다음 날에 소유권을 취득한다.

(5) 체비지는 준공검사 전 또는 공사완료 전이라도 사용할 수 있다.

◆ 도시개발사업 시행절차(환지방식)

```
개발계획        [     ]   →   시행자    →   실시계획    →   환지계획    →   사업     →   [     ]   →   준공검사·공사  →   [     ]   →   환지
수립 ✩✩      ✩✩✩          지정          인가·고시      인가          착수                    완료 공고                      등기
```
60일 이내 ─ 다음 날 ✩✩   14일 내

(지정권자)   (지정권자)   (공공·민간)   (지정권자)   (특별자치도지사·   (시행자)   (시행자)   (지정권자)   (시행자)   (시행자)
[   ])

---

1. 개발계획의 수립시기

(1) 원칙: 구역 지정 전 ✩
(2) 예외: 구역 지정 후 ✩
① [   ]
② 생산녹지지역(도시개발구역 면적의 30/100 이하)
③ 도시지역 외의 지역
④ 국토교통부장관이 균형발전을 위하여 지정하는 지역(자연환경보전지역은 제외)
⑤ 주거지역·상업지역·공업지역의 면적의 합계가 [   ] 이하

2. 개발계획의 수립동의

(1) 환지방식: 면적 2/3 이상 + 총수 1/2 이상
(2) 시행자가 [   ], [   ]인 경우에는 동의(X)

3. 도시개발구역 지정 후 ✩ 개발계획 포함내용

(1) 도시개발구역 밖에 기반시설을 설치하는 경우 비용부담계획
(2) 수용 또는 사용의 대상이 되는 [   ]
(3) 임대주택건설계획 등 세입자 등의 주거 및 생활안정대책
(4) [   ]

---

1. 도시개발구역의 지정권자

(1) 원칙: 시·도지사, [   ]
(2) 예외: ✩
① 국가가 실시할 필요 있는 경우
② [   ]이 요청
③ 공공기관, 정부출연기관의 장이 [   ] 이상으로 국가계획과 밀접한 관련이 있는 구역의 지정을 제안한 경우
④ 시·도지사, 대시장 협의 성립(X)
⑤ 천재지변 등 긴급한 경우

2. 도시개발구역 지정의 효과

(1) 도시지역과 지구단위계획구역 지정 의제([   ]는 제외)
(2) 지형도면의 고시: 사업시행기간
(3) 기득권 보호: 공사나 사업에 착수한 자는 30일 이내에 [   ]

3. 도시개발구역의 해제 의제

(1) 도시개발구역 지정고시 후 3년 이내에 실시계획인가를 신청하지 아니하는 경우에는 3년이 되는 날의 다음 날 → 환원(O)
(2) 공사완료공고일 [   ](수용방식), 환지처분공고일 다음 날(환지방식) → [   ](X)

---

1. 시행자 지정

(1) 공공사업시행자
① 국가·지방자치단체
② 공공기관
③ 정부출연기관
④ 지방공사
(2) 민간사업시행자
① [   ]
② 토지소유자
③ [   ]
④ 이전법인
⑤ 등록사업자
⑥ 건설업자·부동산개발업자
⑦ 부동산투자회사

2. 시행자의 변경 ✩

(1) 실시계획인가 후 [   ] 이내에 사업 착수(X)
(2) 시행자 지정·실시계획인가 취소
(3) 부도·파산 등 목적달성이 어렵다고 인정
(4) 전부환지방식으로 시행 → 도시개발구역 지정 고시일부터 [   ] 이내 → 실시계획의 인가 신청(X)

---

1. 실시계획의 작성·인가

작성	개발계획 부합, 지구단위계획 포함
의견청취	① 국장 → [ ] 대시장 ② 시·도지사 → 시장·군수·구청장
인가	지정권자
고시	지정권자
공람	특별자치도지사, 시장·군수·구청장

2. 실시계획고시의 효과

(1) [   ] 결정·고시(의제): 결정된 사항 중 고시 내용에 저촉되는 사항은 고시된 내용으로 변경된 것으로 본다.
(2) 지형도면의 고시: 사업시행기간
(3) 협의 → 관련 인·허가 등 의제
(4) 협의기간: [   ] 이내

◆ 수용 또는 사용방식

1. 토지 등의 수용·사용 ✩

(1) 수용권자: 사업시행자 민간사업시행자(공공 X): 면적 2/3 (소유) + 총수 1/2(동의)
(2) 공·취·법(특례)
① [   ] → 사업인정 및 고시(의제)
② 재결신청: 시행기간 종료일

2. 토지상환채권 ✩

(1) 지급보증: 민간시행자
(2) 발행규모:
(3) 발행계획: 지정권자 승인
(4) 발행방법: [   ]
(5) 이율: 발행자가 정함
(6) 양도 가능

3. 선수금(지정권자 승인)

4. 이주대책수립(의무)

5. 원형지(조성되지 아니한 상태) ✩

6. 조성토지의 공급방법

(1) 추첨방법: 국민주택규모 이하의 주택건설용지, 공공택지, [   ] 이하의 단독주택용지, 공장용지
(2) 공급가격
┌ 원칙: [   ]
└ 예외: 학교, [   ] 사회복지시설(유료는 제외)은 [   ] 이하로 할 수 있다.

환지방식에 의한 사업시행

1. 환지계획 ✩

(1) 작성자: 행정청이 아닌 시행자 → 특별자치도지사·[   ]인가
(2) 내용: 환지설계·환지(입체환지)명세·청산대상 토지명세·[   ]
(3) 작성기준: 위치, 지목, 면적, 토질, 수리, 이용상황, 환경 고려
(4) 작성특례: 환지부지정, 증환지, 감환지, 입체환지, 공공시설용지, 체비지, 보류지

2. 환지예정지 지정(임의적 절차)

(1) 지정의 효과: 종전 토지에서 환지예정지로 사용·수익권 이전 → 종전 토지는 사용·수익할 수 [   ].
(2) 체비지는 사용·수익·[   ] 가능

소유권이전등기를 마친 때 소유권 취득

3. 환지처분 ✩

(1) 준공검사 후 60일 이내 환지처분공고
(2) 공고일 [   ] 종전 토지로 본다.
(3) 청산금
① 환지처분 시 결정, 환지처분공고일 [   ]
② 환지처분공고 후 징수·교부, 다만, 환지를 정하지 아니한 토지는 환지처분 전에 교부 가능(분할징수, 분할교부 가능)
③ 소멸시효: [   ]
(4) 체비지는 [   ]가, 보류지는 환지계획에서 정한 자가 공고일 다음 날에 소유권을 취득한다.
(5) [   ]는 준공검사 전 또는 공사완료 전이라도 사용할 수 있다.

핵심 POINT

POINT 01 수용방식 ★★☆

- 민간사업시행자: 면적 2/3 이상 토지(소유) + 총수 1/2 이상(동의)
- 토지의 세부목록 고시 → 사업인정 및 고시(의제)
- 토지상환채권(시행자가 발행)
  - ① 매수대금의 일부(전부 X)
  - ② 민간시행자(공공 X): 지급보증
  - ③ 발행규모: 면적 1/2 초과 X
  - ④ 이율: 발행자 [암기TIP] 이발
  - ⑤ 기명식 증권(양도 가능), 질권목적 가능
- 원형지(조성되지 아니한 상태의 토지) → 지정권자의 승인
  - ① 도시개발구역 면적 1/3 이내로 한정한다.
  - ② 원형지 매각금지: 10년의 범위에서 공사완료공고일부터 5년 또는 공급계약일부터 10년 중 먼저 끝나는 기간(국가, 지자체는 매각 O)
  - ③ 원형지 공급방법: 학교용지 또는 공장용지는 경쟁입찰의 방법(2회 이상 유찰된 경우에는 수의계약방법으로 공급할 수 있다)
  - ④ 원형지 공급가격: 감정가격 + 기반시설 설치비용(공사비)
- 조성토지 → 공급계획을 지정권자에게 제출
- 조성토지 공급가격: 감정가격, [① 학교, ② 폐기물처리시설, ③ 공공청사, ④ 사회복지시설(유료는 제외), ⑤ 임대주택, ⑥ 행정청이 직접 설치하는 시장, 자동차정류장, 종합의료시설] → 감정가격 이하
- 조성토지 공급방법 ┬ 추첨방법: ① 국민주택규모 이하의 주택건설용지, ② 공공택지, ③ 330m² 이하의 단독주택, ④ 공장용지
  └ 수의계약: ① 학교, 공공청사용지 등 일반에게 분양할 수 없는 공공용지를 국가, 지방자치단체에 공급하는 경우
  ② 토지상환채권으로 상환하는 경우

◈ 채권 비교정리

토지상환채권	도시개발채권
① 시행자 발행 → 지정권자 승인	① 시·도지사 발행 → 행정안전부장관 승인
② 매수대금 일부(전부 X)	② 도시개발사업, 도시·군계획시설사업 자금 조달
③ 발행규모: 면적 2분의 1 초과 X	③ 발행방법: 전자등록 또는 무기명 발행
④ 민간시행자: 지급보증 O	④ 상환기간: 5년부터 10년 이내
⑤ 발행방법: 기명식 증권(양도 O), 질권목적 가능	⑤ 소멸시효: 원금 5년, 이자 2년
⑥ 이율: 발행자	⑥ 매입증 보관기간: 5년

POINT 02 환지방식 ★★★☆

- 환지계획의 내용: 환지설계, 환지(입체환지)명세, 청산대상 토지명세, 체비지, 보류지의 명세
- 환지계획의 인가: 특별자치도지사, 시장, 군수, 구청장
- 토지소유자의 신청에 의한 환지부지정: 임차권자의 동의
- 체비지: 경비 충당, 보류지: 규약, 정관
- 공공시설용지: 환지계획 작성기준을 적용하지 아니할 수 있다.
- 토지부담률은 50% 초과 X. 단, ┬ 지정권자가 인정: 60%까지 가능
  └ 토지소유자 2/3 이상 동의: 60% 초과 가능
- 환지예정지: 지정할 수 있다. → 사용·수익권(종전 토지 → 환지예정지로 이전)
- 체비지: 환지예정지(처분 가능), 이미 처분된 체비지는 매입한 자가 소유권이전등기를 마친 때 소유권을 취득한다. ① 사업의 명칭, ② 시행자, ③ 시행기간, ④ 환지처분일, ⑤ 사업비 정산내역, ⑥ 체비지의 매각대금과 보조금
- 환지처분공고일 + 다음 날 → 종전의 토지로 본다.
  ┬ 체비지: 시행자가 취득 ┐ 환지처분공고일 + 다음 날
  └ 보류지: 환지계획에서 정한 자가 취득 ┘
- 체비지는 준공검사 전 또는 공사완료 전이라도 사용할 수 있다.
- 종전 권리의 소멸: 환지처분공고일이 끝나는 때 소멸
- 종전 토지에 존속: 지역권, 행정상·재판상 처분으로서 종전 토지에 전속하는 것
  └→ 영향을 미치지 아니한다.

POINT 03 청산금, 도시개발채권 ★★☆

(1) 청산금
  ① 청산금 결정: 환지처분을 하는 때, 환지대상 제외토지: 청산금 교부하는 때
  ② 청산금 확정: 환지처분공고일 + 다음 날
  ③ 청산금 소멸시효: 5년

(2) 도시개발채권
  - ① 발행/승인권자: 시·도지사가 발행 → 행정안전부장관의 승인
  - ② 발행방법: 전자등록 발행 또는 무기명 발행(세부사항 - 시·도조례)
  - ③ 상환기간: 5년부터 10년의 범위에서 조례로 정한다.
  - ④ 소멸시효: 상환일로부터 원금은 5년, 이자는 2년 [암기TIP] 오이
  - ⑤ 매입의무자 ┬ ㉠ 수용방식으로 시행하는 공공사업시행자와 도급계약을 체결하는 자
    └ ㉡ 토지의 형질변경허가를 받은 자
  - ⑥ 중도상환사유 ┬ ㉠ 허가 또는 인가가 매입자의 귀책사유 없이 취소된 경우
    ├ ㉡ 착오로 도시개발채권을 매입한 경우
    └ ㉢ 초과하여 도시개발채권을 매입한 경우
  - ⑦ 매입필증 보관: 5년

기출 OX 문제

수용방식 및 환지방식

01 도시개발사업을 시행하는 지방자치단체는 도시개발구역 지정 이후 그 시행방식을 혼용방식에서 수용 또는 사용방식으로 변경할 수 있다. [32회] (O | X)

02 시행자가 아닌 지정권자는 도시개발사업에 필요한 토지 등을 수용할 수 있다. [27회] (O | X)

03 도시개발사업을 시행하는 공공기관은 토지상환채권을 발행할 수 없다. [32회] (O | X)

04 지방자치단체가 시행자인 경우 지급보증 없이 토지상환채권을 발행할 수 있다. [30회] (O | X)

05 원형지는 도시개발구역 전체 토지면적의 3분의 1 이내의 면적으로만 공급될 수 있다. [23회], [25회], [30회] (O | X)

06 시행자는 학교를 설치하기 위한 조성토지를 공급하는 경우 해당 토지의 가격을 「감정평가 및 감정평가사에 관한 법률」에 따른 감정평가법인등이 감정평가한 가격 이하로 정할 수 있다. [26회] (O | X)

07 조성토지 등의 가격평가는 「감정평가 및 감정평가사에 의한 법률」에 따른 감정평가업자가 평가한 금액을 산술평균한 금액으로 한다. [26회] (O | X)

08 시행자는 토지면적의 규모를 조정할 특별한 필요가 있으면 면적이 넓은 토지는 그 면적을 줄여서 환지를 정하거나 환지대상에서 제외할 수 있다. [32회] (O | X)

09 행정청이 아닌 시행자가 인가받은 환지계획의 내용 중 종전 토지의 합필 또는 분필로 환지명세가 변경되는 경우에는 변경인가를 받아야 한다. [31회] (O | X)

10 시행자는 체비지의 용도로 환지예정지가 지정된 경우에는 도시개발사업에 드는 비용을 충당하기 위하여 이를 처분할 수 있다. [31회] (O | X)

11 지방자치단체가 도시개발사업의 전부를 환지방식으로 시행하려고 할 때에는 도시개발사업의 시행규정을 작성하여야 한다. [31회] (O | X)

12 토지소유자의 환지 제외 신청이 있더라도 해당 토지에 관한 임차권자 등이 동의하지 않는 경우에는 해당 토지를 환지에서 제외할 수 없다. [25회] (O | X)

13 도시개발사업의 준공검사 전에는 체비지를 사용할 수 없다. [27회] (O | X)

14 시행자는 규약으로 정하는 목적을 위하여 일정한 토지를 환지로 정하지 아니하고 보류지로 정할 수 있다. [24회] (O | X)

15 도시개발구역의 토지에 대한 지역권은 도시개발사업의 시행으로 행사할 이익이 없어지면 환지처분이 공고된 날이 끝나는 때에 소멸한다. [31회] (O | X)

16 체비지는 환지계획에서 정한 자가 환지처분이 공고된 날에 해당 소유권을 취득한다. [24회] (O | X)

17 청산금을 받을 권리나 징수할 권리를 5년간 행사하지 아니하면 시효로 소멸한다. [23회] (O | X)

18 시·도지사는 도시개발채권을 발행하려는 경우 채권의 발행총액에 대하여 국토교통부장관의 승인을 받아야 한다. [29회], [32회] (O | X)

19 도시개발채권의 상환은 3년부터 10년까지의 범위에서 지방자치단체의 조례로 정한다. [29회], [32회] (O | X)

20 도시개발채권의 소멸시효는 상환일부터 기산하여 원금은 3년, 이자는 2년으로 한다. [29회] (O | X)

정답

01 X (혼용방식에서 수용 또는 사용방식으로 변경할 수 없다)   **02** X (시행자가 아닌 지정권자는 수용할 수 없다)   **03** X (도시개발사업을 시행하는 공공기관은 토지상환채권을 발행할 수 있다)
04 O   **05** O   **06** O   **07** O   **08** X (면적이 넓은 토지는 그 면적을 줄여서 환지를 정할 수 있으나, 환지대상에서 제외할 수는 없다)   **09** X (변경인가를 받지 않아도 된다)   **10** O   **11** O
12 O   **13** X (체비지는 준공검사 전에도 사용할 수 있다)   **14** O   **15** O   **16** X (체비지는 시행자가 환지처분이 공고된 날의 다음 날에 해당 소유권을 취득한다)   **17** O   **18** X (행정안전부장관의 승인을 받아야 한다)   **19** X (5년부터 10년까지의 범위에서 지방자치단체의 조례로 정한다)   **20** X (원금은 5년, 이자는 2년으로 한다)

도시개발법

01 개발계획

수립시기	도시개발구역을 지정한 후에 개발계획을 수립할 수 있는 경우 ① 개발계획을 공모하는 경우 ② 자연녹지지역, 생산녹지지역(구역 면적의 100분의 30 이하인 경우) ③ 도시지역 외의 지역 ④ 국장 + 국가균형발전 + 지정(자연환경보전지역은 제외) ⑤ 주거지역·상업지역·공업지역의 면적의 합계가 전체 도시개발구역 면적의 30/100 이하인 지역
수립내용	도시개발구역 지정 후 개발계획에 포함시킬 수 있는 사항 ① 도시개발구역 밖에 기반시설을 설치하여야 하는 경우에는 그 시설의 설치에 필요한 비용의 부담계획 ② 수용(收用) 또는 사용의 대상이 되는 토지·건축물 또는 토지에 정착한 물건과 이에 관한 소유권 외의 권리, 광업권, 어업권, 양식업권, 물의 사용에 관한 권리(이하 '토지 등'이라 한다)가 있는 경우에는 그 세부목록 ③ 임대주택건설 등 세입자의 주거 및 생활안정대책 ④ 순환개발 등 단계적 사업추진이 필요한 경우 사업추진계획 등에 관한 사항
환지방식	환지방식으로 개발계획을 수립하는 경우 → 토지면적 2/3 이상에 해당하는 토지소유자와 토지소유자 총수의 1/2 이상의 동의를 받아야 한다(시행자가 국가 또는 지방자치단체는 동의 X).
복합기능	면적이 330만㎡ 이상인 경우에는 복합기능(주거, 생산, 교육, 유통, 위락 등의 기능을 갖춘 도시)으로 수립

02 도시개발구역

지정권자(국장)	① 국가 + 사업을 실시 ② 중앙행정기관의 장(장관) → 요청 ③ 공공기관(한국토지주택공사)·정부출연기관 장 → 30만㎡ 이상으로 지정을 제안하는 경우(국가계획 관련) ④ 시·도 또는 대도시의 협의가 성립되지 아니한 경우 ⑤ 천재지변 등 긴급한 경우
지정제안	① 시행자(국가·지자체·조합을 제외) → 국토교통부장관·특별자치도지사·시장·군수·구청장: 1개월(1개월 연장 가능) 이내 수용 여부 통보 ② 민간시행자 → 토지면적의 2/3 이상 소유자(지상권자 포함)의 동의를 받아야 한다.

지정규모	① 주거지역·상업지역·자연녹지·생산녹지: 1만㎡ 이상
	② 공업지역: 3만㎡ 이상
	③ 도시지역 외 지역: 30만㎡ 이상(초등학교 확보 + 4차선 이상의 도로 확보 시 → 10만㎡ 이상)
지정절차	① 둘 이상의 일간신문과 홈페이지에 공고 + 14일 이상 열람
	② 면적이 10만㎡ 미만인 경우에는 일간신문에 공고하지 아니하고 공보와 해당 시·군 또는 구의 인터넷 홈페이지에 공고할 수 있다.
100만㎡ 이상	① 공람기간이 끝난 후 공청회를 개최하여야 한다.
	② 지정권자는 국토교통부장관과 협의하여야 한다.
기득권 보호	도시개발구역 지정 당시 사업에 착수한 자는 30일 이내에 신고하고 이를 계속 시행할 수 있다.
지정해제사유	① 도시개발구역지정·고시 후 3년 이내에 실시계획인가를 신청하지 아니한 경우: 3년이 되는 날의 다음 날
	② 공사완료(환지방식인 경우에는 환지처분)공고일 다음 날
	③ 도시개발구역지정 후 개발계획 수립 시
	㉠ 도시개발구역지정·고시 후 2년 이내에 개발계획을 수립·고시하지 아니한 경우: 2년이 되는 날의 다음 날(330만㎡ 이상 – 5년)
	㉡ 개발계획수립·고시 후 3년 이내에 실시계획인가를 신청하지 아니한 경우: 3년이 되는 날의 다음 날(330만㎡ 이상 – 5년)

03 시행자

전부환지방식	① 원칙: 토지소유자나 조합을 시행자로 지정한다.
	② 예외: 지방자치단체 등을 시행자로 지정할 수 있다.
	㉠ 토지소유자 또는 조합이 개발계획수립·고시 후 1년 이내에 시행자 지정을 신청하지 않는 경우
	㉡ 지방자치단체가 집행하는 공공시설사업과 병행 시행 필요
	㉢ 국공유지를 제외한 토지면적의 1/2 이상 + 토지소유자 총수의 1/2 이상이 동의
시행자 변경	① 도시개발사업에 관한 실시계획의 인가를 받은 후 2년 이내에 사업을 착수하지 아니하는 경우
	② 행정처분으로 시행자의 지정이나 실시계획의 인가가 취소된 경우
	③ 시행자의 부도·파산 등의 사유로 도시개발사업의 목적을 달성하기 어렵다고 인정되는 경우
	④ 전부환지방식으로 시행하는 시행자가 도시개발구역 지정의 고시일부터 1년 이내(6개월 범위에서 연장 가능)에 실시계획의 인가를 신청하지 아니하는 경우

04 도시개발조합

설립인가 요건	① 토지소유자 7명 이상 + 정관작성 → 지정권자의 인가 ② 면적의 2/3 + 총수의 1/2 이상의 동의를 받아야 한다.
조합설립 등기	설립인가를 받은 날부터 30일 이내에 주된 사무소의 소재지에 등기를 하면 성립한다.
대의원회	의결권을 가진 조합원의 수가 50인 이상인 조합은 대의원회를 둘 수 있다.

05 수용방식

토지의 수용 또는 사용	시행자는 도시개발사업에 필요한 토지 등을 수용하거나 사용할 수 있다. 다만, 민간시행자는 토지면적의 2/3 이상 소유 + 토지소유자 총수의 1/2 이상 동의를 받아야 한다.
조성토지의 공급방법	① 경쟁입찰의 방법 ② 수의계약: 학교용지·공공청사용지 등 공공용지, 토지상환채권 ③ 추첨방법: 국민주택규모 이하의 주택건설용지, 공공택지, 330㎡ 이하의 단독주택용지 및 공장용지, 수의계약방법으로 공급하기로 하였으나 공급신청량이 공급계획에서 계획된 면적을 초과하는 경우
토지상환채권	① 토지소유자가 원하면 매수대금의 일부를 지급하기 위하여 시행자가 발행한다. ② 토지상환채권의 발행규모는 도시개발사업으로 조성되는 분양토지 또는 분양건축물 면적의 1/2을 초과할 수 없다.
선수금	① 공공시행자: 개발계획수립·고시 후 면적의 10/100 이상 토지소유권(사용동의를 포함) 확보 ② 민간시행자: 토지소유권 확보 + 저당권 말소 + 공사진척률 10/100 이상 + 지정권자에게 지급보증서 제출
원형지 공급	① 공급될 수 있는 원형지의 면적은 토지면적의 1/3 이내로 한정한다. ② 원형지개발자(국가, 지자체는 제외)는 10년 이내의 범위에서 대통령령으로 정하는 기간(㉠ 원형지에 대한 공사완료공고일부터 5년, ㉡ 원형지 공급계약일부터 10년) 안에는 원형지를 매각할 수 없다.

06 환지계획

토지부담률	평균 토지부담률은 50%를 초과할 수 없다. 다만, 지정권자가 인정하면 60%까지 할 수 있으며, 토지소유자 2/3 이상이 동의하는 경우에는 60%를 초과할 수 있다.

07 환지처분

시기	시행자는 준공검사(지정권자가 시행자인 경우에는 공사완료공고일)를 받은 경우에는 60일 이내에 환지처분을 하여야 한다.
등기	시행자는 환지처분공고 후 14일 이내에 토지와 건축물에 관한 등기를 촉탁하거나 신청하여야 한다. 환지처분이 공고된 날부터 등기가 있는 때까지는 다른 등기를 할 수 없다.
청산금 소멸시효	청산금을 받을 권리나 징수할 권리는 5년간 행사하지 아니하면 소멸한다.

08 도시개발채권

발행/승인권자	시·도지사가 발행 → 행정안전부장관의 승인
상환기간	5년부터 10년까지의 범위에서 조례로 정한다.
소멸시효	상환일로부터 원금은 5년, 이자는 2년으로 한다.
매입의무	① 수용 또는 사용방식으로 시행하는 공공사업시행자와 도급계약을 체결하는 자 ② 「국토의 계획 및 이용에 관한 법률」에 따른 토지의 형질변경의 허가를 받은 자
중도상환사유	① 도시개발채권의 매입사유가 된 허가 또는 인가가 매입자의 귀책사유 없이 취소된 경우 ② 도시개발채권의 매입의무자가 아닌 자가 착오로 도시개발채권을 매입한 경우 ③ 도시개발채권의 매입의무자가 매입하여야 할 금액을 초과하여 도시개발채권을 매입한 경우
매입필증 보관	매입필증을 제출받는 자는 매입자로부터 제출받은 매입필증을 5년간 따로 보관하여야 한다.

할 수 없는 이유는 수없이 많지만
할 수 있는 이유는 단 한 가지입니다.
당신이 하기로 결정했기 때문입니다.

당신이 결정하면 온 세상이
그 결정을 따라 움직입니다.

– 조정민, 『사람이 선물이다』, 두란노

PART 3

40문제 중
6문제 출제

15%

도시 및 주거환경정비법

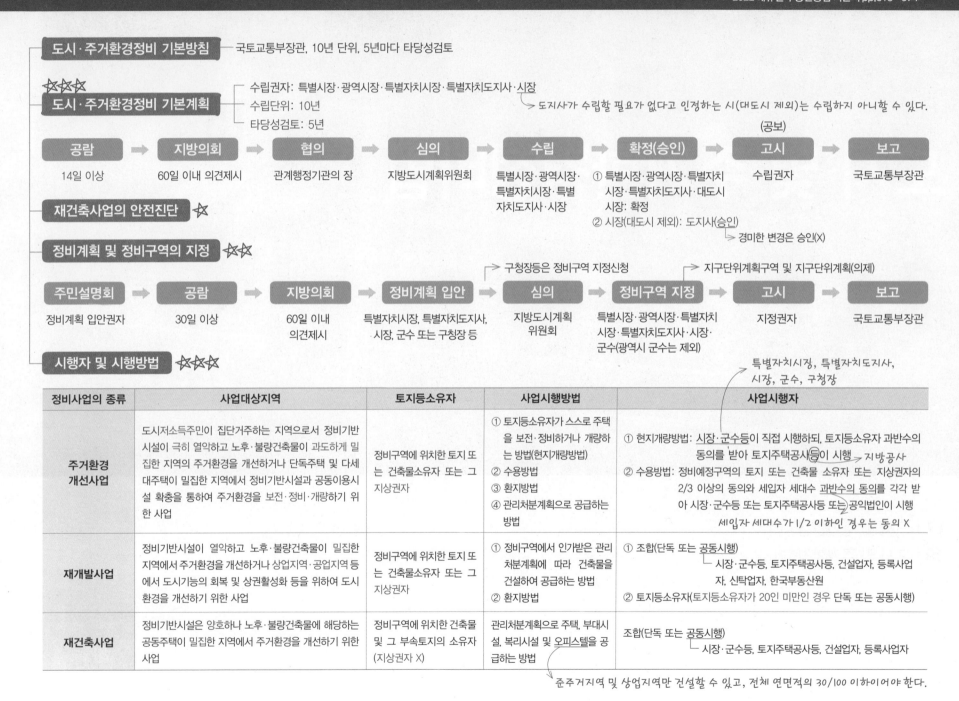

도시·주거환경정비 기본방침 ─ 국토교통부장관, 10년 단위, 5년마다 타당성검토

☆☆☆
도시·주거환경정비 기본계획
┌ 수립권자: 특별시장·광역시장·특별자치시장·특별자치도지사·시장
├ 수립단위: 10년   → 도지사가 수립할 필요가 없다고 인정하는 시(대도시 제외)는 수립하지 아니할 수 있다.
└ 타당성검토: 5년

공람	→	지방의회	→	협의	→	심의	→	수립	→	확정(승인)	→	고시 (공보)	→	보고
14일 이상		60일 이내 의견제시		관계행정기관의 장		지방도시계획위원회		특별시장·광역시장·특별자치시장·특별자치도지사·시장		① 특별시장·광역시장·특별자치시장·특별자치도지사·대도시 시장: 확정 ② 시장(대도시 제외): 도지사(승인) → 경미한 변경은 승인(X)		수립권자		국토교통부장관

재건축사업의 안전진단 ☆

정비계획 및 정비구역의 지정 ☆☆

주민설명회	→	공람	→	지방의회	→	정비계획 입안	→	심의	→	정비구역 지정	→	고시	→	보고
정비계획 입안권자		30일 이상		60일 이내 의견제시		특별자치시장, 특별자치도지사, 시장, 군수 또는 구청장 등		지방도시계획 위원회		특별시장·광역시장·특별자치시장·특별자치도지사·시장·군수(광역시 군수는 제외)		지정권자		국토교통부장관

→ 구청장등은 정비구역 지정신청   → 지구단위계획구역 및 지구단위계획(의제)

시행자 및 시행방법 ☆☆☆

→ 특별자치시장, 특별자치도지사, 시장, 군수, 구청장

정비사업의 종류	사업대상지역	토지등소유자	사업시행방법	사업시행자
주거환경 개선사업	도시저소득주민이 집단거주하는 지역으로서 정비기반시설이 극히 열악하고 노후·불량건축물이 과도하게 밀집한 지역의 주거환경을 개선하거나 단독주택 및 다세대주택이 밀집한 지역에서 정비기반시설과 공동이용시설 확충을 통하여 주거환경을 보전·정비·개량하기 위한 사업	정비구역에 위치한 토지 또는 건축물소유자 또는 그 지상권자	① 토지등소유자가 스스로 주택을 보전·정비하거나 개량하는 방법(현지개량방법) ② 수용방법 ③ 환지방법 ④ 관리처분계획으로 공급하는 방법	① 현지개량방법: 시장·군수등이 직접 시행하되, 토지등소유자 과반수의 동의를 받아 토지주택공사등이 시행 → 지방공사 ② 수용방법: 정비예정구역의 토지 또는 건축물 소유 또는 지상권자의 2/3 이상의 동의와 세입자 세대수 과반수의 동의를 각각 받아 시장·군수등 또는 토지주택공사등 또는 공익법인이 시행 → 세입자 세대수가 1/2 이하인 경우는 동의 X
재개발사업	정비기반시설이 열악하고 노후·불량건축물이 밀집한 지역에서 주거환경을 개선하거나 상업지역·공업지역 등에서 도시기능의 회복 및 상권활성화 등을 위하여 도시환경을 개선하기 위한 사업	정비구역에 위치한 토지 또는 건축물소유자 또는 그 지상권자	① 정비구역에서 인가받은 관리처분계획에 따라 건축물을 건설하여 공급하는 방법 ② 환지방법	① 조합(단독 또는 공동시행) └ 시장·군수등, 토지주택공사등, 건설업자, 등록사업자, 신탁업자, 한국부동산원 ② 토지등소유자(토지등소유자가 20인 미만인 경우 단독 또는 공동시행)
재건축사업	정비기반시설은 양호하나 노후·불량건축물에 해당하는 공동주택이 밀집한 지역에서 주거환경을 개선하기 위한 사업	정비구역에 위치한 건축물 및 그 부속토지의 소유자 (지상권자 X)	관리처분계획으로 주택, 부대시설, 복리시설 및 오피스텔을 공급하는 방법	조합(단독 또는 공동시행) └ 시장·군수등, 토지주택공사등, 건설업자, 등록사업자

→ 준주거지역 및 상업지역만 건설할 수 있고, 전체 연면적의 30/100 이하이어야 한다.

도시·주거환경정비 기본방침 — 국토교통부장관, 10년 단위, 5년마다 타당성검토

☆☆☆
도시·주거환경정비 기본계획
- 수립권자: 특별시장·광역시장·특별자치시장·특별자치도지사·시장
- 수립단위: [ ]
- 타당성검토: [ ]
  → 도지사가 수립할 필요가 없다고 인정하는 시(대도시 제외)는 수립하지 아니할 수 있다.

(공보)

공람 ➡ **지방의회** ➡ **협의** ➡ **심의** ➡ **수립** ➡ **확정(승인)** ➡ **고시** ➡ [ ]

공람	지방의회	협의	심의	수립	확정(승인)	고시	
[ ]	60일 이내 의견제시	관계행정기관의 장	지방도시계획위원회	특별시장·광역시장·특별자치시장·특별자치도지사·시장	① 특별시장·광역시장·특별자치시장·특별자치도지사·대도시 시장: 확정 ② 시장([ ] 제외): [ ](승인) → 경미한 변경은 승인(X)	수립권자	국토교통부장관

재건축사업의 안전진단 ☆

정비계획 및 정비구역의 지정 ☆☆

→ 구청장등은 정비구역 지정신청
→ 지구단위계획구역 및 지구단위계획(의제)

주민설명회 ➡ **공람** ➡ **지방의회** ➡ **정비계획 입안** ➡ **심의** ➡ **정비구역 지정** ➡ **고시** ➡ [ ]

주민설명회	공람	지방의회	정비계획 입안	심의	정비구역 지정	고시	
정비계획 입안권자	30일 이상	60일 이내 의견제시	특별자치시장, 특별자치도지사, 시장, 군수 또는 구청장 등	지방도시계획위원회	특별시장·광역시장·특별자치시장·특별자치도지사·시장·군수(광역시 군수는 제외)	지정권자	국토교통부장관

시행자 및 시행방법 ☆☆☆

특별자치시장, 특별자치도지사, 시장, 군수, 구청장

정비사업의 종류	사업대상지역	토지등소유자	사업시행방법	사업시행자
주거환경 개선사업	도시[ ]이 집단거주하는 지역으로서 정비기반시설이 극히 열악하고 노후·불량건축물이 과도하게 밀집한 지역의 주거환경을 개선하거나 단독주택 및 다세대주택이 밀집한 지역에서 정비기반시설과 공동이용시설 확충을 통하여 주거환경을 [ ]하기 위한 사업	정비구역에 위치한 토지 또는 건축물소유자 또는 그 [ ]	① 토지등소유자가 스스로 주택을 보전·정비하거나 개량하는 방법(현지개량방법) ② [ ] ③ 환지방법 ④ 관리처분계획으로 공급하는 방법	① 현지개량방법: 시장·군수등이 직접 시행하되, 토지등소유자 과반수의 동의를 받아 토지주택공사등이 시행 → 지방공사 ② 수용방법: 정비예정구역의 토지 또는 건축물 소유자 또는 지상권자의 [ ]의 동의와 세입자 세대수 [ ]의 동의를 각각 받아 시장·군수등 또는 토지주택공사등 또는 공익법인이 시행 세입자 세대수가 1/2 이하인 경우는 동의 X
재개발사업	정비기반시설이 [ ]하고 노후·불량건축물이 밀집한 지역에서 주거환경을 개선하거나 [ ] 등에서 도시기능의 회복 및 상권활성화 등을 위하여 도시환경을 개선하기 위한 사업	정비구역에 위치한 토지 또는 건축물소유자 또는 그	① 정비구역에서 인가받은 관리처분계획에 따라 건축물을 건설하여 공급하는 방법 ② 환지방법	① [ ](단독 또는 공동시행) — 시장·군수등, 토지주택공사등, 건설업자, 등록사업자, 신탁업자, 한국부동산원 ② 토지등소유자(토지등소유자가 [ ]미만인 경우 단독 또는 공동시행)
재건축사업	정비기반시설은 [ ]하나 노후·불량건축물에 해당하는 공동주택이 밀집한 지역에서 주거환경을 개선하기 위한 사업	정비구역에 위치한 건축물 및 그 부속토지의 소유자 ([ ])	[ ]으로 주택, 부대시설, 복리시설 및 [ ]을 공급하는 방법	[ ](단독 또는 공동시행) — 시장·군수등, 토지주택공사등, 건설업자, 등록사업자

준주거지역 및 상업지역만 건설할 수 있고, 전체 연면적의 30/100 이하이어야 한다.

핵심 POINT

POINT 01 용어의 정의, 정비구역 ★★☆

- 공공재개발사업 ─ ① 시장·군수등, 토지주택공사등이 시행자나 대행자일 것
  └ ② 전체 세대수 또는 전체 연면적 중 토지등소유자 대상 분양분을 제외한 나머지 주택의 세대수 또는 연면적의 100분의 50 이상을 지분형 주택, 공공임대주택 또는 공공지원민간임대주택으로 건설·공급할 것

- 공공재건축사업 ─ ① 시장·군수등, 토지주택공사등이 시행자나 대행자일 것
  └ ② 공공재건축사업을 추진하는 단지의 종전 세대수의 100분의 160에 해당하는 세대 이상을 건설·공급할 것

- 토지등소유자 ─ 주거환경개선사업, 재개발사업
  : ① 토지소유자, ② 건축물소유자, ③ 지상권자 ┘ 3명
  └ 재건축사업: 건축물 + 부속토지소유자(지상권자 X) → 1명

- 노후·불량건축물: 건축물이 훼손되거나 일부가 멸실되어 붕괴 등 안전사고의 우려가 있는 건축물

- 정비기반시설: 도로, 상하수도, 구거(도랑), 공원, 공용주차장, 공동구, 광장, 지역난방시설

- 공동이용시설: 놀 이터, 마 을회관, 공 동작업장, 탁 아소 등 노유자시설

- 토지주택공사등: 한국토지주택공사 또는 지방공사 암기 TIP 놀·마·공·탁

- 허가대상
  ─ ① 건축물(가설 건축물 포함)의 건축, 용도변경(대수선 X)
  ─ ② 공작물의 설치
  ─ ③ 토지의 형질변경: 공유수면의 매립
  ─ ④ 토석의 채취
  ─ ⑤ 토지분할
  ─ ⑥ 물건을 쌓아놓는 행위: 1개월 이상
  └ ⑦ 죽목의 벌채 및 식재

- 허용사항: ① 응급조치를 위한 행위, ② 안전조치를 위한 행위, ③ 비닐하우스 설치, ④ 버섯재배사·종묘배양장·퇴비장의 설치, ⑤ 경작 + 토지의 형질변경, ⑥ 관상용 죽목의 임시식재(경작지에서의 임시식재는 허가를 요한다)

- 기득권 보호: 착수 + 신고(30일 이내)

- 정비구역의 의무적 해제

POINT 02 기본계획 ★★☆

→ 4명(군수 X)

- 수립권자: 특별시장·광역시장·특별자치시장·특별자치도지사·시장은 기본계획을 10년 단위로 수립하여야 한다. 다만, 도지사가 대도시가 아닌 시로서 기본계획을 수립할 필요가 없다고 인정하는 시에 대하여는 기본계획을 수립하지 아니할 수 있다.

- 타당성검토: 5년 → 공람: 정비계획(30일), 정비구역 해제(30일), 관리처분계획(30일)

- 수립절차: 공람(14일 이상) + 지방의회 의견청취(60일 이내 의견 제시) + 협의 + 심의
  → 경미한 변경은 생략할 수 있다.

- 기본계획의 승인: 대도시 시장이 아닌 시장은 도지사의 승인을 받아야 한다.
  (경미한 변경은 승인 X)
  ─ ① 정비사업의 계획기간을 단축하는 경우
  ─ ② 공동이용시설의 설치계획을 변경하는 경우
  ─ ③ 사회복지시설 및 주민문화시설의 설치계획의 변경인 경우
  ─ ④ 단계별 정비사업 추진계획의 변경인 경우
  ─ ⑤ 정비예정구역 면적과 건폐율 및 용적률의 20% 미만의 변경인 경우
  └ ⑥ 정비사업의 시행을 위한 재원조달에 관한 사항을 변경하는 경우

- 고시 및 보고: 기본계획 수립권자(5명)는 기본계획을 고시한 때에는 국토교통부장관에게 보고하여야 한다.

POINT 03 정비사업조합 ☆☆☆

- 추진위원회 구성요건: ① 위원장 포함 (5명) 이상의 위원 + ② 토지등소유자 과반수 동의 +
  ③ 시장·군수등의 (승인)
- 조합의 조합원은 토지등소유자로 하고, 재건축사업은 재건축사업에 동의한 자에 한한다.
- 토지의 소유권이 수인의 (공유): (1인)을 조합원으로 본다.
- 조합설립인가 동의요건(재개발사업): 토지등소유자 4분의 3 이상 + 토지면적 2분의 1 이상의 동의
- 조합설립의 인가를 받은 날부터 30일 이내에 (등기)함으로써 성립한다.
- 조합임원: 조합장, 이사(3명 이상. 조합원의 수가 100명을 초과하면 5명 이상),
  감사(1명 이상 3명 이하) → 겸직 금지
- 조합임원의 자격요건 ┬ ① 선임일 직전 3년 동안 거주기간이 1년 이상 또는
  ├ ② 건축물 또는 토지를 5년 이상 소유하고 있을 것
  └ ③ 조합장은 선임일로부터 관리처분계획인가를 받을 때까지 해당
    정비구역에 거주하여야 한다.
- 조합임원의 임기: 3년 이하 + 연임할 수 있다.
- 조합장 또는 이사가 자기를 위하여 조합과 (계약)이나 (소송)을 할 때: (감사)가 조합을 대표한다.
- 조합임원이 퇴임되어도 퇴임 전에 관여한 행위는 효력을 잃지 않는다.
- 조합장이 아닌 이사와 감사는 대의원이 될 수 (없다.)
- 조합원의 수가 100명 이상인 조합은 대의원회를 두어야 한다.
- 사업시행계획서와 관리처분계획의 수립 및 변경을 의결하는 총회의 경우에는 조합원의 100
  분의 20 이상이 직접 출석하여야 한다.
- 조합임원과 대의원의 선임 및 해임은 대의원회에서 총회의 권한을 대행할 수 없다.
  ↳ 임기 중 궐위된 자(조합장은 제외)를 보궐선임하는 경우는 대행 O
- 정관의 변경(조합원 3분의 2 이상의 찬성)
  ┬ ① 조합원의 자격   ② 조합원의 제명·탈퇴 및 교체
  ├ ③ 정비구역의 위치 및 면적   ④ 조합의 비용부담 및 조합의 회계
  ├ ⑤ 정비사업비의 부담 시기 및 절차
  └ ⑥ 시공자·설계자의 선정 및 계약서에 포함될 사항

┌───┐
│ ◆ 비교정리 → 조합임원의 해임   │
│ 조합임원은 조합원 10분의 1 이상의 요구로 소집된 총회에서 조합원 과반수의 출석과 출석 조 │
│ 합원 과반수의 동의를 받아 해임할 수 있다.   │
└───┘

POINT 04 재건축사업 ☆

- 재건축사업의 시행방법: 인가받은 관리처분계획에 따라 주택 및 부대시설·복리시설 및
  오피스텔을 건설하여 공급하는 방법
  └ 오피스텔: (준)주거지역 및 (상)업지역에서만 건설할 수 있고, 전체 건축물 연면적의 100
    분의 30 이하이어야 한다.
- 주택단지에서 시행하는 재건축사업: 동별 과반수의 동의와 전체 구분소유자의 4분의 3 이
  상 및 토지면적 4분의 3 이상의 동의
- 주택단지가 아닌 지역이 포함된 재건축사업: 토지 또는 건축물 소유자의 4분의 3 이상 + 토
  지면적 3분의 2 이상 동의
- 재건축사업의 안전진단: 정비계획 입안권자가 주택단지의 건축물을 대상으로 한다.
- 안전진단의 요청: 토지등소유자 10분의 1 이상의 동의
- 안전진단 비용: 안전진단 실시를 요청하는 자에게 부담시킬 수 있다.
- 안전진단 제외 ┬ ① 주택이 붕괴되어 신속히 재건축을 추진할 필요가 있다고 입안권자가 인
  │   정하는 것
  ├ ② 사용금지가 필요하다고 정비계획의 입안권자가 인정하는 것
  ├ ③ 진입로 등 기반시설 설치를 위하여 불가피하게 정비구역에 포함된
  │   것으로 정비계획의 입안권자가 인정하는 것
  └ ④ 안전등급이 D(미흡) 또는 E(불량)인 건축물
- 정비계획의 입안 여부 결정: 정비계획 입안권자는 안전진단 결과와 도시계획 및 지역여건
  등을 종합적으로 검토하여 정비계획 입안 여부 결정
- 결과보고서 제출: 정비계획 입안권자(특별자치시장 및 특별자치도지사 제외)
  → 특별시장·광역시장·도지사에게 제출
- 적정성 검토에 대한 의뢰: 시·도지사는 필요한 경우 「국토안전관리원법」에 따른 국토안전
  관리원 또는 한국건설기술연구원에 안전진단 결과의 적정성 여부
  에 대한 검토를 의뢰할 수 있다.

POINT 05 주민대표회의
↳ 위원장과 부위원장 각 1명과 1명 이상 3명 이하의 감사를 둔다.
① 위원장 포함 5인 이상 25명 이하로 구성
② 토지등소유자 과반수 동의 + 시장·군수등(승인)
③ 주민대표회의 또는 세입자(상가세입자를 포함)는 시행자가 시행규정을 정하는 때 의견을 제
  시할 수 있다.

기출 OX 문제

기본계획의 수립 및 정비구역의 지정

01 주거환경개선사업이라 함은 정비기반시설은 양호하나 노후·불량건축물이 밀집한 지역에서 주거환경을 개선하기 위하여 시행하는 사업을 말한다. [23회] (O | X)

02 유치원은 공동이용시설에 해당한다. [29회] (O | X)

03 재개발사업의 정비구역 안에 소재한 토지의 지상권자는 토지등소유자에 해당한다. [23회] (O | X)

04 기본계획에 대하여는 3년마다 그 타당성을 검토하여 그 결과를 기본계획에 반영하여야 한다. [26회], [29회] (O | X)

05 기본계획의 수립권자는 기본계획을 수립하려는 경우 14일 이상 주민에게 공람하여 의견을 들어야 한다. [29회], [30회] (O | X)

06 도지사가 대도시가 아닌 시로서 기본계획을 수립할 필요가 없다고 인정하는 시에 대하여는 기본계획을 수립하지 아니할 수 있다. [26회], [29회] (O | X)

07 대도시의 시장이 아닌 시장은 기본계획의 내용 중 정비사업의 계획기간을 단축하는 경우 도지사의 변경승인을 받지 아니할 수 있다. [29회] (O | X)

08 기본계획에는 사회복지시설 및 주민문화시설 등의 설치계획이 포함되어야 한다. [29회] (O | X)

09 정비구역에서 이동이 용이하지 아니한 물건을 1개월 이상 쌓아놓는 행위는 시장·군수등의 허가를 받아야 한다. [20회], [25회], [30회] (O | X)

10 정비구역 지정권자는 토지등소유자가 시행하는 재개발사업으로서 토지등소유자가 정비구역으로 지정·고시된 날부터 4년이 되는 날까지 사업시행계획인가를 신청하지 아니하는 경우에는 정비구역 등을 해제하여야 한다. [24회] (O | X)

11 주거환경개선사업은 사업시행자가 환지로 공급하는 방법으로 사업을 시행할 수 있다. [29회] (O | X)

12 해당 정비구역의 국·공유지 면적이 전체 토지면적의 2분의 1 이상으로서 토지등소유자의 과반수가 시장·군수등을 시행자로 지정하는 것에 동의한 때에는 시장·군수등이 직접 재개발사업을 시행할 수 있다. [26회] (O | X)

정답

01 X (재건축사업에 관한 내용이다)　　**02** X (유치원은 공동이용시설에 해당하지 않는다)　　**03** O　　**04** X (5년마다 타당성을 검토하여야 한다)　　**05** O　　**06** O　　**07** O　　**08** O　　**09** O　　**10** X (5년이 되는 날까지 사업시행계획인가를 신청하지 아니하는 경우에 정비구역 등을 해제하여야 한다)　　**11** O　　**12** O

01 조합의 정관에는 정비구역의 위치 및 면적이 포함되어야 한다. [30회] (O | X)

02 조합설립인가 후 시장·군수등이 토지주택공사등을 사업시행자로 지정·고시한 때에는 그 고시일에 조합설립인가가 취소된 것으로 본다. [30회] (O | X)

03 조합이 재개발임대주택의 인수를 요청하는 경우 국토교통부장관이 우선하여 인수하여야 한다. [25회], [31회] (O | X)

04 조합원의 자격에 관한 사항에 대하여 정관을 변경하고자 하는 경우 총회에서 조합원 3분의 2 이상의 찬성으로 한다. [25회] (O | X)

05 조합의 이사는 대의원회에서 해임될 수 있다. [25회], [32회] (O | X)

06 조합원의 수가 50명 이상인 조합은 대의원회를 두어야 한다. [25회] (O | X)

07 정비사업전문관리업자의 선정 및 변경에 관한 사항은 대위원회에서 총회의 권한을 대행할 수 없다. [32회] (O | X)

08 관리처분계획의 수립 및 변경을 의결하는 총회의 경우에는 조합원의 100분의 10 이상이 직접 출석하여야 한다. [24회] (O | X)

09 재개발사업의 추진위원회가 조합을 설립하려면 토지등소유자의 4분의 3 이상 및 토지면적의 2분의 1 이상의 토지소유자의 동의를 받아야 한다. [31회] (O | X)

10 재건축사업의 추진위원회가 조합을 설립하려는 경우 주택단지가 아닌 지역이 정비구역에 포함된 때에는 주택단지가 아닌 지역의 토지 또는 건축물 소유자의 4분의 3 이상 및 토지면적의 3분의 2 이상의 토지소유자의 동의를 받아야 한다. [31회] (O | X)

11 조합장이 자기를 위하여 조합과 소송을 할 때에는 이사가 조합을 대표한다. [30회] (O | X)

12 재건축사업을 하는 정비구역에서 오피스텔을 건설하여 공급하는 경우에는 「국토의 계획 및 이용에 관한 법률」에 따른 준주거지역 및 상업지역 이외의 지역에서 오피스텔을 건설할 수 있다. [30회] (O | X)

13 조합의 이사는 조합의 대의원을 겸할 수 있다. [25회] (O | X)

14 주민대표회의는 토지등소유자의 과반수의 동의를 받아 구성하며, 위원장과 부위원장 각 1명과 1명 이상 3명 이하의 감사를 둔다. [31회], [32회] (O | X)

정답

01 O   02 X (그 고시일의 다음 날에 조합설립인가가 취소된 것으로 본다)   03 X (시·도지사 또는 시장·군수, 구청장이 우선하여 인수하여야 한다)   04 O   05 X (조합의 이사는 대의원회에서 해임될 수 없다)   06 X (조합원의 수가 100명 이상인 조합은 대의원회를 두어야 한다)   07 O   08 X (조합원의 100분의 20 이상이 직접 출석하여야 한다)   09 O   10 O   11 X (감사가 조합을 대표한다)   12 X (준주거지역 및 상업지역에서만 오피스텔을 건설할 수 있다)   13 X (조합의 이사는 대의원을 겸할 수 없다)   14 O

변경·중지·폐지→ 인가　　120일 이내

사업시행계획 작성 ➡ 사업시행계획인가·고시 ➡ 분양통지 및 공고 ➡ 분양신청 ➡ 관리처분계획 수립 ⭐⭐⭐

(사업시행자)　　시장·군수등(14일 이상 공람)　　(시행자 → 토지등소유자)　　(토지등소유자 → 시행자)　　사업시행자(30일 이상 공람)

➡ 관리처분계획인가·고시 ➡ 사업시행(철거) ➡ 준공인가 ➡ 소유권이전고시 ➡ 이전등기

시장·군수등(30일 이내 통보)　　(사업시행자)　　(시행자 → 시장·군수등)　　(사업시행자)　　(사업시행자)

토지분할 + 통지

---

1. 사업시행계획인가

시행자 → 시장·군수등(인가): 60일 이내에 인가 여부를 통보

2. 교육감 등과의 협의 ⭐

정비구역으로부터 200m 이내에 교육시설이 설치되어 있는 때에 협의

3. 사업시행계획서의 동의 ⭐

(1) 재개발사업을 토지등소유자가 시행하려는 경우: 토지등소유자 3/4 이상 및 토지면적 1/2 이상 동의
(2) 지정개발자: 토지등소유자 과반수 및 토지면적 1/2 이상의 동의

4. 내용(분양 X) ⭐

(1) 정비기반시설 및 공동이용시설 설치계획
(2) 주민이주대책, 세입자의 주거대책 등

5. 정비사업비의 예치 ⭐

재개발사업 + 시행자가 지정개발자 → 정비사업비의 20/100의 범위에서 예치하게 할 수 있다.

6. 경미한 변경(신고)

(1) 대지면적을 10%의 범위 안에서 변경하는 때
(2) 건축물이 아닌 부대시설·복리시설의 설치 규모를 확대하는 때(위치가 변경되는 경우는 제외)

---

1. 분양통지 및 공고 ⭐

사업시행자는 사업시행계획인가·고시일로부터 120일 이내에 분양신청기간 등을 토지등소유자에게 통지하고 일간신문에 공고하여야 한다. 다만, 토지등소유자 1인이 시행하는 재개발사업의 경우에는 그러하지 아니하다.

2. 분양신청기간

통지한 날부터 30일 이상 60일 이내 (20일의 범위에서 한 차례만 연장 가능)

3. 분양신청

대지 또는 건축물의 분양을 받고자 하는 토지등소유자: 시행자에게 분양신청을 하여야 한다.

4. 손실보상

사업시행자는 관리처분계획 인가·고시된 다음 날부터 90일 이내에 다음에서 정한 자와 토지, 건축물 또는 그 밖의 권리의 손실보상에 관한 협의를 하여야 한다. 다만, 사업시행자는 분양신청기간 종료일 다음 날부터 협의를 시작할 수 있다.
(1) 분양신청을 하지 아니한 자
(2) 분양신청기간 종료 이전에 분양신청을 철회한 자
(3) 분양신청을 할 수 없는 자
(4) 인가된 관리처분계획에 따라 분양대상에서 제외된 자

---

1. 관리처분계획의 작성 ⭐⭐

사업시행자는 분양신청기간이 종료한 때에는 분양신청의 현황을 기초로 관리처분계획을 수립(변경·중지·폐지)하여 시장·군수등의 인가를 받아야 한다.

2. 시장·군수등의 인가

시장·군수등은 시행자의 관리처분계획인가 신청이 있은 날로부터 30일 이내에 인가 여부를 결정하여 시행자에게 통보하여야 한다. 다만, 타당성검토를 요청하는 경우에는 60일 이내에 통지하여야 한다.

3. 사용·수익의 정지 ⭐⭐

종전 토지 또는 건축물의 소유자·지상권자·전세권자·임차권자 등 권리자는 이전의 고시가 있는 날까지 종전 토지 또는 건축물을 사용하거나 수익할 수 없다. 다만, ① 사업시행자의 동의를 받은 경우와 ② 손실보상이 완료되지 아니한 경우에는 사용하거나 수익할 수 있다.

4. 건축물의 철거

(1) 원칙: 관리처분계획인가를 받은 후 기존의 건축물을 철거하여야 한다.
(2) 예외: 폐공가의 밀집으로 범죄 발생의 우려가 있는 경우에는 건축물 소유자의 동의 및 시장·군수등의 허가를 받아 해당 건축물을 철거할 수 있다.

---

1. 지상권 등의 권리이전

대지 또는 건축물을 분양받을 자에게 소유권을 이전한 경우 종전에 설정된 지상권, 전세권, 저당권, 임차권 등은 소유권을 이전받은 대지 또는 건축물에 설정된 것으로 본다.

2. 청산금 ⭐

사업시행자는 소유권이전고시가 있은 후에 청산금을 분양받은 자로부터 징수하거나 분양받은 자에게 지급하여야 한다.
(1) 청산금의 산정기준: 규모·위치·용도·이용상황·정비사업비 등을 고려하여 평가하여야 한다.
(2) 분할징수 및 지급 가능
(3) 분할징수·지급시기: 관리처분계획인가 ~ 이전고시일까지 일정기간별로 분할 징수하거나 분할지급할 수 있다.
(4) 청산금의 징수
① 시장·군수등인 시행자: 지방세 체납처분의 예에 따라 징수 가능
② 시장·군수등이 아닌 시행자: 시장·군수등에게 징수위탁(수수료 4/100 지급)
(5) 소멸시효: 이전고시일 다음 날부터 5년간 행사하지 아니하면 소멸한다.

3. 물상대위 ⭐

저당권을 설정한 권리자는 시행자가 토지 또는 건축물의 소유자에게 청산금을 지급하기 전에 압류절차를 거쳐 저당권을 행사할 수 있다.

소유권이전등기

사업시행자는 이전고시가 있은 때에는 지체 없이 촉탁 또는 신청 → 이전고시가 있은 날부터 등기가 있을 때까지는 저당권 등의 다른 등기를 하지 못한다.

변경·☐·폐지→ 인가

☆☆☆

사업시행계획 작성	➡	사업시행계획인가·고시	➡	분양통지 및 공고	➡	☐	➡	관리처분계획 수립
(사업시행자)		시장·군수등(☐ 공람)		(시행자 → 토지등소유자)		(토지등소유자 → 시행자)		사업시행자(☐ 공람)

120일 이내

토지분할 + 통지

➡	관리처분계획인가·고시	➡	사업시행(☐)	➡	☐	➡	소유권이전고시	➡	☐
	시장·군수등(30일 이내 통보)		(사업시행자)		(시행자 → 시장·군수등)		(사업시행자)		(사업시행자)

---

1. 사업시행계획인가

시행자 → 시장·군수등(인가): 60일 이내에 인가 여부를 통보

2. 교육감 등과의 협의 ☆

정비구역으로부터 ☐ 이내에 교육시설이 설치되어 있는 때에 협의

3. 사업시행계획서의 동의 ☆

(1) 재개발사업을 토지등소유자가 시행하려는 경우: 토지등소유자 3/4 이상 및 토지면적 1/2 이상 동의
(2) 지정개발자: 토지등소유자 과반수 및 토지면적 ☐ 이상의 동의

4. 내용(분양 X) ☆

(1) 정비기반시설 및 ☐ 설치계획
(2) 주민이주대책, 세입자의 주거대책 등

5. 정비사업비의 예치 ☆

재개발사업 + 시행자가 지정개발자 → 정비사업비의 ☐ 의 범위에서 예치하게 할 수 있다.

6. 경미한 변경(신고)

(1) 대지면적을 ☐ 의 범위 안에서 변경하는 때
(2) 건축물이 아닌 부대시설·복리시설의 설치규모를 확대하는 때(☐ 가 변경되는 경우는 제외)

---

1. 분양통지 및 공고 ☆

사업시행자는 사업시행계획인가·고시일로부터 ☐ 이내에 분양신청기간 등을 토지등소유자에게 통지하고 일간신문에 공고하여야 한다. 다만, 토지등소유자 1인이 시행하는 재개발사업의 경우에는 그러하지 아니하다.

2. 분양신청기간

☐ 한 날부터 30일 이상 60일 이내 (20일의 범위에서 한 차례만 연장 가능)

3. 분양신청

대지 또는 건축물의 분양을 받고자 하는 토지등소유자: 시행자에게 분양신청을 하여야 한다.

4. 손실보상

사업시행자는 관리처분계획 인가·고시된 다음 날부터 ☐ 이내에 다음에서 정한 자와 토지, 건축물 또는 그 밖의 권리의 손실보상에 관한 협의를 하여야 한다. 다만, 사업시행자는 분양신청기간 종료일 다음 날부터 협의를 시작할 수 있다.

(1) 분양신청을 하지 아니한 자
(2) 분양신청기간 종료 이전에 분양신청을 철회한 자
(3) 분양신청을 할 수 없는 자
(4) 인가된 관리처분계획에 따라 분양대상에서 제외된 자

---

1. 관리처분계획의 작성 ☆☆

사업시행자는 분양신청기간이 종료한 때에는 분양신청의 현황을 기초로 관리처분계획을 수립(변경·☐·폐지)하여 시장·군수등의 인가를 받아야 한다.

2. 시장·군수등의 인가

시장·군수등은 시행자의 관리처분계획인가 신청이 있은 날로부터 ☐ 이내에 인가 여부를 결정하여 시행자에게 통보하여야 한다. 다만, 타당성검토를 요청하는 경우에는 60일 이내에 통지하여야 한다.

3. 사용·수익의 정지 ☆☆

종전 토지 또는 건축물의 소유자·지상권자·전세권자·임차권자 등 권리자는 이전의 고시가 있는 날까지 종전 토지 또는 건축물을 사용하거나 수익할 수 ☐. 다만, ① 사업시행자의 동의를 받은 경우와 ② 손실보상이 완료되지 아니한 경우에는 사용하거나 수익할 수 ☐.

4. 건축물의 철거

(1) 원칙: 관리처분계획인가를 받은 후 기존의 건축물을 철거하여야 한다.
(2) 예외: 폐공가의 밀집으로 범죄 발생의 우려가 있는 경우에는 건축물 소유자의 동의 및 시장·군수등의 허가를 받아 해당 건축물을 철거할 수 있다.

---

1. 지상권 등의 권리이전

대지 또는 건축물을 분양받을 자에게 소유권을 이전한 경우 종전에 설정된 지상권, 전세권, 저당권, 임차권 등은 소유권을 이전받은 대지 또는 건축물에 ☐.

2. 청산금 ☆

사업시행자는 소유권이전고시가 있은 후에 청산금을 분양받은 자로부터 징수하거나 분양받은 자에게 지급하여야 한다.

(1) 청산금의 산정기준: 규모·위치·용도·이용상황·정비사업비 등을 고려하여 평가하여야 한다.
(2) 분할징수 및 지급 ☐
(3) 분할징수·지급시기: ~ 이전고시일까지 일정기간별로 분할징수하거나 분할지급할 수 있다.
(4) 청산금의 징수
① 시장·군수등인 시행자: 지방세 체납처분의 예에 따라 징수 가능
② 시장·군수등이 아닌 시행자: 시장·군수등에게 ☐ (수수료 4/100 지급)
(5) 소멸시효: 이전고시일 ☐ 5년간 행사하지 아니하면 소멸한다.

3. 물상대위 ☆

저당권을 설정한 권리자는 시행자가 토지 또는 건축물의 소유자에게 ☐ 을 지급하기 전에 압류절차를 거쳐 저당권을 행사할 수 ☐.

소유권이전등기

사업시행자는 이전고시가 있은 때에는 지체 없이 촉탁 또는 신청 → 이전고시가 있은 날부터 등기가 있을 때까지는 저당권 등의 다른 등기를 하지 못한다.

핵심 POINT

POINT 01 사업시행계획 ☆

- 기본계획(공람 14일 이상) → 정비계획(공람 30일 이상) → 정비구역 → 사업시행계획(공람 14일 이상) → 관리처분계획(공람 30일 이상)
- 사업시행계획의 내용
  - ① 정비기반시설 및 공동이용시설 설치계획
  - ② 주민이주대책
  - ③ 세입자의 주거 및 이주대책
  - ④ 범죄예방대책
  - ⑤ 폐기물 처리계획
  - ⑥ 임대주택의 건설계획(재건축사업은 제외)
  - ⑦ 국민주택규모주택의 건설계획(주거환경개선사업은 제외)
- 사업시행계획, 관리처분계획의 (중지)·(폐지): (인가)를 받아야 한다.
- 시장·군수등은 (60일) 이내에 인가 여부를 사업시행자에게 통보
- 지정개발자가 시행자: 토지등소유자 과반수 동의 + 토지면적 2분의 1 이상의 동의
- 교육감과 협의: 정비구역으로부터 200m 이내에 교육시설이 설치되어 있는 때
- 정비사업비의 예치: 재개발사업 + 지정개발자(토지등소유자가 시행하는 경우로 한정) + 100분의 20 이내
- 경미한 사항의 변경 → 신고 O
  - ① 대지면적을 10% 범위 안에서 변경
  - ② 위치가 변경되지 않는 범위에서 부대·복리시설의 설치규모 확대
  - ③ 내장재료 또는 외장재료를 변경하는 때
  - ④ 시행자의 명칭 또는 사무소 소재지를 변경하는 때
  - ⑤ 정비구역 또는 정비계획의 변경에 따라 사업시행계획서를 변경하는 때
  - ⑥ 조합설립변경 인가에 따라 사업시행계획서를 변경하는 때
- 임시거주시설 설치의무: 주거환경개선사업, 재개발사업
- 주거환경개선사업: 국민주택채권의 매입에 관한 규정을 적용하지 아니한다.

POINT 02 관리처분계획(1) ☆☆☆

- 환지부지정: 너무 좁은 토지 또는 정비구역 지정 후 분할된 토지 → 현금으로 청산할 수 있다.
- 위해 방지: 건축물의 일부와 건축물이 있는 대지의 공유지분을 교부할 수 있다.
- 분양설계: 분양신청기간 만료일을 기준으로 수립한다. ↘입체환지
- 주택의 공급
  - ① 1주택 공급: 공유
  - ② 2주택: 종전 가격의 범위 또는 종전 주택의 주거전용면적의 범위
  - ③ 3주택 이하: 과밀억제권역 + 재건축사업 ── 투기과열지구 or 조정대상지역 제외
  - ④ 소유한 주택 수만큼 공급
    - ㉠ 과밀억제권역에 위치하지 아니한 지역 + 재건축사업
    - ㉡ 근로자 숙소, 기숙사 용도
    - ㉢ 국가, 지자체 및 토지주택공사 등
- 사용·수익의 정지: 관리처분계획의 인가 후 철거 + 종전의 토지 또는 건축물을 사용하거나 수익할 수 없다. 다만, ① 사업시행자의 동의를 받은 경우, ② 손실보상 이 완료되지 아니한 경우는 사용 또는 수익할 수 있다.
- 건축물의 철거: 폐공가 밀집으로 범죄 발생의 우려가 있는 경우에는 기존 건축물 소유자의 동의 및 시장·군수등의 허가를 받아 해당 건축물을 철거할 수 있다.
- 임대주택 인수의무: 국토교통부장관, 시·도지사, 시장·군수·구청장 또는 토지주택공사등 은 조합이 요청하는 경우 재개발사업의 시행으로 건설된 임대주택을 인 수하여야 한다. → 이 경우 시·도지사, 시장·군수·구청장이 우선하여 인수하여야 한다.
- 관리처분기준: 주거환경개선사업 및 재개발사업의 경우 지상권자에 대한 분양을 제외한다.
- 관리처분 작성 시 재산 평가방법
  - ① 사업시행계획인가 고시가 있는 날을 기준으로 한 가격(종전의 토지 또는 건축물)
  - ② 주거환경개선사업 또는 재개발사업: 시장·군수등이 선정한 2인 이상
  - ③ 재건축사업: 시장·군수등이 선정한 1인 이상 + 총회 의결로 정하여 선정한 1인 이상

관리처분계획(2), 청산금 ☆☆☆

- 경미한 변경: 시장·군수등에게 신고
  - ① 계산착오·오기·누락 등 단순정정으로서 불이익을 받는 자가 없는 경우
  - ② 사업시행자의 변동에 따른 권리·의무의 변동이 있는 경우로서 분양설계의 변경을 수반하지 아니하는 경우
  - ③ 주택분양에 관한 권리를 포기하는 토지등소유자에게 임대주택의 공급에 따라 관리처분계획을 변경하는 경우
  - ④ 매도청구의 판결에 따라 관리처분계획을 변경하는 경우
  - ⑤ 정관 및 사업시행계획인가의 변경에 따라 관리처분계획을 변경하는 경우
- 시장·군수등이 아닌 시행자: 시장·군수등에게 준공인가를 받아야 한다. 다만, 토지주택공사는 준공인가 처리결과를 통보한 때에는 준공인가를 받지 않아도 된다. → 지방공사는 준공인가를 받아야 한다.
- 준공인가에 따른 정비구역 해제
  - ① 정비구역 지정은 준공인가의 고시가 있는 날(관리처분계획을 수립하는 경우에는 이전고시가 있는 때) + 다음 날
  - ② 정비구역의 해제는 조합의 존속에 영향을 주지 아니한다.
- 소유권이전고시절차

준공인가 (시장·군수등) → 토지분할 → 분양받을 자에게 통지 → 소유권이전고시 (다음 날: 소유권취득)

- 이전등기
  - ① 사업시행자는 소유권이전고시가 있은 때에는 지체 없이 대지 및 건축물에 관한 등기를 지방법원지원 또는 등기소에 촉탁 또는 신청하여야 한다.
  - ② 정비사업에 관하여 소유권이전고시가 있은 날부터 소유권이전등기가 있을 때까지는 저당권 등의 다른 등기를 하지 못한다.
- 청산금의 분할징수: 관리처분계획인가 ~ 소유권이전고시일까지 분할징수 및 분할지급할 수 있다.
- 시장·군수등이 아닌 시행자: 시장·군수등에게 징수위탁(수수료 4/100)
- 청산금의 소멸시효: 소유권이전고시일 다음 날부터 5년(도정법)

  ◈ 비교정리 → 청산금의 소멸시효: 5년(도개법)

- 청산금의 물상대위: 저당권을 설정한 권리자는 청산금이 지급되기 전에 압류절차를 거쳐 저당권을 행사할 수 있다.

공공재개발사업

① 예정구역 지정: 정비구역 지정권자는 비경제적인 건축행위 및 투기수요의 유입을 방지하고, 합리적인 사업계획을 수립하기 위하여 공공재개발사업을 추진하려는 구역을 공공재개발사업 예정구역으로 지정할 수 있다.

② 지정신청: 정비계획의 입안권자 또는 토지주택공사등은 정비구역 지정권자에게 공공재개발사업 예정구역의 지정을 신청할 수 있다. 이 경우 토지주택공사등은 정비계획 입안권자를 통하여 신청하여야 한다. → 30일 이내 심의(완료)

③ 예정구역 지정해제: 공공재개발사업 예정구역이 지정·고시된 날부터 2년이 되는 날까지 정비구역으로 지정되지 아니하거나, 시행자가 지정되지 아니하면 2년이 되는 날의 다음 날에 예정구역 지정을 해제하여야 한다.
→ 1회에 한하여 1년의 범위에서 예정구역의 지정을 연장할 수 있다.

④ 정비구역 지정: 정비구역 지정권자는 기본계획을 수립하거나 변경하지 아니하고 공공재개발사업을 위한 정비계획을 결정하여 정비구역을 지정할 수 있다.

⑤ 정비구역 지정해제: 공공재개발사업을 위한 정비구역을 지정·고시한 날부터 1년이 되는 날까지 시행자가 지정되지 아니하면 1년이 되는 날의 다음 날에 공공재개발사업을 위한 정비구역의 지정을 해제하여야 한다.
→ 1회에 한하여 1년의 범위에서 정비구역의 지정을 연장할 수 있다.

⑥ 용적률 완화: 시행자는 공공재개발사업을 시행하는 경우 지방도시계획위원회 및 도시재정비위원회의 심의를 거쳐 법적상한용적률의 100분의 120까지 건축할 수 있다.

재개발사업·재건축사업의 공공시행자 시장군수등, 토지주택공사등

① 정비사업시행 예정일부터 2년 이내에 사업시행계획인가를 신청하지 아니한 때(재건축사업은 제외)

② 추진위원회가 승인을 받은 날부터 3년 이내에 조합설립인가를 신청하지 아니하거나 조합이 조합설립인가일부터 3년 이내에 사업시행계획인가를 신청하지 아니한 때

③ 국공유지면적 2분의 1 이상 + 토지등소유자 과반수가 동의한 때

④ 토지면적 2분의 1 이상 + 토지등소유자 3분의 2 이상이 요청하는 때

기출 OX 문제

사업시행계획 및 관리처분계획

01 사업시행자가 사업시행계획인가를 받은 후 대지면적을 10%의 범위 안에서 변경하는 경우 시장·군수등에게 신고하여야 한다. [25회] (O | X)

02 사업시행계획서에는 정비기반시설 및 공동이용시설의 설치계획이 포함되어야 한다. [31회] (O | X)

03 관리처분계획의 수립 및 변경을 의결하는 총회의 경우에는 조합원 100분의 10 이상이 직접 출석하여야 한다. [24회] (O | X)

04 재개발사업의 관리처분은 정비구역 안의 지상권자에 대한 분양을 포함하여야 한다. [27회] (O | X)

05 주거환경개선사업의 사업시행자는 관리처분계획에 따라 공동이용시설을 새로 설치하여야 한다. [27회] (O | X)

06 관리처분계획 인가·고시가 있은 때에는 종전의 토지의 임차권자는 사업시행자의 동의를 받더라도 소유권의 이전고시가 있은 날까지 종전의 토지를 사용할 수 없다. [27회] (O | X)

07 정비사업의 시행으로 조성된 대지 및 건축물은 관리처분계획에 따라 처분 또는 관리하여야 한다. [31회] (O | X)

08 사업시행자는 정비사업의 시행으로 건설된 건축물을 관리처분계획에 따라 토지등소유자에게 공급하여야 한다. [31회] (O | X)

09 관리처분계획에 따라 소유권을 이전하는 경우 건축물을 분양받을 자는 이전고시가 있은 날의 다음 날에 그 건축물의 소유권을 취득한다. [29회] (O | X)

10 사업시행자인 지방공사가 정비사업 공사를 완료한 때에는 시장·군수등의 준공인가를 받아야 한다. [29회] (O | X)

11 정비사업의 효율적인 추진을 위하여 필요한 경우에는 해당 정비사업에 관한 공사가 전부 완료되기 전이라도 완공된 부분은 준공인가를 받아 대지 또는 건축물별로 분양받을 자에게 소유권을 이전할 수 있다. [31회] (O | X)

12 준공인가에 따라 정비구역의 지정이 해제되면 조합도 해산된 것으로 본다. [31회] (O | X)

13 정비사업에 관하여 소유권의 이전고시가 있은 날부터는 대지 및 건축물에 관한 등기가 없더라도 저당권 등의 다른 등기를 할 수 있다. [31회] (O | X)

14 청산금을 지급받을 권리는 소유권이전고시일 다음 날부터 3년간 이를 행사하지 아니하면 소멸한다. [21회], [32회] (O | X)

정답

01 O　　**02** O　　**03** X (100분의 20 이상이 직접 출석하여야 한다)　　**04** X (지상권자에 대한 분양은 제외한다)　　**05** X (사업시행자는 사업시행계획서에 따라 공동이용시설을 설치하여야 한다)

06 X (종전의 토지를 사용할 수 있다)　　**07** O　　**08** O　　**09** O　　**10** O　　**11** O　　**12** X (정비구역의 해제는 조합의 존속에 영향을 주지 않는다)　　**13** X (저당권 등의 다른 등기를 할 수 없다)

14 X (5년간 이를 행사하지 아니하면 소멸한다)

도시 및 주거환경정비법

01 정비기본방침

수립권자	국토교통부장관이 10년 단위로 수립 + 5년마다 타당성검토

02 정비기본계획

수립권자 등	특별시장·광역시장·특별자치시장·특별자치도지사·시장이 10년 단위로 수립 + 5년마다 타당성검토, 14일 이상 공람

03 정비계획

절차	주민설명회 → 공람(30일 이상) → 지방의회 의견(60일 내) → 정비구역 지정(신청)

04 정비구역의 지정

기득권 보호	지정 당시 공사나 사업에 착수한 자는 정비구역 지정·고시 후 30일 이내에 신고하고 공사나 사업을 계속 시행할 수 있다.
소급제한	국토교통부장관, 시·도지사, 시장·군수 또는 구청장은 정비기본계획을 공람 중인 정비예정구역 또는 정비계획의 수립 중인 지역에 대하여 3년(1회에 한하여 1년 연장 가능) 이내의 기간을 정하여 건축물의 건축과 토지분할을 제한할 수 있다.

05 정비구역 해제

해제의무	① 정비구역 지정 예정일부터 3년이 되는 날까지 특별자치시장, 특별자치도지사, 시장 또는 군수가 정비구역을 지정하지 아니하거나 구청장등이 정비구역의 지정을 신청하지 아니한 경우 ② 재개발사업·재건축사업의 경우(조합이 시행하는 경우) 　㉠ 정비구역지정·고시 → 2년이 되는 날까지 추진위원회의 승인을 신청하지 아니한 경우 　㉡ 추진위원회가 추진위원회 승인일부터 2년이 되는 날까지 조합설립인가를 신청하지 아니한 경우 　㉢ 조합이 조합설립인가를 받은 날부터 3년이 되는 날까지 사업시행계획인가를 신청하지 아니한 경우 　㉣ 토지등소유자가 정비구역으로 지정·고시된 날로부터 3년이 되는 날까지 조합설립인가를 신청하지 아니한 경우(추진위원회를 구성하지 아니하는 경우로 한정한다) ③ 토지등소유자가 시행하는 재개발사업: 정비구역으로 지정·고시 후 5년이 되는 날까지 사업시행계획인가를 신청하지 아니한 경우

06 시행자

주거환경개선사업	① 현지개량방법: 시장·군수등이 직접 시행하되, 토지등소유자의 과반수 동의를 받아 토지주택공사등을 시행자로 지정하여 사업을 시행하게 할 수 있다. ② 수용방법: 토지 또는 건축물 소유자 또는 지상권자의 2/3 이상의 동의와 세입자 세대수의 과반수의 동의를 받아 시장·군수등이 직접 시행하거나 토지주택공사등을 지정하여 시행할 수 있다. 다만, 세입자 세대수가 토지등소유자의 1/2 이하인 경우에는 세입자의 동의절차를 거치지 아니할 수 있다.

07 시공자 선정

조합	조합설립인가 후 조합 총회에서 경쟁입찰 또는 수의계약(2회 이상 경쟁입찰이 유찰된 경우에 한함)의 방법으로 건설업자 또는 등록사업자를 시공자로 선정하여야 한다. 다만, 조합원이 100명 이하인 정비사업은 조합 총회에서 정관으로 정하는 바에 따라 선정할 수 있다.

08 조합

추진위원회	① 위원장을 포함한 5명 이상의 위원으로 구성 + ② 토지등소유자 과반수의 동의 + ③ 시장·군수등의 승인
조합설립 동의	① 재개발사업: 토지등소유자 3/4 이상 + 토지면적 1/2 이상의 동의 ② 재건축사업 ┌ ㉠ 주택단지에서 시행하는 경우 → 동별 구분소유자 과반수 동의와 전체 구분소유자 3/4 + 토지면적 3/4 이상의 동의 └ ㉡ 주택단지가 아닌 지역 → 토지 또는 건축물소유자의 3/4 이상 + 토지면적 2/3 이상의 동의
설립등기	조합은 조합설립인가를 받은 날부터 30일 이내에 주된 사무소의 소재지에서 등기하는 때에 성립한다.
임원의 해임	조합임원은 조합원 10분의 1 이상의 요구로 소집된 총회에서 조합원 과반수의 출석과 출석 조합원 과반수의 동의를 받아 해임할 수 있다.
대의원회	조합원의 수가 100명 이상인 조합은 대의원회를 두어야 한다.
정관의 변경	① 조합원의 자격, ② 조합원의 제명·탈퇴 및 교체, ③ 조합의 비용부담 및 회계, ④ 시공자 및 설계자의 선정, ⑤ 정비구역의 위치 및 면적, ⑥ 정비사업비의 부담시기 및 절차 → 조합원 3분의 2 이상의 찬성
출석요건	① 창립총회, ② 사업시행계획서의 작성 및 변경, ③ 관리처분계획의 수립 및 변경, ④ 정비사업비의 사용 및 변경 → 조합원 100분의 20 이상이 직접 출석하여야 한다.

09 안전진단

요청	건축물 및 부속토지의 소유자 1/10 이상의 동의를 받아 안전진단의 실시를 요청하는 경우(30일 이내 실시 여부를 결정·통보)

10 사업시행계획

인가절차	① 시장·군수등은 특별한 사유가 없으면 60일 이내에 인가 여부를 결정하여 사업시행자에게 통보하여야 한다. ② 토지등소유자가 재개발사업을 시행하려는 경우에는 사업시행계획인가를 신청하기 전에 사업시행계획서에 대하여 토지등소유자의 3/4 이상 및 토지면적 1/2 이상의 토지소유자의 동의를 받아야 한다. ③ 지정개발자가 정비사업을 시행하려는 경우에는 사업시행계획인가를 신청하기 전에 토지등소유자 과반수 동의 및 토지면적 2분의 1 이상의 동의를 받아야 한다. ④ 시장·군수등은 재개발사업의 사업시행계획인가를 하는 경우 해당 정비사업의 시행자가 지정개발자(지정개발자가 토지등소유자인 경우로 한정)인 때에는 정비사업비의 100분의 20의 범위에서 시·도 조례로 정하는 금액을 예치하게 할 수 있다. ⑤ 정비구역으로부터 200m 이내에 교육시설이 설치되어 있는 경우에는 교육감 또는 교육장과 협의하여야 한다. ⑥ 시장·군수등은 사업시행계획서를 작성하거나 인가하려는 경우에는 14일 이상 일반인이 공람하게 하여야 한다. ⑦ 대지면적의 10% 범위 안에서 변경 → 신고하여야 한다.

11 사업시행조치

국민주택규모 주택 건설의무	① 과밀억제권역: 재건축(초과용적률의 30 ~ 50%), 재개발(초과용적률의 50 ~ 75%)로서 조례로 정하는 비율을 국민주택규모 주택을 건설할 것 ② 과밀억제권역 외의 지역: 재건축(초과용적률의 50% 이하), 재개발(초과용적률의 75% 이하)로서 조례로 정하는 비율을 국민주택규모 주택을 건설할 것
주거환경개선사업	① 현지개량방법 또는 환지방법: 제2종 일반주거지역으로 결정·고시된 것으로 본다. ② 수용방법 또는 관리처분방법: 제3종 일반주거지역(공공건설임대주택을 200세대 이상 공급하려는 경우로서 정비계획에서 따로 정하는 구역은 준주거지역)으로 결정·고시된 것으로 본다.

12 분양신청

분양통지 및 공고	사업시행계획인가 고시가 있는 날부터 120일 이내에 토지등소유자에게 통지하고 일간신문에 공고하여야 한다.
신청기간	통지한 날부터 30일 이상 60일 이내로 하여야 한다(20일의 범위에서 한 차례만 연장 가능).
손실보상 협의	관리처분계획의 인가·고시일 다음 날부터 90일 이내에 토지·건축물 또는 그 밖의 권리의 손실보상에 관한 협의를 하여야 한다.

13 관리처분계획

절차	사업시행자가 수립 → 시장·군수등의 인가(30일 이내에 결정·통지), 다만, 타당성 검증을 요청하는 경우에는 60일 이내 결정·통지
공급기준	① 소유한 주택 수만큼 공급 가능한 경우 　㉠ 과밀억제권역에 위치하지 아니한 지역 + 재건축사업(투기과열지구 또는 조정대상지역은 제외) 　㉡ 근로자 숙소, 기숙사 용도의 주택을 소유하고 있는 토지등소유자 　㉢ 국가, 지방자치단체 및 토지주택공사등 ② 과밀억제권역 + 재건축사업(투기과열지구 또는 조정대상지역은 제외) = 소유한 주택 수의 범위에서 3주택까지 공급 가능 ③ 종전 토지·건축물의 사업시행계획인가 고시일 기준으로 한 가격 또는 종전 주택의 주거전용면적의 범위에서 2주택 공급 가능 　→ 이 중 1주택은 $60m^2$ 이하로 하며, 소유권이전고시일 다음 날부터 3년간 전매(상속은 제외)가 제한된다. ④ 경미한 변경(신고) 　㉠ 계산착오·오기·누락 등에 따른 조서의 단순정정으로서 불이익을 받는 자가 없는 경우 　㉡ 사업시행자의 변동에 따른 권리·의무의 변동이 있는 경우로서 분양설계의 변경을 수반하지 아니하는 경우 　㉢ 정관 및 사업시행계획인가의 변동에 따라 관리처분계획을 변경하는 경우 　㉣ 매도청구의 판결에 따라 관리처분계획을 변경하는 경우 　㉤ 주택분양에 관한 권리를 포기하는 토지등소유자에게 임대주택의 공급에 따라 관리처분계획을 변경하는 때 ⑤ 관리처분계획에 따른 처분 　㉠ 지분형 주택의 규모는 주거전용면적 $60m^2$ 이하인 주택으로 한정한다. 　㉡ 지분형 주택의 공동소유기간은 소유권을 취득한 날부터 10년의 범위에서 사업시행자가 정하는 기간으로 한다. 　㉢ 국토교통부장관, 시·도지사, 시장, 군수, 구청장 또는 토지주택공사등은 면적이 $90m^2$ 미만인 토지를 소유한 자로서 건축물을 소유하지 아니한 자 또는 바닥면적이 $40m^2$ 미만의 사실상 주거를 위하여 사용하는 건축물을 소유한 자로서 토지를 소유하지 아니한 자의 요청이 있는 경우에는 인수한 임대주택의 일부를 토지임대부 분양주택으로 전환하여 공급하여야 한다.

14 청산금

징수 및 소멸시효	① 징수 위탁: 시장·군수등이 아닌 시행자는 시장·군수등에게 청산금의 징수를 위탁할 수 있다. 이 경우 사업시행자는 징수한 금액의 100분의 4에 해당하는 금액을 시장·군수등에게 교부하여야 한다. ② 소멸시효: 소유권이전고시일 다음 날부터 5년간 행사하지 아니하면 소멸한다.

PART 4

40문제 중
7문제 출제

17.5%

건축법

▶ 2022 에듀윌 부동산공법 기본서 pp.452~504

건축주

1. 사전결정신청(할 수 있다)

(1) 허가대상 건축물
(2) 동시신청 가능, 협의(환경부장관)
(3) 결정의 통지(공고 X): 결정일부터 7일 이내 결정서 송부

2. 사전결정통지의 효과 ☆☆

(1) 개발행위·산지·농지·하천(의제)
(2) 통지받은 날로부터 2년 이내에 허가를 신청하지 않으면 효력상실

3. 건축허가 및 착공제한 ☆☆☆

(1) 국장: 국토관리, 주무부장관이 요청
(2) 특별시장·광역시장·도지사: 지역계획, 도시·군계획
(3) 제한기간: 2년 이내(연장: 1회 한하여 1년 이내)

4. 허가 취소(의무): 2년 이내 착수(X)

건축허가 — 건축신고 — 협의

5. 허가권자 ☆

(1) 원칙: 특별자치시장·특별자치도지사·시장·군수·구청장
(2) 예외: 특별시장·광역시장[21층 이상 또는 연면적 합계가 10만m² 이상인 건축물(공장, 창고는 제외)]

6. 도지사의 사전승인(시장·군수)

① 21층 이상 ② 연면적 합계 10만m² 이상		연면적 30% 이상 증축을 포함 (공장, 창고는 제외)
③ 도지사가 지정·공고한 구역		
자연환경·수질보호	3층 이상 또는 연면적 합계 1천m² 이상	위락시설, 숙박시설, 공동주택, 일반음식점, 일반업무시설
주거환경·교육환경보호	규모 제한(X)	위락시설, 숙박시설

7. 국가나 지방자치단체 → 협의를 하면 허가나 신고(의제)

설계 ➡ **착공신고** ➡ **착수** ➡ **안전관리예치금** ➡ **사용승인**

◈ 건축사 설계대상(허가·신고·리모델링)

1. 바닥면적 합계가 85m² 미만의 증축·개축·재축은 제외
2. 연면적 200m² 미만 + 층수 3층 미만인 건축물의 대수선은 제외

◈ **신고대상(착수기간: 1년, 연장: 1년)** ☆☆

1. 바닥면적의 합계가 85m² 이내의 증축·개축·재축. 다만, 3층 이상 건축물인 경우에는 건축물 연면적의 1/10 이내인 경우로 한정한다.
2. 대수선 중 내력벽, 기둥, 보, 지붕틀, 방화벽(구획), 주계단, 피난계단 및 특별피난계단을 수선하는 행위
3. 대수선(연면적 200m² 미만이고 3층 미만인 건축물)
4. 연면적 합계 100m² 이하인 건축물의 건축, 높이 3m 이하의 증축, 2층 이하 + 연면적 합계가 500m² 이하인 공장

안전관리예치금
└ 예치대상: 1천m² 이상
└ 예치금액: 공사비의 1% 이내

사용승인
건축주 → 허가권자

---

1. 용어정의 ☆☆☆

(1) 주요구조부: 내력벽, 기둥, 바닥, 보, 지붕틀, 주계단 (사이기둥, 작은 보, 최하층 바닥, 차양, 옥외계단 X)
(2) 지하층: 건축물의 바닥이 지표면 아래에 있는 층으로서 바닥에서 지표면까지의 평균 높이가 해당 층 높이의 1/2 이상인 것을 말한다.
(3) 고층건축물: 30층 이상 또는 높이가 120m 이상인 건축물
(4) 초고층건축물: 50층 이상 또는 높이가 200m 이상인 건축물
(5) 도로: 보행과 자동차 통행이 가능한 너비 4m 이상인 도로 및 예정도로
(6) 다중이용건축물: 바닥면적의 합계가 5천m² 이상인 (문), (종), (판), (여), (종), (관) 또는 16층 이상인 건축물
(7) 준다중이용건축물: 바닥면적의 합계가 1천m² 이상인 문화 및 집회시설(동물원 및 식물원은 제외), 종교시설, 판매시설, 여객용 시설, 종합병원, 관광숙박시설 등

2. 건축물의 건축과 대수선 ☆☆☆

(1) 건축물의 건축
  ① 신축: 건축물이 없는 대지에 새로 건축물을 축조하는 것
  ② 증축: 건축물이 있는 대지에서 건축면적, 연면적, 층수, 높이를 늘리는 것
  ③ 개축: 해체 + 종전과 같은 규모의 범위에서 다시 축조하는 것
  ④ 재축: 멸실 + 연면적 합계, 층수, 동수 및 높이를 종전 규모 이하로 다시 축조하는 것
  ⑤ 이전: 주요구조부를 해체하지 아니하고 같은 대지의 다른 위치로 옮기는 것

(2) 건축물의 대수선
  ① 내력벽을 증설, 해체하거나 벽면적 30m² 이상 수선, 변경
  ② 기둥, 보, 지붕틀을 증설, 해체하거나 3개 이상 수선, 변경
  ③ 방화벽 또는 방화구획을 위한 바닥이나 벽을 증설, 해체, 수선, 변경
  ④ 주계단, 피난계단, 특별피난계단을 증설, 해체, 수선, 변경
  ⑤ 다가구주택 또는 다세대주택의 가구 간 또는 세대 간 경계벽을 증설, 해체, 수선, 변경
  ⑥ 외벽에 사용하는 마감재료를 증설, 해체하거나 벽면적 30m² 이상 수선, 변경

3. 건축물의 사용승인

(1) 사용승인의 신청: 건축주가 건축공사를 완료한 후 그 건축물을 사용하려면 공사감리자가 작성한 감리완료보고서와 공사완료도서를 첨부하여 허가권자에게 사용승인을 신청하여야 한다.
(2) 사용승인서의 교부: 7일 이내에 사용승인을 위한 검사를 실시하고, 검사에 합격된 건축물에 대하여 사용승인서를 내주어야 한다.
(3) 건축물의 사용시기
  ① 원칙: 사용승인을 받은 후 사용 가능
  ② 예외: 사용승인을 받지 아니하고 건축물을 사용할 수 있는 경우

  > ⊙ 허가권자가 교부기간 이내에 사용승인서를 교부하지 아니한 경우
  > ⓒ 임시사용승인(2년 이내)을 한 경우

건축주

1. 사전결정신청(　　　)

(1) 허가대상 건축물
(2) 동시신청 가능, 협의(환경부장관)
(3) 결정의 통지(공고 X): 결정일부터 7일 이내 결정서 송부

2. 사전결정통지의 효과 ☆☆

(1) 개발행위·산지·농지·하천(의제)
(2) 통지받은 날로부터 　　 이내에 허가를 신청하지 않으면 효력상실

3. 건축허가 및 착공제한 ☆☆☆

(1) 　　 : 국토관리, 주무부장관이 요청
(2) 특별시장·광역시장·도지사: 지역계획, 도시·군계획
(3) 제한기간: 　　 이내(연장: 1회 한하여 　　)

4. 허가 취소(의무): 2년 이내 착수(X)

```
              건축허가
            ↙        ↘
       건축신고 ←→ 협의
```

5. 허가권자 ☆

(1) 원칙: 특별자치시장·특별자치도지사·시장·군수·구청장
(2) 예외: 특별시장·광역시장[21층 이상 또는 연면적 합계가 10만m² 이상인 건축물(　　　는 제외)]

6. 　　　의 사전승인(시장·군수)

①	연면적 30% 이상 증축을 포함 (　　　는 제외)
② 연면적 합계 10만m² 이상	
③ 도지사가 지정·공고한 구역	

	3층 이상 또는 연면적 합계	위락시설, 숙박시설, 공동주택, 일반음식점,
주거환경·교육환경보호	규모 제한(X)	위락시설, 숙박시설

7. 국가나 지방자치단체 → 　　　를 하면 허가나 신고(의제)

설계 → **착공신고** → **착수** → **안전관리예치금** → **사용승인**

◈ **건축사 설계대상(허가·신고·리모델링)**
1. 바닥면적 합계가 85m² 미만의 증축·개축·재축은 제외
2. 연면적 200m² 미만 + 층수 3층 미만인 건축물의 대수선은 제외

◈ **신고대상(착수기간: 1년, 연장: 1년) ☆☆**
1. 바닥면적의 합계가 　　　의 증축·개축·재축. 다만, 3층 이상 건축물인 경우에는 건축물 연면적의 1/10 이내인 경우로 한정한다.
2. 대수선 중 내력벽, 기둥, 보, 지붕틀, 방화벽(구획), 주계단, 피난계단 및 특별피난계단을 　　　하는 행위
3. 대수선(연면적 　　 미만이고 　　 미만인 건축물)
4. 연면적 합계 　　 이하인 건축물의 건축, 높이 3m 이하의 증축, 2층 이하 + 연면적 합계가 　　 이하인 공장

안전관리예치금
┌ 예치대상: 1천m² 이상
└ 예치금액: 공사비의 1% 이내

사용승인
건축주 → 허가권자

---

1. 용어정의 ☆☆☆

(1) 주요구조부: 　　 , 기둥, 바닥, 보, 지붕틀, 　　　 (사이기둥, 작은 보, 최하층 바닥, 차양, 옥외계단 X)
(2) 지하층: 건축물의 바닥이 지표면 아래에 있는 층으로서 바닥에서 지표면까지의 평균 높이가 해당 층 높이의 　　 인 것을 말한다.
(3) 고층건축물: 　　 이상 또는 높이가 　　 이상인 건축물
(4) 초고층건축물: 　　 이상 또는 높이가 　　 이상인 건축물
(5) 도로: 보행과 자동차 통행이 가능한 너비 4m 이상인 도로 및 　　　
(6) 　　　 : 바닥면적의합계가 5천m² 이상인 (문),(종),(판), (여),(종),(관) 또는 16층 이상인 건축물
(7) 　　　 건축물: 바닥면적의 합계가 1천m² 이상인 문화 및 집회시설(동물원 및 식물원은 제외), 종교시설, 판매시설, 여객용 시설, 종합병원, 관광숙박시설 등

2. 건축물의 건축과 대수선 ☆☆☆

(1) 건축물의 건축
　① 신축: 건축물이 없는 대지에 새로 건축물을 축조하는 것
　② 　　 : 건축물이 있는 대지에서 건축면적, 연면적, 층수, 높이를 늘리는 것
　③ 개축: 해체 + 종전과 같은 규모의 범위에서 다시 축조하는 것
　④ 　　 : 멸실 + 연면적 합계, 층수, 동수 및 높이를 종전 규모 이하로 다시 축조하는 것
　⑤ 이전: 주요구조부를 해체하지 아니하고 　　　의 다른 위치로 옮기는 것
(2) 건축물의 대수선
　① 내력벽을 증설, 해체하거나 벽면적 30m² 이상 수선, 변경
　② 기둥, 보, 　　 을 증설, 해체하거나 3개 이상 수선, 변경
　③ 방화벽 또는 방화구획을 위한 바닥이나 벽을 증설, 해체, 수선, 변경
　④ 주계단, 피난계단, 특별피난계단을 증설, 해체, 수선, 변경
　⑤ 　　　 또는 다세대주택의 가구 간 또는 세대 간 경계벽을 증설, 해체, 수선, 변경
　⑥ 외벽에 사용하는 마감재료를 증설, 해체하거나 벽면적 30m² 이상 수선, 변경

3. 건축물의 사용승인

(1) 사용승인의 신청: 건축주가 건축공사를 완료한 후 그 건축물을 사용하려면 공사감리자가 작성한 감리완료보고서와 공사완료도서를 첨부하여 허가권자에게 사용승인을 신청하여야 한다.
(2) 사용승인서의 교부: 7일 이내에 사용승인을 위한 검사를 실시하고, 검사에 합격된 건축물에 대하여 사용승인서를 내주어야 한다.
(3) 건축물의 사용시기
　① 원칙: 사용승인을 받은 후 사용 가능
　② 예외: 사용승인을 받지 아니하고 건축물을 사용할 수 있는 경우

> ㉠ 허가권자가 교부기간 이내에 사용승인서를 교부하지 아니한 경우
> ㉡ 임시사용승인(　　　 이내)을 한 경우

핵심 POINT

| **목표정답수** | 총 7문제 중 5문제 이상

POINT 01 용어의 정의 ★★★

— **주요구조부**: 내력벽, 기둥, 바닥, 보, 지붕틀, 주계단 [암기 TIP] 바지 보내주기

— **지하층**: 바닥 ~ 지표면까지 평균 높이가 해당 층 높이의 1/2 이상인 것

— **다중이용건축물** ┬ ① [⑤ 문화 및 집회시설(동물원·식물원 제외), ⑥ 종교시설, ⑥ 판매
　　　　　　　　　　　　 시설, ⑥ 여객용 시설, ⑥ 종합병원, ⑥ 관광숙박시설] + 바닥면적
　　　　　　　　　　　　 의 합계가 5천m² 이상인 건축물 [암기 TIP] 여관에서 종종 문판다.
　　　　　　　　　　└ ② 16층 이상인 건축물

— **준다중이용건축물** ┬ ① 바닥면적의 합계가 1천m² 이상인 건축물 + [⑤ 문화 및 집회시설
　　　　　　　　　　　　　 (동물원·식물원 제외), ⑥ 종교시설, ⑥ 판매시설, ⑥ 여객용 시설,
　　　　　　　　　　　　　 ⑥ 종합병원, ⑥ 관광숙박시설, ⑥ 교육연구시설, ⑥ 노유자시설,
　　　　　　　　　　　　　 ⑥ 운동시설, ⑥ 위락시설, ⑥ 관광휴게시설, ⑥ 장례시설]
　　　　　　　　　　　└ ② 동물원, 식물원, 업무시설, 수련시설, 제1종·제2종 근린생활
　　　　　　　　　　　　　 시설 → 제외 [암기 TIP] 업수근氏동·식물원 제외

— **특수구조건축물** ┬ ① 한쪽 끝은 고정되고 다른 끝은 지지(支持)되지 아니한 구조로 된 보,
　　　　　　　　　　　　 차양 등이 외벽(외벽이 없는 경우에는 외곽기둥을 말한다)의 중심선
　　　　　　　　　　　　 으로부터 3m 이상 돌출된 건축물
　　　　　　　　　　　└ ② 기둥과 기둥 사이의 거리(기둥의 중심선 사이의 거리를 말한다)가
　　　　　　　　　　　　　 20m 이상인 건축물

POINT 02 신고대상 공작물 ★★

① 높이 2m 초과: 옹벽, 담장
② 높이 4m 초과: 장식탑·기념탑·첨탑·광고탑·광고판
③ 높이 6m 초과: 굴뚝, 철탑 → 골프연습장 등의 운동시설을 위한 철탑과
④ 높이 8m 초과: 고가수조　　　주거지역·상업지역에 설치하는 통신용 철탑

┌───┐
│ ◈ 비교정리 → 높이 8m 이하: 기계식 주차장 + 외벽이 없는 것 │
└───┘

⑤ 바닥면적 30m² 초과: 지하대피호
⑥ 높이 5m 초과: 태양에너지를 이용한 발전설비

POINT 03 「건축법」 적용대상 ★★★

— 「건축법」을 적용하지 않는 건축물
　　├ ① 지정·임시지정 문화재
　　├ ② 운전보안시설
　　├ ③ 철도 선로의 위나 아래를 가로지르는 보행시설
　　├ ④ 플랫폼
　　├ ⑤ 급수·급탄 및 급유시설
　　├ ⑥ 고속도로 통행료 징수시설
　　├ ⑦ 컨테이너를 이용한 간이창고(공장의 용도로만 사용 + 이동이 쉬운 것)
　　└ ⑧ 하천구역 내의 수문조작실

— 전면적 적용대상지역: 도시지역, 비도시지역의 지구단위계획구역, 동 또는 읍

— 전면적 적용대상지역 외의 지역에서 적용하지 않는 규정
　　├ ① 대지와 도로의 관계
　　├ ② 도로의 지정·폐지·변경
　　├ ③ 건축선의 지정
　　├ ④ 건축선에 따른 건축제한
　　├ ⑤ 방화지구
　　└ ⑥ 분할제한

— 전면적 적용대상지역 외의 지역에서 적용하는 규정
　: 건폐율, 용적률, 건축물의 높이제한은 적용한다.

용도별 건축물의 종류 ☆

① <u>단독주택</u>: 단독주택, 다중주택, 다가구주택, 공관
② <u>공동주택</u>: 아파트, 연립주택, 다세대주택, 기숙사
③ <u>제1종 근린생활시설</u>: 의원, 치과의원, 한의원, 침술원, 접골원, 조산원, 안마원, 산후조리원, 마을회관, 마을공동작업소, 마을공동구판장, 공중화장실
④ <u>제2종 근린생활시설</u>: 서점(제1종 근린생활시설에 해당하지 않는 것), 총포판매소, 일반음식점, 장의사, 동물병원, 동물미용실, 독서실, 기원, 다중생활시설로서 바닥면적의 합계가 500m² 미만인 것, 단란주점(바닥면적의 합계가 150m² 미만인 것), 안마시술소, 노래연습장
⑤ <u>문화 및 집회시설</u>: 공연장(바닥면적의 합계가 500m² 이상인 것), 집회장, 관람장(경마장, 경륜장 등), 전시장(박물관, 미술관 등), 동·식물원
⑥ <u>판매시설</u>: 도매시장, 소매시장
⑦ <u>운수시설</u>: 여객자동차터미널, 철도시설, 공항시설, 항만시설
⑧ <u>의료시설</u>: 종합병원, 병원, 치과병원, 한방병원, 정신병원 및 요양병원, 전염병원
⑨ <u>교육연구시설</u>: 유치원, 도서관
⑩ <u>노유자시설</u>: 아동 관련 시설(어린이집, 아동복지시설), 노인복지시설
⑪ <u>수련시설</u>: 유스호스텔, 청소년야영장
⑫ <u>운동시설</u>: 체육관으로서 관람석이 없거나 관람석의 바닥면적이 1,000m² 미만인 것
⑬ <u>업무시설</u>: 오피스텔(업무를 주로 하며, 분양하거나 임대하는 구획 중 일부의 구획에서 숙식을 할 수 있도록 한 건축물로서 국토교통부장관이 고시하는 기준에 적합한 것)
⑭ <u>숙박시설</u>: 일반숙박시설 및 생활숙박시설, 관광숙박시설(관광호텔, 휴양 콘도미니엄), 다중생활시설(바닥면적의 합계가 500m² 이상인 것)
⑮ <u>위락시설</u>: 단란주점(바닥면적의 합계가 150m² 이상인 것), 무도장, 무도학원, 카지노영업소
⑯ <u>창고시설</u>: 하역장, 물류터미널, 집배송시설
⑰ <u>위험물 저장 및 처리시설</u>: 주유소, 석유판매소, 액화가스취급소·판매소, 도료류 판매소, 도시가스 제조시설, 화약류 저장소
⑱ <u>자동차 관련 시설</u>: 주차장, 세차장, 폐차장, 검사장, 매매장, 정비공장
⑲ <u>동물 및 식물 관련 시설</u>: 도축장, 도계장, 작물재배사, 종묘배양시설, 화초 및 분재 등의 온실
⑳ <u>자원순환 관련 시설</u>: 하수 등 처리시설, 고물상, 폐기물재활용시설
㉑ <u>교정 및 군사시설</u>: 소년원 및 소년분류심사원, 국방·군사시설
㉒ <u>방송통신시설</u>: 전신전화국, 촬영소
㉓ <u>묘지 관련 시설</u>: 화장시설, 봉안당, 동물화장시설
㉔ <u>관광휴게시설</u>: 야외음악당, 야외극장, 어린이회관, 관망탑, 휴게소

POINT 05 **건축허가 및 건축신고** ☆☆☆

<u>사전결정신청</u>
　① <u>사전결정신청</u>: 허가대상 건축물을 건축하려는 자는 허가권자에게 사전결정을 신청할 수 있다.
　② <u>동시신청</u>: 건축위원회의 심의 + 교통영향평가서의 검토를 동시에 신청할 수 있다.
　③ <u>협의</u>: 소규모 환경영향평가대상인 경우 환경부장관과 협의하여야 한다.
　④ <u>통지(공고 X)의 효과</u>: 개발행위허가, 산지전용허가, 농지전용허가, 하천점용허가를 받
　　→7일 이내　　은 것으로 본다. 다만, 보전산지인 경우에는 도시지역만 해당한다.
　⑤ <u>건축허가신청기간</u>: (2년) 이내에 건축(허가)를 신청하지 않으면 효력 상실

<u>허가권자</u> ┬ ① <u>원칙</u>: 특별자치시장, 특별자치도지사, 시장, 군수, 구청장
　　　　　└ ② <u>예외</u>: 특별시장, 광역시장[층수가 21층 이상인 건축물 또는 연면적의 합계 10만m² 이상 건축물(공장, 창고는 제외)]

<u>도지사의 사전승인대상</u>
　① 층수가 21층 이상인 건축물
　② 연면적 합계 10만m² 이상인 건축물(공장, 창고는 제외)
　③ 자연환경, 수질보호 + 3층 이상 또는 연면적 합계 1,000m² 이상 + 위락시설, 숙박시설, 공동주택, 일반음식점, 일반업무시설 [암기 TIP] 위 숙 이 공 일 일
　④ 주거환경, 교육환경 + (위)락시설, (숙)박시설

<u>건축허가</u>: 2년 이내에 착수 X(1년의 범위에서 연장 O) → 허가를 취소하여야 한다.
<u>건축신고</u>: 1년 이내에 착수 X(1년의 범위에서 연장 O) → 신고의 효력이 없어진다.

<u>건축신고대상</u>: ① 바닥면적 합계가 85m² 이내의 증축·개축·재축, ② 대수선(연면적 200m² 미만 + 3층 미만), ③ 연면적 합계가 100m² 이하인 건축물의 건축, ④ 높이 3m 이하의 증축, ⑤ 연면적의 합계가 500m² 이하 + 2층 이하인 공장의 건축, ⑥ [내력벽, 기둥, 보, 지붕틀, 방화벽, 주계단·피난계단·특별피난계단] + 수선하는 대수선

<u>제한권자</u> ┬ ① 국장 → ㉠ 국토관리
　　　　　　　　　 ㉡ 주무부장관이 요청하는 경우(국방, 문화재보존, 환경보전, 국민경제)
　　　　　　└ ② 특별시장·광역시장·도지사 → 지역계획이나 도시·군계획

<u>사후보고</u>: 특별시장·광역시장·도지사 건축허가나 착공을 제한 → 국장에게 즉시 보고 → 보고를 받은 국장은 해제를 명할 수 있다.

<u>제한기간</u>: 2년 이내. 1회에 한하여 1년의 범위에서 연장할 수 있다.

기출 OX 문제

용어정의

01 주요구조부란 내력벽, 기둥, 최하층 바닥, 작은 보, 지붕틀 및 주계단을 말한다. [24회], [27회] (O | X)

02 지하층은 건축물의 바닥이 지표면 아래에 있는 층으로서 바닥에서 지표면까지 평균 높이가 해당 층 높이의 3분의 1 이상인 것을 말한다. [23회] (O | X)

03 '고층건축물'에 해당하려면 건축물의 층수가 30층 이상이고 높이가 120m 이상이어야 한다. [31회] (O | X)

04 관광휴게시설로 사용하는 바닥면적의 합계가 5천m² 이상인 건축물은 다중이용건축물에 해당한다. [29회] (O | X)

05 한쪽 끝은 고정되고 다른 끝은 지지되지 아니한 구조로 된 차양이 외벽(외벽이 없는 경우에는 외곽 기둥을 말함)의 중심선으로부터 3m 이상 돌출된 건축물은 특수구조건축물에 해당한다. [32회] (O | X)

06 건축물을 이전하는 것은 '건축'에 해당한다. [31회] (O | X)

07 재축은 기존 건축물의 전부 또는 일부를 해체하고 그 대지에 종전과 같은 규모의 범위에서 건축물을 다시 축조하는 것을 말한다. [23회] (O | X)

08 건축물이 천재지변으로 멸실된 경우 그 대지에 종전 규모보다 연면적의 합계를 늘려 건축물을 다시 축조하는 것은 '재축'에 해당한다. [31회] (O | X)

09 건축물의 주요구조부를 해체하지 아니하고 같은 대지에서 옆으로 5m 옮기는 것은 '이전'에 해당한다. [25회] (O | X)

10 기존 건축물이 있는 대지에서 건축물의 내력벽을 증설하여 건축면적을 늘리는 것은 '대수선'에 해당한다. [31회] (O | X)

11 내력벽을 수선하더라도 수선되는 벽면적의 합계가 30m² 미만인 경우에는 대수선에 포함되지 않는다. [28회] (O | X)

12 건축물의 내력벽을 해체하여 같은 대지의 다른 위치로 옮기는 것은 '이전'에 해당한다. [31회] (O | X)

13 고속도로 통행료 징수시설을 건축하는 경우에는 「건축법」상 대지의 분할제한 규정이 적용되지 않는다. [22회], [26회], [28회] (O | X)

14 철도의 선로 부지에 있는 운전보안시설은 「건축법」의 적용을 받지 않는 건축물이다. [30회] (O | X)

15 높이 4m의 장식탑을 축조하려는 경우에는 특별자치시장·특별자치도지사 또는 시장·군수·구청장에게 신고하여야 하는 공작물에 해당한다. [30회] (O | X)

정답

01 X (최하층 바닥과 작은 보는 주요구조부에 해당하지 않는다)　**02** X (해당 층 높이의 2분의 1 이상이어야 한다)　**03** X (고층건축물이란 층수가 30층 이상이거나 높이가 120m 이상인 건축물을 말한다)　**04** X (관광휴게시설로 사용하는 바닥면적의 합계가 5천m² 이상인 건축물은 다중이용건축물에 해당하지 않는다)　**05** O　**06** O　**07** X (개축에 해당한다)　**08** X (신축에 해당한다)　**09** O　**10** X (증축에 해당한다)　**11** O　**12** X (내력벽을 해체하지 아니하고 다른 위치로 옮기는 것이 이전에 해당한다)　**13** O　**14** O　**15** X (장식탑은 높이 4m를 초과하는 경우에 신고대상이다)

건축물의 건축 등

01 사전결정을 할 수 있는 자는 건축허가권자이다. [28회] (O | X)

02 사전결정신청자는 사전결정을 통지받은 날부터 2년 이내에 착공신고를 하여야 하며, 이 기간에 착공신고를 하지 아니하면 사전결정의 효력이 상실된다. [28회] (O | X)

03 사전결정통지를 받은 경우에는 「농지법」 제34조에 따른 농지전용허가를 받은 것으로 본다. [30회] (O | X)

04 분양을 목적으로 하는 공동주택의 건축주가 그 대지를 사용할 수 있는 권원을 확보한 경우에는 해당 대지의 소유권을 확보하지 않아도 된다. [28회] (O | X)

05 국방부장관이 국방을 위하여 특히 필요하다고 인정하여 요청하면 국토교통부장관은 허가권자의 건축허가를 제한할 수 있다. [26회] (O | X)

06 교육감이 교육환경의 개선을 위하여 특히 필요하다고 인정하여 요청하면 국토교통부장관은 허가를 받은 건축물의 착공을 제한할 수 있다. [26회] (O | X)

07 건축허가를 제한하는 경우 제한기간은 2년 이내로 하며, 그 기간은 연장할 수 없다. [21회], [22회], [26회], [32회] (O | X)

08 특별시장은 지역계획에 특히 필요하다고 인정하면 관할 구청장의 건축허가를 제한할 수 있다. [26회] (O | X)

09 도지사가 관할 군수의 건축허가를 제한한 경우, 국토교통부장관은 제한내용이 지나치다고 인정하면 해제를 명할 수 있다. [26회] (O | X)

10 건축신고를 한 자가 신고일부터 1년 이내에 공사에 착수하지 아니하면 그 신고의 효력은 없어진다. [22회], [25회], [32회] (O | X)

11 연면적의 합계가 200m²인 건축물의 높이를 2m 증축할 경우 건축신고를 하면 건축허가를 받은 것으로 본다. [25회] (O | X)

12 연면적 180m²인 2층 건축물의 대수선은 건축신고를 하면 건축허가를 받은 것으로 본다. [29회], [32회] (O | X)

13 연면적 270m²인 3층 건축물의 방화벽 수선은 건축신고를 하면 건축허가를 받은 것으로 본다. [29회] (O | X)

14 바닥면적 100m²인 단층 건축물의 신축은 건축신고를 하면 건축허가를 받은 것으로 본다. [29회] (O | X)

15 연면적 150m²인 3층 건축물의 피난시설을 증설하는 행위는 건축신고를 하면 건축허가를 받은 것으로 본다. [29회] (O | X)

16 건축주가 건축허가를 받은 이후에 공사시공자를 변경하는 경우에는 허가권자에게 신고하여야 한다. [31회], [32회] (O | X)

정답

01 O **02** X (2년 이내에 건축허가를 신청하여야 한다) **03** O **04** X (분양을 목적으로 하는 공동주택의 경우에는 대지의 소유권을 확보하여야 한다) **05** O **06** X (교육감은 요청할 수 없다)

07 X (1회에 한하여 1년의 범위에서 연장할 수 있다) **08** O **09** O **10** O **11** O **12** O **13** O **14** O **15** X (신고대상이 아니라 허가대상에 해당한다) **16** O

☆☆☆
1. 건축물의 용도변경
특별자치시장, 특별자치도지사, 시장, 군수, 구청장(특별시장 X, 광역시장 X)

시설군	세부 용도	허가	신고	사용승인	건축사설계
(1) 자동차 관련 시설군	자동차 관련 시설	↑	↓	허가 또는 신고대상 중에서 100m² 이상인 용도변경 (500m² 미만 대수선 X 제외)	허가대상 중에서 500m² 이상인 용도변경
(2) 산업 등의 시설군	공장, 창고시설, 위험물저장 및 처리시설, 장례시설, 자원순환 관련 시설, 운수시설, 묘지 관련 시설				
(3) 전기통신시설군	방송통신시설, 발전시설				
(4) 문화 및 집회시설군	종교시설, 관광휴게시설, 위락시설, 문화 및 집회시설				
(5) 영업시설군	운동시설, 숙박시설, 판매시설, 다중생활시설				
(6) 교육 및 복지시설군	노유자시설, 교육연구시설, 수련시설, 야영장시설, 의료시설				
(7) 근린생활시설군	제1종·제2종 근린생활시설(다중생활시설은 제외)				
(8) 주거업무시설군	단독주택, 공동주택, 업무시설, 교정 및 군사시설				
(9) 그 밖의 시설군	동물 및 식물 관련 시설	같은 시설군 안에서 용도변경 → 건축물대장 기재내용 변경신청(같은 호는 제외)			

☆☆
2. 대지와 도로

대지의 조경	대지와 도로의 관계
(1) 원칙: 면적이 200m² 이상인 대지에 건축을 하는 건축주는 조경의무가 있다. (2) 예외: 조경의무(X) ① 녹지지역 안의 건축물 ② 공장 ③ 축사 ④ 도시·군계획시설 + 가설건축물 ⑤ 연면적 합계가 1,500m² 미만인 물류시설(주거지역, 상업지역은 조경의무가 있다) ⑥ 관리지역, 농림지역, 자연환경보전지역 안의 건축물(지구단위계획구역으로 지정된 지역은 조경의무가 있다)	(1) 건축물의 대지는 2m 이상이 도로에 접하여야 한다. (2) 연면적의 합계가 2천m²(공장은 3천m²) 이상인 건축물은 너비 6m 이상의 도로에 4m 이상 접하여야 한다. (3) 건축물과 담장은 건축선의 수직면을 넘어서는 아니 된다. 다만, 지표 아래 부분은 수직면을 넘을 수 있다. (4) 도로면으로부터 높이 4.5m 이하에 있는 출입구, 창문은 열고 닫을 때 건축선의 수직면을 넘지 아니하는 구조로 하여야 한다.

☆☆☆
3. 공개공지 등(소규모 휴식시설)

설치대상지역	설치규모	용도
• 일반주거지역 • 준주거지역 • 상업지역 • 준공업지역 • 특별자치시장, 특별자치도지사, 시장, 군수, 구청장이 도시화의 가능성이 크다고 인정하여 지정·공고하는 지역	바닥면적의 합계가 5천m² 이상	• 문화 및 집회시설 • 판매시설(농수산물유통시설은 제외) • 업무시설 · 숙박시설 • 종교시설 · 운수시설(여객용 시설만 해당) 다중이 이용하는 시설로서 건축조례로 정하는 건축물

(1) 확보면적: 대지면적의 10/100 이하의 범위에서 건축조례로 정한다. 이 경우 조경면적과 매장문화재의 현지 보존 조치 면적을 공개공지 등의 면적으로 할 수 있다.
(2) 설치기준: 공개공지는 필로티의 구조로 설치할 수 있다.

> ① 모든 사람들이 환경친화적으로 편리하게 이용할 수 있도록 긴 의자 또는 조경시설 등 건축조례로 정하는 시설을 설치해야 한다.
> ② 공개공지 등에 물건을 쌓아놓거나 출입을 차단하는 시설을 설치하는 등 공개공지 등의 활용을 저해하는 행위를 하여서는 아니 된다.

(3) 법 적용의 완화
① 공개공지 등을 설치한 경우에는 건폐율, 용적률과 건축물의 높이제한을 대통령령으로 정하는 바에 따라 완화하여 적용할 수 있다(법률).
② 대지면적에 대한 공개공지 등의 면적 비율에 따라 용적률과 건축물의 높이제한을 다음의 범위에서 완화하여 적용한다(대통령령).

> ㉠ 용적률은 해당 지역에 적용하는 용적률의 1.2배 이하
> ㉡ 건축물의 높이제한은 해당 건축물에 적용하는 높이기준의 1.2배 이하

☆☆
4. 면적 및 높이 등의 산정방법

(1) 대지면적: 대지의 수평투영면적
(2) 건축면적: 건축물의 외벽의 중심선으로 둘러싸인 부분의 수평투영면적
(3) 바닥면적: 벽, 기둥, 그 밖에 이와 비슷한 구획의 중심선으로 둘러싸인 부분의 수평투영면적

> ① 벽, 기둥의 구획이 없는 건축물은 그 지붕 끝부분으로부터 수평거리 1m를 후퇴한 선으로 둘러싸인 수평투영면적
> ② 건축물의 노대 등의 바닥은 난간 등의 설치 여부에 관계없이 노대 등의 면적에서 노대 등이 접한 가장 긴 외벽에 접한 길이에 1.5m를 곱한 값을 뺀 면적을 바닥면적에 산입한다.
> ③ 필로티나 그 밖에 이와 비슷한 구조의 부분은 그 부분이 공중의 통행이나 차량의 통행 또는 주차에 전용되는 경우와 공동주택의 경우에는 바닥면적에 산입하지 아니한다.
> ④ 승강기탑, 계단탑, 장식탑, 다락[층고가 1.5m(경사진 형태의 지붕인 경우에 1.8m) 이하인 것], 굴뚝은 바닥면적에 산입하지 아니한다.
> ⑤ 공동주택으로서 지상층에 설치한 기계실, 전기실, 어린이놀이터 및 조경시설 및 생활폐기물 보관시설의 면적은 바닥면적에 산입하지 아니한다.

(4) 연면적: 하나의 건축물 각 층의 바닥면적의 합계 → ① 지하층, ② 지상층의 부속용도의 주차용 면적, ③ 피난안전구역, ④ 대피공간 면적 → 용적률 산정 시 연면적에서 제외한다.
(5) 층수(산정방법은 용적률 ÷ 건폐율)

> ① 승강기탑, 계단탑, 망루, 장식탑, 옥탑, 그 밖에 이와 비슷한 건축물의 옥상부분으로서 그 수평투영면적의 합계가 해당 건축물 건축면적의 1/8 이하인 것과 지하층은 층수에 산입하지 아니한다.
> ② 층의 구분이 명확하지 아니한 건축물은 그 건축물의 높이 4m마다 하나의 층으로 산정한다.
> ③ 건축물이 부분에 따라 그 층수가 다른 경우에는 그중 가장 많은 층수를 그 건축물의 층수로 본다.

☆☆☆
1. 건축물의 용도변경
특별자치시장, 특별자치도지사, 시장, 군수, 구청장(□X, □X)

시설군	세부 용도	□	신고	사용승인	건축사설계
(1)㉜동차 관련 시설군	자동차 관련 시설			허가 또는 신고대상 중에서 100m² 이상인 용도변경 (500m² 미만 대수선 X 제외)	허가대상 중에서 500m² 이상인 용도변경
(2)○	공장, 창고시설, 위험물저장 및 처리시설, 장례시설, 자원순환 관련 시설, □, 묘지 관련 시설				
(3)㉠기통신시설군	방송통신시설, □				
(4)㉢화 및 집회시설군	종교시설, 관광휴게시설, □, 문화 및 집회시설				
(5)○	운동시설, □, 판매시설, □				
(6)㉐육 및 복지시설군	노유자시설, □, 수련시설, 야영장시설, 의료시설				
(7)㉢린생활시설군	제1종·제2종 근린생활시설(□은 제외)				
(8)○	단독주택, 공동주택, 업무시설, □				
(9)㉢ 밖의 시설군	동물 및 식물 관련 시설	같은 시설군 안에서 용도변경 → 건축물대장 기재내용 변경신청(같은 호는 제외)			

☆☆
2. 대지와 도로

대지의 조경	대지와 도로의 관계
(1) 원칙: 면적이 200m² 이상인 대지에 건축을 하는 건축주는 조경의무가 있다. (2) 예외: 조경의무(X) ① □ 안의 건축물 ② 공장 ③ 축사 ④ 도시·군계획시설 + □ ⑤ 연면적 합계가 1,500m² 미만인 물류시설(□, 상업지역은 조경의무가 있다) ⑥ 관리지역, 농림지역, 자연환경보전지역 안의 건축물(지구단위계획구역으로 지정된 지역은 조경의무가 있다)	(1) 건축물의 대지는 □ 이상이 도로에 접하여야 한다. (2) 연면적의 합계가 2천m²(공장은 □) 이상인 건축물은 너비 6m 이상의 도로에 4m 이상 접하여야 한다. (3) 건축물과 담장은 건축선의 수직면을 넘어서는 아니 된다. 다만, □ 부분은 수직면을 넘을 수 있다. (4) 도로면으로부터 높이 □ 이하에 있는 출입구, 창문은 열고 닫을 때 건축선의 수직면을 넘지 아니하는 구조로 하여야 한다.

☆☆☆
3. 공개공지 등(소규모 휴식시설)

설치대상지역	설치규모	용도
·㉠반주거지역 ●○ ·㉠업지역 ●○ ·특별자치시장, 특별자치도지사, 시장, 군수, 구청장이 도시화의 가능성이 크다고 인정하여 지정·공고하는 지역	바닥면적의 합계가 □ 이상	·문화 및 집회시설 ·판매시설(□은 제외) ·업무시설 ·숙박시설 ·종교시설 ·운수시설(여객용 시설만 해당) 다중이 이용하는 시설로서 건축조례로 정하는 건축물

(1) 확보면적: 대지면적의 □ 이하의 범위에서 건축조례로 정한다. 이 경우 조경면적과 매장문화재의 현지 보존 조치 면적을 공개공지 등의 면적으로 할 수 있다.

(2) 설치기준: 공개공지는 필로티의 구조로 설치할 수 있다.

> ① 모든 사람들이 환경친화적으로 편리하게 이용할 수 있도록 긴 의자 또는 조경시설 등 건축조례로 정하는 시설을 설치해야 한다.
> ② 공개공지 등에 물건을 쌓아놓거나 출입을 차단하는 시설을 설치하는 등 공개공지 등의 활용을 저해하는 행위를 하여서는 아니 된다.

(3) 법 적용의 완화
① 공개공지 등을 설치한 경우에는 건폐율, 용적률과 건축물의 높이제한을 대통령령으로 정하는 바에 따라 완화하여 적용할 수 있다(법률).
② 대지면적에 대한 공개공지 등의 면적 비율에 따라 용적률과 건축물의 높이제한을 다음의 범위에서 완화하여 적용한다(대통령령).

> ㉠ 용적률은 해당 지역에 적용하는 용적률의 □ 이하
> ㉡ 건축물의 높이제한은 해당 건축물에 적용하는 높이기준의 □ 이하

☆☆
4. 면적 및 높이 등의 산정방법

(1) 대지면적: 대지의 수평투영면적
(2) 건축면적: 건축물의 □의 중심선으로 둘러싸인 부분의 수평투영면적
(3) 바닥면적: 벽, 기둥, 그 밖에 이와 비슷한 □으로 둘러싸인 부분의 수평투영면적

> ① 벽, 기둥의 구획이 없는 건축물은 그 지붕 끝부분으로부터 수평거리 □를 후퇴한 선으로 둘러싸인 수평투영면적
> ② 건축물의 노대 등의 바닥은 난간 등의 설치 여부에 관계없이 노대 등의 면적에서 노대 등이 접한 가장 긴 외벽에 접한 길이에 □를 곱한 값을 뺀 면적을 바닥면적에 산입한다.
> ③ □나 그 밖에 이와 비슷한 구조의 부분은 그 부분이 공중의 통행이나 차량의 통행 또는 □되는 경우와 공동주택의 경우에는 바닥면적에 산입하지 □.
> ④ 승강기탑, 계단탑, 장식탑, □[층고가 1.5m(경사진 형태의 지붕인 경우에 □) 이하인 것], 굴뚝은 바닥면적에 산입하지 아니한다.
> ⑤ 공동주택으로서 □에 설치한 기계실, 전기실, 어린이놀이터 및 조경시설 및 생활폐기물 보관시설의 면적은 바닥면적에 산입하지 □.

(4) 연면적: 하나의 건축물 각 층의 바닥면적의 합계 → ① □, ② 지상층의 부속용도의 주차용 면적, ③ □, ④ 대피공간 면적 → 용적률 산정 시 연면적에서 □한다.

(5) 층수(산정방법은 용적률 ÷ 건폐율)

> ① 승강기탑, 계단탑, 망루, 장식탑, 옥탑, 그 밖에 이와 비슷한 건축물의 옥상부분으로서 그 수평투영면적의 합계가 해당 건축물 건축면적의 □인 것과 □은 층수에서 산입하지 □.
> ② 층의 구분이 명확하지 아니한 건축물은 그 건축물의 높이 □마다 하나의 층으로 산정한다.
> ③ 건축물이 부분에 따라 그 층수가 다른 경우에는 그중 □ 층수를 그 건축물의 층수로 본다.

핵심 POINT

POINT 01 대지와 도로 ☆☆

— 옹벽의 외벽면: 지지 또는 배수를 위한 시설 외의 구조물이 밖으로 튀어나오지 아니하게 할 것

— 대지의 조경(제외): 녹지지역에 건축하는 건축물, 공장(대지면적이 5천m² 미만, 연면적 1,500m² 미만, 산업단지 안의 공장), 축사, 도시·군계획시설에 건축하는 가설건축물, 연면적의 합계가 1,500m² 미만의 물류시설(주거지역 또는 상업지역에 건축하는 경우에는 조경의무가 있다) 암기TIP 일준이, 상준이

— 공개공지 설치대상: 일 반주거지역, 준 주거지역, 상 업지역, 준 공업지역 + 5천m² 이상 + [문 화 및 집회시설, 종 교시설, 판매 시설(농수산물유통시설은 제외), 운수시설(여 객용 시설), 업 무시설, 숙 박시설] → 위락시설 X, 종합병원 X 암기TIP 문 을 판 매 하는 업 종 은 허리를 숙 여 야 한다.

— 공개공지 확보면적: 대지면적의 100분의 10 이하 + 건축조례

— 공개공지 설치 시 완화규정: 용적률(1.2배 이하), 건축물의 높이제한(1.2배 이하)

— 건축선에 따른 건축제한 ┌ ① 건축물과 담장은 건축선의 수직면을 넘어서는 아니 된다. 다만, 지표 아래 부분은 수직면을 넘을 수 있다.
└ ② 도로면으로부터 4.5m 이하의 출입구, 창문은 열고 닫을 때 건축선의 수직면을 넘지 아니하는 구조로 하여야 한다.

— 도로의 지정·폐지 및 변경
  ┌ 도로의 지정: 이해관계인의 동의
  │ └ 예외 ┌ 이해관계인이 해외 거주 ┐ → 이해관계인의 동의 X
  │   └ 주민이 사실상 통로로 이용 ┘   건축위원회 심의
  └ 도로의 폐지 및 변경: 이해관계인의 동의 O → 예외규정 X

— 접도의무: 건축물의 대지(자동차만의 통행도로 제외)는 도로에 2m 이상 접하여야 한다.
  └ 예외 ┌ ① 건축물의 출입에 지장이 없다고 인정되는 경우
         ├ ② 광장, 공원, 유원지 등 허가권자가 인정한 공지가 있는 경우
         └ ③ 「농지법」에 따른 농막을 건축하는 경우

— 강화적용: 연면적 합계가 2천m²(공장은 3천m²) 이상인 건축물(축사, 작물재배사는 제외)인 경우에는 대지는 너비 6m 이상의 도로에 4m 이상 접하여야 한다.

POINT 02 건축물의 구조안전 ☆

— 구조안전 확인서류 제출대상 건축물(건축주 → 허가권자)
  ┌ ① 층수가 2층(목구조 건축물은 3층) 이상인 건축물
  ├ ② 연면적 200m²(목구조 건축물은 500m²) 이상인 건축물
  ├ ③ 높이가 13m 이상인 건축물
  ├ ④ 처마 높이가 9m 이상인 건축물
  ├ ⑤ 기둥 + 기둥 사이의 거리가 10m 이상인 건축물
  └ ⑥ 단독주택 및 공동주택(규모 불문)

— 난간설치: 높이 1.2m 이상

— 옥상광장: 5층 이상인 문화 및 집회시설(전시장 및 동물원·식물원 제외), 종교시설, 판매시설, 주점영업, 장례시설

— 헬리포트: 11층 이상 + 11층 이상인 층의 바닥면적의 합계가 1만m² 이상인 건축물

— 피난안전구역: 초고층건축물(층수가 50층 이상이거나 높이가 200m 이상인 건축물)에는 피난층 또는 피난안전구역을 지상층으로부터 최대 30개 층마다 1개소 이상 설치하여야 한다.

— 2개소 이상의 직통계단 설치의무
: 피난층 외의 층이 다음에 해당하는 경우 피난층 또는 지상으로 통하는 식통계단을 2개소 이상 설치하여야 한다.

	적용 용도	설치대상 기준
①	• 문화 및 집회시설(전시장, 동·식물원 제외) • 종교시설, 장례시설, 주점영업	바닥면적의 합계가 200m²(제2종 근린생활시설 중 공연장·종교집회장은 300m²) 이상
②	• 다중주택·다가구주택 • 학원, 독서실 • 판매시설, 운수시설(여객용 시설만 해당), 의료시설(입원실이 없는 치과병원은 제외) • 노유자시설 중 아동 관련 시설·노인복지시설 • 수련시설 중 유스호스텔 시설 • 숙박시설	3층 이상 + 거실의 바닥면적의 합계가 200m² 이상
③	업무시설 중 오피스텔	거실의 바닥면적의 합계가 300m² 이상
④	지하층	거실의 바닥면적의 합계가 200m² 이상

POINT 03 경계벽 등의 설치 ☆

① 소음 방지를 위한 경계벽 설치대상 건축물

  ㉠ 단독주택 중 다가구주택의 각 가구 간 또는 공동주택(기숙사는 제외한다)의 각 세대 간

   경계벽

  ㉡ 공동주택 중 기숙사의 침실, 의료시설의 병실, 교육연구시설 중 학교의 교실 또는 숙박

   시설의 객실 간 경계벽

  ㉢ 제1종 근린생활시설 중 산후조리원의 다음 어느 하나에 해당하는 경계벽

> ⓐ 임산부실 간 경계벽
>
> ⓑ 신생아실 간 경계벽
>
> ⓒ 임산부실과 신생아실 간 경계벽

  ㉣ 제2종 근린생활시설 중 다중생활시설의 호실 간 경계벽

  ㉤ 노유자시설 중 노인복지주택의 각 세대 간 경계벽

  ㉥ 노유자시설 중 노인요양시설의 호실 간 경계벽

② 소음 방지를 위한 층간바닥(화장실의 바닥은 제외한다) 설치대상 건축물

  ㉠ 단독주택 중 다가구주택

  ㉡ 공동주택(「주택법」에 따른 주택건설사업계획 승인대상은 제외한다)

  ㉢ 업무시설 중 오피스텔

  ㉣ 제2종 근린생활시설 중 다중생활시설

  ㉤ 숙박시설 중 다중생활시설

POINT 04 범죄예방기준

> ① 다가구주택(O), 아파트(O), 연립주택 및 다세대주택(O)
>
> ② 기숙사(X), 동·식물원(X), 연구소 및 도서관(X)

POINT 05 지역 및 지구 안의 건축물 ☆☆

─ 건축물이 방화지구에 걸치는 경우

 : 건축물 전부에 대하여 방화지구 안의 건축물에 대한 「건축법」의 규정을 적용한다.

  단, 방화벽으로 구획된 경우 그 밖의 구역에 있는 부분에 대하여는 그러하지 아니하다.

─ 대지가 녹지지역에 걸치는 경우: 각각 적용한다.

─ 건폐율: 대지면적에 대한 건축면적의 비율(「건축법」으로 강화 O, 완화 O)

─ 용적률: 대지면적에 대한 연면적의 비율(「건축법」으로 강화 O, 완화 O)

─ 대지의 분할제한: 주거지역(60m²), 상업지역·공업지역(150m²), 녹지지역(200m²), 관리지

       역·농림지역·자연환경보전지역(60m²)

─ 가로구역에서의 높이제한

 ── ① 같은 가로구역에서 허가권자가 심의를 거쳐 건축물의 높이를 다르게 정할 수 있다.

 ── ② 특별시장과 광역시장은 가로구역별 건축물의 높이를 특별시나 광역시의 조례로 정할

   수 있다.

─ 일조 등의 확보를 위한 높이제한

 ── ① 전용주거지역·일반주거지역: 정북방향(원칙)

  ── ㉠ 높이 9m 이하 → 1.5m 이상

  ── ㉡ 높이 9m 초과 → 건축물 높이의 2분의 1 이상

 ── ② 적용의 제외

  ── ㉠ 공동주택: 일반상업지역과 중심상업지역 ┐

  ── ㉡ 2층 이하로서 높이가 8m 이하인 건축물 ┘ 높이제한규정 적용 X

POINT 06 면적산정방법 ☆☆☆

① 바닥면적: 구획의 중심선으로 둘러싸인 부분의 수평투영면적

　　㉠ 벽·기둥의 구획이 없는 건축물의 경우: 지붕 끝으로부터 1m 후퇴한 선으로 둘러싸인 부분을 바닥면적에 산입한다.　예) 주유소 지붕

　　㉡ 건축물의 노대: 바닥면적에 모두 산입한다 X(모두 제외한다 X)　→B가 긴 외벽

　　　　[노대 등의 면적 – (가장 긴 외벽 × 1.5m)] → (A × B) – (B × 1.5m)

　　㉢ 1층 필로티: 주차에 전용하는 경우와 공중의 통행, 차량의 통행. 공동주택의 경우에는 바닥면적에 산입 X

　　㉣ 옥상부분: ⓐ 승강기탑, ⓑ 계단탑, ⓒ 장식탑, ⓓ 층고가 1.5m 이하인 다락(경사진 지붕 형태의 경우에는 1.8m)은 바닥면적에 산입 X

　　㉤ 공동주택으로서 지상층에 설치한 ⓐ 기계실, ⓑ 전기실, ⓒ 어린이놀이터, ⓓ 조경시설, ⓔ 생활폐기물 보관시설은 바닥면적에 산입 X

　　㉥ 리모델링: 외벽에 부가하여 마감재를 설치하는 부분은 바닥면적에 산입 X

② 용적률 산정 시 연면적에서 제외되는 것

　　┌ ㉠ 지하층
　　├ ㉡ 지상층의 주차용 면적(부속용도인 경우에 한함)
　　├ ㉢ 피난안전구역의 면적
　　└ ㉣ 대피공간의 면적

③ 건축물의 높이: 지표면으로부터 건축물 상단까지의 높이(1층 전체에 필로티가 설치되어 있는 경우에는 건축물의 높이제한을 적용할 때 필로티 층고를 제외한 높이)로 한다.

> ◆ 추가정리
> 건축물의 옥상에 설치하는 승강기탑·계단탑·옥탑 등으로서 수평투영면적의 합계가 8분의 1 이하인 경우 → 그 부분의 높이가 12m를 넘는 경우에는 12m를 넘는 부분만 높이에 산입한다.

④ 처마높이: 지표면으로부터 건축물의 지붕틀 또는 이와 비슷한 수평재를 지지하는 벽·깔도리 또는 기둥의 상단까지의 높이로 한다.

⑤ 층고: 방의 바닥구조체 윗면으로부터 위층 바닥구조체 윗면까지의 높이로 한다.

⑥ 지하층은 층수에 산입하지 않는다.

⑦ 층의 구분이 명확하지 아니한 건축물: 4m마다 하나의 층으로 산정한다.

⑧ 건축물의 부분에 따라 층수가 다른 경우: 가장 많은 층수를 건축물의 층수로 본다.

POINT 07 특별건축구역, 건축협정 ☆☆

① 특별건축구역

　　㉠ 지정권자: 국토교통부장관, 시·도지사

　　㉡ 지정대상: 국토교통부장관이 지정할 수 있는 대상
　　　　→ ⓐ 혁신도시사업구역, ⓑ 택지개발사업구역, ⓒ 공공주택지구, ⓓ 도시개발구역

> ◆ 비교정리 → 개발제한구역, 자연공원, 접도구역, 보전산지는 지정할 수 없다.

　　㉢ 지정의 효과: 특별건축구역을 지정한 경우에는 도시·군관리계획의 결정(용도지역·지구·구역은 제외)이 있는 것으로 본다.

　　㉣ 적용의 배제: ⓐ 대지의 조경, ⓑ 건폐율, ⓒ 용적률, ⓓ 대지 안의 공지, ⓔ 건축물의 높이제한, ⓕ 일조 등의 확보를 위한 높이제한

　　㉤ 통합적용: ⓐ 건축물에 대한 미술작품의 설치, ⓑ 부설주차장의 설치, ⓒ 공원의 설치

　　㉥ 해제: 5년 이내에 착공이 이루어지지 아니하는 경우 해제할 수 있다.

② 건축협정

　　㉠ 건축협정의 체결: 토지 또는 건축물소유자, 지상권자 등의 전원의 합의로 건축물의 건축·대수선 또는 리모델링에 관한 건축협정을 체결할 수 있다.

　　㉡ 건축협정 체결대상 지역
　　　　┌ ⓐ 지구단위계획구역
　　　　├ ⓑ 주거환경개선사업을 시행하기 위한 정비구역
　　　　├ ⓒ 「도시재정비 촉진을 위한 특별법」에 따른 존치지역
　　　　└ ⓓ 도시재생 활성화지역

　　㉢ 건축협정운영회의 설립: 협정체결자 과반수의 동의를 받아 대표자를 선임하고, 건축협정인가권자에게 신고하여야 한다.

　　㉣ 건축협정의 인가: 협정체결자 또는 건축협정운영회의 대표자는 건축협정서를 작성하여 건축협정인가권자에게 인가를 받아야 한다.

　　㉤ 건축협정의 폐지: 협정체결자 또는 건축협정운영회의 대표자는 건축협정을 폐지하려는 경우에는 과반수의 동의를 받아 인가권자의 인가를 받아야 한다.

　　㉥ 건축협정의 승계: 건축협정이 공고된 후 건축협정구역에 있는 토지나 건축물 등에 관한 권리를 협정체결자인 소유자 등으로부터 이전받거나 설정받은 자는 협정체결자의 지위를 승계한다.

　　㉦ 통합적용대상: ⓐ 대지의 조경, ⓑ 대지와 도로의 관계, ⓒ 지하층의 설치, ⓓ 건폐율, ⓔ 부설주차장의 설치, ⓕ 개인하수시설처리시설의 설치

암기TIP 건조한 부대지개

결합건축 ☆

① <u>결합건축 대상지역</u>: 다음의 어느 하나에 해당하는 지역에서 대지 간의 최단거리가 100m 이내의 범위에서 2개의 대지의 건축주가 서로 합의한 경우 2개의 대지를 대상으로 결합건축을 할 수 있다.

> ㉠ 상업지역
> ㉡ 역세권개발구역
> ㉢ 주거환경개선사업의 시행을 위한 구역
> ㉣ 건축협정구역, 특별건축구역, 리모델링활성화구역
> ㉤ 도시재생활성화구역, 건축자산진흥구역

② <u>결합건축명세서 명시사항</u>
— ㉠ 용도지역
— ㉡ 자연인인 경우 성명, 주소 및 생년월일
— ㉢ 법인, 외국인인 경우 등록번호
— ㉣ 대지별 용적률
— ㉤ 건축계획서

③ 허가권자는 「국토의 계획 및 이용에 관한 법률」에 따른 도시·군계획사업에 편입된 대지가 있는 경우 결합건축을 포함한 건축허가를 아니할 수 있다.

④ 협정체결 유지기간: 최소 30년으로 한다. 다만, 용적률 기준을 종전대로 환원하여 신축·개축·재축하는 경우에는 그러하지 아니하다.

⑤ 결합건축협정서 폐지: 전원의 동의 + 허가권자에게 신고

⑥ 둘 이상의 대지에 걸치는 경우: 토지면적의 과반이 속하는 허가권자에게 허가신청

POINT 09 **이행강제금** ☆

① <u>부과금액</u>: ㉠ 건폐율 초과, ㉡ 용적률 초과, ㉢ 무허가, ㉣ 무신고 → 1m² 의 시가표준액의 100분의 50 × 위반면적에 대통령령으로 정하는 비율

② <u>부과비율</u>
— ㉠ 무허가: 100분의 100
— ㉡ 용적률 초과: 100분의 90
— ㉢ 건폐율 초과: 100분의 80
— ㉣ 무신고: 100분의 70

③ <u>감액대상</u>: 연면적 60m² 이하의 주거용 건축물의 경우에는 부과금액의 2분의 1의 범위에서 조례로 정하는 금액을 부과한다.

④ <u>가중부과</u>: 허가권자는 영리목적을 위한 위반이나 상습적 위반의 경우에는 부과금액의 100분의 100의 범위에서 해당 조례로 정하는 바에 따라 가중하여야 한다.

⑤ <u>부과횟수</u>: 1년에 2회 이내에서 조례로 정하는 횟수만큼 반복하여 부과·징수할 수 있다.

⑥ <u>부과의 특례</u>: 축사 등 농업용·어업용 시설로서 500m²(수도권 외의 지역에서는 1,000m²) 이하인 경우에는 5분의 1을 감경할 수 있다.

POINT 10 **건축분쟁전문위원회(분쟁위원회)**

① 조정 및 재정대상:

```
          분쟁
                    인근주민
건축주, 설계자,              │ 분쟁
시공자, 감리자              │
          분쟁        관계전문기술자
```

② 의결: 재적위원 과반수 출석 + 출석위원 과반수 찬성으로 의결한다.

③ 구성원의 수: <u>위원장과 부위원장</u> 각 1명을 포함한 15명 이내의 위원으로 구성한다.
↳ 국토교통부장관이 위촉

④ 임기: 공무원이 아닌 위원의 임기는 3년으로 하되, 연임할 수 있다.

⑤ 결격사유: 피성년후견인, 피한정후견인 또는 파산선고를 받고 복권되지 아니한 자는 분쟁위원회의 위원이 될 수 없다.

⑥ 대리인 선임: 당사자는 당사자의 배우자, 직계 존·비속 또는 형제자매, 당사자인 법인의 임직원, 변호사를 대리인으로 선임할 수 있다.

기출 OX 문제

대지와 도로 및 면적산정방법

01 제1종 근린생활시설을 의료시설로 변경하는 경우에는 허가를 받아야 한다. [24회] (O | X)

02 도시·군계획시설에서 건축하는 가설건축물의 경우에는 대지에 대한 조경의무가 있다. [23회] (O | X)

03 녹지지역에 건축하는 창고에 대해서는 조경 등의 조치를 하여야 한다. [25회] (O | X)

04 연면적의 합계가 2천m²인 공장의 대지는 너비 6m 이상의 도로에 4m 이상 접하여야 한다. [25회], [27회] (O | X)

05 일반공업지역에 있는 바닥면적의 합계가 5천m² 이상인 종합병원은 공개공지 또는 공개공간을 설치하여야 하는 건축물에 해당한다. [26회] (O | X)

06 공개공지 등의 면적은 대지면적의 100분의 10 이하의 범위에서 건축조례로 정한다. [24회] (O | X)

07 단독주택은 건축주가 착공신고 시 구조안전 확인서류를 제출하여야 하는 건축물에 해당한다. [29회] (O | X)

08 의료시설의 병실 간에는 건축물의 가구·세대 등 간 소음 방지를 위한 경계벽을 설치하여야 한다. [26회] (O | X)

09 제2종 근린생활시설 중 다중생활시설은 범죄예방기준에 따라 건축하여야 하는 건축물에 해당한다. [29회] (O | X)

10 지하층에 설치한 기계실, 전기실의 면적은 용적률을 산정할 때 연면적에 산입한다. [31회] (O | X)

11 층의 구분이 명확하지 않은 건축물은 건축물의 높이 4m마다 하나의 층으로 보고 층수를 산정한다. [21회] (O | X)

12 벽·기둥의 구획이 없는 건축물은 그 지붕 끝부분으로부터 수평거리 1m를 후퇴한 선으로 둘러싸인 수평투영면적을 바닥면적으로 한다. [29회] (O | X)

13 필로티 부분은 공동주택의 경우에는 바닥면적에 산입한다. [29회] (O | X)

14 「건축법」상 건축물의 높이제한 규정을 적용할 때, 건축물의 1층 전체에 필로티가 설치되어 있는 경우 건축물의 높이는 필로티의 층고를 제외하고 산정한다. [31회] (O | X)

15 일반상업지역에 건축하는 공동주택으로서 하나의 대지에 두 동(棟) 이상을 건축하는 경우에는 채광의 확보를 위한 높이제한이 적용된다. [25회] (O | X)

16 전용주거지역과 일반주거지역 안에서 건축하는 건축물에 대하여는 일조의 확보를 위한 높이제한이 적용된다. [25회] (O | X)

17 「도로법」에 따른 접도구역은 특별건축구역으로 지정할 수 없다. [32회] (O | X)

18 건축물의 소유자 등은 과반수의 동의로 건축물의 리모델링에 관한 건축협정을 체결할 수 있다. [27회] (O | X)

정답

01 O   **02** X (조경의무가 없다)   **03** X (녹지지역에 건축하는 건축물은 조경의무가 없다)   **04** X (연면적의 합계가 3천m² 이상이어야 한다)   **05** X (일반공업지역에 있는 종합병원은 공개공지 또는 공개공간의 설치대상 건축물에 해당하지 않는다)   **06** O   **07** O   **08** O   **09** O   **10** X (연면적에서 제외한다)   **11** O   **12** X   **13** X (필로티 부분은 공동주택의 경우에는 바닥면적에 산입하지 않는다)   **14** O   **15** X (일반상업지역에 건축하는 공동주택의 경우에는 채광의 확보를 위한 높이제한이 적용되지 않는다)   **16** O   **17** O   **18** X (건축물 소유자 전원의 합의로 건축협정을 체결할 수 있다)

건축법

01 총칙

용어	기본용어	① 지하층: 바닥에서 지표면까지의 평균 높이가 해당 층 높이의 1/2 이상 ② 고층건축물: 30층 이상 또는 120m 이상 ③ 초고층건축물: 50층 이상 또는 200m 이상
	다중이용건축물	① 바닥면적의 합계가 5천m² 이상인 문화 및 집회시설(동물원·식물원은 제외), 종교시설, 판매시설, 여객용 시설, 종합병원, 관광숙박시설 ② 16층 이상인 건축물
	준다중이용건축물	① 바닥면적의 합계가 1천m² 이상인 문화 및 집회시설(동물원·식물원은 제외), 종교시설, 판매시설, 여객용 시설, 종합병원, 관광숙박시설, 교육연구시설, 노유자시설, 운동시설, 위락시설, 관광휴게시설, 장례시설 ② 동물원·식물원, 업무시설, 수련시설, 제1종·제2종 근린생활시설은 제외
	특수구조건축물	① 한쪽 끝은 고정되고 다른 끝은 지지(支持)되지 아니한 구조로 된 보, 차양 등이 외벽의 중심선으로부터 3m 이상 돌출된 건축물 ② 기둥과 기둥 사이의 거리가 20m 이상인 건축물
적용범위	신고대상 공작물	① 옹벽·담장: 2m 초과 ② 장식탑·기념탑·첨탑·광고탑·광고판: 4m 초과 ③ 태양에너지 발전설비: 5m 초과 ④ 철탑·굴뚝: 6m 초과 ⑤ 고가수조: 8m 초과 ⑥ 기계식 주차장: 8m 이하 ⑦ 지하대피호: 바닥면적 30m² 초과
	대수선 (수선·변경)	① 내력벽: 30m² 이상 수선하거나 변경하는 것 ② 기둥·보·지붕틀: 각각 3개 이상 수선하거나 변경하는 것 ③ 건축물의 외벽 + 마감재료: 30m² 이상 수선하거나 변경하는 것
	단독주택	① 단독주택 ② 다중주택(3개 층 이하 + 660m² 이하) ③ 다가구주택(3개 층 이하 + 660m² 이하 + 19세대 이하) ④ 공관

공동주택	① 아파트(5개 층 이상)	② 연립주택(4개 층 이하 + 660m² 초과)
	③ 다세대주택(4개 층 이하 + 660m² 이하)	④ 기숙사
제1종 근린생활시설	① 일용품을 판매하는 소매점·공공업무시설(파출소 등): 1천m² 미만	
	② 의원, 치과의원, 한의원, 안마원	③ 탁구장·체육도장: 500m² 미만
	④ 마을회관, 마을공동작업소, 마을공동구판장, 공중화장실	
	⑤ 금융업소, 부동산중개사무소: 30m² 미만	⑥ 휴게음식점·제과점: 300m² 미만
제2종 근린생활시설	① 서점(제1종 근린생활시설에 해당하지 않는 것), 종포판매소, 사진관, 표구점	
	② 일반음식점	③ 장의사, 동물병원, 동물미용실
	④ 독서실, 기원	⑤ 테니스장, 골프연습장: 500m² 미만
	⑥ 금융업소, 부동산중개사무소, 결혼상담소: 500m² 미만	⑦ 다중생활시설: 500m² 미만
	⑧ 단란주점: 150m² 미만	⑨ 안마시술소 및 노래연습장
용도변경	① 허가, 신고대상 + 100m² 이상 = 사용승인 규정을 준용한다. 다만, 500m² 미만 + 대수선을 수반하지 않는 경우는 제외한다.	
	② 허가대상 + 500m² 이상 = 건축사에 의한 실게대상에 관한 규정을 준용한다.	

02 건축

건축허가	사전결정	① 사전결정통지를 받은 날부터 2년 이내에 건축허가신청의무
		② 협의기간: 15일
	특별시장·광역시장	층수가 21층 이상 또는 연면적의 합계가 10만m² 이상인 건축물(공장·창고는 제외)
	도지사의 사전승인	① 층수가 21층 이상 또는 연면적의 합계가 10만m² 이상인 건축물(공장·창고는 제외)
		② 자연환경 또는 수질보호(3층 이상 또는 연면적 합계가 1천m² 이상 + 위락시설·숙박시설·공동주택·일반업무시설·일반음식점)
	건축신고대상	① 바닥면적의 합계가 85m² 이내의 증축·개축·재축
		② 대수선(연면적 200m² 미만 + 3층 미만)
		③ 연면적의 합계가 100m² 이하인 건축물의 건축
		④ 건축물의 높이 3m 이하의 증축
		⑤ 공업지역·산업단지·지구단위계획구역(비도시지역) 안에 건축하는 500m² 이하 + 2층 이하인 공장
		⑥ 창고(200m² 이하), 축사(400m² 이하)
		⑦ 대수선 중 내력벽, 기둥, 보, 지붕틀, 방화벽(구획), 주계단, 피난계단 및 특별피난계단을 수선하는 행위

	가설건축물	① 허가대상: 층수가 3층 이하·존치기간 3년 이내 – 만료일 14일 전 연장신청 ← 특별자치시장·특별자치도지사 또는 시장·군수·구청장: 30일 전 존치기간 만료일 통지 ② 신고대상: 존치기간 3년 이내–만료일 7일 전 연장신고 ← 특별자치시장·특별자치도지사 또는 시장·군수·구청장: 30일 전 존치기간 만료일 통지
	건축허가취소	① 허가를 받은 후 2년(공장은 3년) 이내에 착수하지 아니한 경우 → 허가를 취소하여야 한다. ② 착공기간 이내에 공사에 착수하였으나 공사완료가 불가능한 경우 → 허가를 취소하여야 한다. ③ 건축주가 대지의 소유권을 상실한 때부터 6개월이 경과한 이후 공사의 착수가 불가능하다고 판단되는 경우 → 허가를 취소하여야 한다.
	건축허가 및 착공의 제한	① 국토교통부장관 → 국토관리 또는 주무부장관이 요청(국방, 문화재 보존, 환경보전 또는 국민경제) ② 특별시장·광역시장·도지사 → 지역계획이나 도시·군계획 → 국토교통부장관에게 즉시 보고하여야 하며, 보고를 받은 국토교통부장관은 제한의 내용이 지나치다고 인정되면 해제를 명할 수 있다. ③ 제한기간: 2년 이내로 한다. 다만, 1회에 한하여 1년 이내에서 연장할 수 있다.
	안전관리예치금	① 연면적 1천m² 이상인 건축물 + 공사비의 1% 이내에서 예치하게 할 수 있다. ② 공사중단기간이 2년 이상인 경우에는 예치금을 사용하여 안전관리 개선을 위한 조치를 할 수 있다.
사용승인	사용승인서 교부	신청을 받은 날부터 7일 이내에 검사를 실시하고 합격된 건축물에 대하여 사용승인서를 내주어야 한다.
	임시사용승인기간	2년 이내로 한다. 대형건축물 등 공사기간이 긴 건축물에 대하여는 연장할 수 있다.

03 대지 · 도로

	옹벽	경사도가 1:1.5 이상 + 높이가 1m 이상인 경우에는 옹벽 설치의무(높이가 2m 이상은 콘크리트 구조)
	대지의 조경	대지면적 200m² 이상, 옥상조경(옥상조경 면적의 2/3 → 대지조경 면적으로 인정. 50/100까지 의제)
대지	대지의 분할제한	① 주거: 60m² 미만 ② 상업: 150m² 미만 ③ 공업: 150m² 미만 ④ 녹지: 200m² 미만 ⑤ 기타(관리지역·농림지역·자연환경보전지역): 60m² 미만

공개공지	대상 건축물	① 대상지역: 일반주거지역, 준주거지역, 상업지역, 준공업지역 ② 바닥면적의 합계가 5천m² 이상 ③ 문화 및 집회시설, 종교시설, 판매시설(농수산물유통시설은 제외), 운수시설(여객용 시설만 해당), 숙박시설, 업무시설
	설치면적	① 대지면적의 100분의 10 이하의 범위에서 건축조례로 정한다. ② 연간 60일 내의 기간 동안 조례로 정하는 바에 따라 문화행사를 열거나 판촉활동을 할 수 있다.
	완화적용	① 용적률 1.2배 이하에서 완화하여 적용한다. ② 건축물의 높이제한: 1.2배 이하에서 완화하여 적용한다.
도로	도로의 종류	① 통행도로: 보행과 자동차 통행이 가능한 너비 4m 이상 ② 자동차 통행이 불가능한 도로: 너비 3m 이상 ③ 막다른 도로 　㉠ 10m 미만: 2m 이상 　㉡ 10m 이상∼35m 미만: 3m 이상 　㉢ 35m 이상: 6m 이상(도시지역이 아닌 읍·면: 4m 이상)
대지와 도로의 관계	접도의무	① 건축물이 있는 대지는 2m 이상이 도로에 접하여야 한다. ② 연면적 합계가 2천m²(공장인 경우에는 3천m²) 이상인 건축물(축사, 작물재배사는 제외) → 너비 6m 이상인 도로에 4m 이상 접하여야 한다.
	건축선	① 소요너비에 미달하는 도로에서의 건축선 　㉠ 도로 중심선에서 소요너비 1/2을 후퇴한 선(도로 양쪽에 대지가 있는 경우) 　㉡ 하천, 철도, 경사지 등이 있는 쪽의 도로경계선 → 소요너비만큼 후퇴한 선(도로의 반대쪽의 경사지, 하천, 철도, 선로부지 등이 있는 경우) ② 모퉁이 건축선: 4m 이상∼8m 미만인 도로 + 120° 미만인 도로 → 2m, 3m, 4m 후퇴 ③ 지정건축선: 특별자치시장·특별자치도지사·시장·군수·구청장이 도시지역에서 4m 이하의 범위에서 따로 지정할 수 있다. ④ 건축선에 따른 건축제한: 도로면으로부터 높이 4.5m 이하의 출입구, 창문은 건축선의 수직면을 넘지 아니하는 구조로 하여야 한다.

04 구조 · 설비

구조	구조안전 확인서류의 제출대상	① 층수가 2층(목구조 건축물의 경우에는 **3층**) 이상인 건축물 ② 연면적 200m²(목구조 건축물의 경우에는 **500m²**) 이상인 건축물(창고, 축사, 작물재배사는 제외) ③ 높이가 13m 이상인 건축물 ④ 처마 높이가 9m 이상인 건축물 ⑤ 기둥과 기둥 사이의 거리가 10m 이상인 건축물 ⑥ 단독주택 및 공동주택
설비	직통계단	보행거리가 30m 이하가 되도록 설치하여야 한다.
	옥상광장 설치대상	5층 이상인 층이 문화 및 집회시설(전시장 및 동·식물원은 제외), 종교시설, 판매시설, 주점영업, 장례시설
	난간	옥상광장 또는 2층 이상인 층에 있는 노대 주위에는 높이 1.2m 이상의 난간을 설치하여야 한다. 다만, 그 노대 등에 출입할 수 없는 구조인 경우에는 그러하지 아니하다.
	헬리포트	층수가 11층 이상인 건축물로서 11층 이상인 층의 바닥면적의 합계가 1만m² 이상인 건축물의 옥상에는 헬리포트를 설치하여야 한다.
	피난안전구역	초고층건축물에는 피난층 또는 지상으로 통하는 직통계단과 직접 연결되는 피난안전구역을 지상층으로부터 최대 30개 층마다 1개소 이상 설치하여야 한다.
면적산정	건축면적	처마 끝부분부터 한옥은 2m, 전통사찰은 4m 후퇴
	바닥면적	① 산입: 벽·기둥의 구획이 없는 건축물 → 지붕 끝에서 1m 후퇴 ② 제외: 다락은 층고가 1.5m(경사지붕 1.8m) 이하
	높이 및 층수	승강기탑·계단탑·장식탑의 수평투영면적의 합계가 건축면적의 1/8 이하(공동주택 중 전용면적이 85m² 이하인 경우에는 1/6 이하) → 높이 12m를 초과하는 부분만 높이에 산입하고, 층수에는 산입하지 아니한다.

05 높이제한

일조 등의 확보	전용주거지역 · 일반주거지역	① 원칙: 정북방향 　㉠ 건축물의 높이 9m 이하 → 인접대지경계선으로부터 1.5m 이상 　㉡ 건축물의 높이 9m 초과 → 건축물 각 부분의 높이 1/2 이상 ② 예외: 정남방향 　㉠ 도시개발구역 　㉡ 정비구역 　㉢ 정북방향으로 도로, 공원, 하천 등이 있는 경우 　㉣ 정북방향으로 접하고 있는 대지의 소유자와 합의한 경우
	공동주택	일반상업지역과 중심상업지역에 건축하는 공동주택은 일조 등의 확보를 위한 높이제한을 적용하지 않는다.
	적용 제외	2층 이하로서 높이가 8m 이하인 건축물에는 조례로 정하는 바에 따라 일조 등의 확보를 위한 높이제한을 적용하지 아니할 수 있다.

06 보칙

이행강제금	부과(집행벌)	① 건폐율 초과 · 용적률 초과 · 무허가 · 무신고 → 1m²당 시가표준액 50%에 위반면적을 곱한 금액 이하의 범위에서 대통령령으로 정하는 비율(건폐율 초과: 80/100, 용적률 초과: 90/100, 무허가: 100/100, 무신고: 70/100)을 곱한 금액 → 1년에 2회 이내의 범위에서 조례로 정하는 횟수만큼 부과 · 징수할 수 있다. ② 주거용 건축물로서 연면적 60m² 이하인 건축물 → 부과금액의 1/2 이하의 범위에서 조례로 정하는 금액을 부과한다. ③ 가중부과: 영리목적을 위한 위반이나 상습적 위반의 경우 → 부과금액의 100분의 100의 범위에서 가중하여야 한다. ④ 부과횟수: 1년에 2회 이내에서 조례로 정하는 횟수만큼 반복하여 부과 · 징수할 수 있다. ⑤ 감경: 축사 등 농업용 · 어업용 시설로서 500m²(수도권 외의 지역에서는 1천m²) 이하인 경우 → 5분의 1을 감경할 수 있다.

PART 5

주택법

40문제 중
7문제 출제

17.5%

사업주체 ➡ **사업계획승인** ➡ **착수** ➡ **사용검사** ➡ **주택의 공급** ➡ **주택의 리모델링**

- 사업주체
  - 등록사업자
  - 주택조합
    - 지역주택조합
    - 직장주택조합
    - 리모델링주택조합

- 사업계획승인
  - 30호(한옥은 50호) 이상의 단독주택건설
  - 30세대 이상의 공동주택건설
  - 1만m² 이상의 대지조성사업
  - 매도청구
  - 승인 여부 통보: 60일 이내

- 착수
  - (5년)
    - 2공구: 2년

- 사용검사
  - 사업주체 → 시장·군수·구청장

- 주택의 공급
  - 입주자모집공고승인
  - 분양가상한제
  - 저당권설정제한
  - 투기과열지구 및 전매제한
  - 공급질서교란금지

- 주택의 리모델링
  - 리모델링 허가기준 (리모델링주택조합: 주택단지 전체를 리모델링하는 경우 → 전체 75% 이상 + 동별 50% 이상 동의)
  - 리모델링 기본계획 수립 및 고시
    - 수립권자: 특별시장, 광역시장, 대도시 시장
      - 도지사 승인

1. 용어의 정의

(1) 주택: 세대원이 장기간 독립된 주거생활을 할 수 있는 구조로 된 건축물 + 부속토지

(2) 국민주택: ① 국가, 지자체, 토지주택공사, 지방공사가 건설 + 주거전용면적 85m² 이하의 주택
　　　　　　② 국가·지자체의 재정 또는 주택도시기금 + 주거전용면적 85m² 이하의 주택

(3) 도시형 생활주택: 300세대 미만의 국민주택규모에 해당하는 주택으로서 도시지역에 건설하는 주택

원룸형 주택	① 세대별 주거전용면적은 50m² 이하일 것 ② 세대별로 독립된 주거가 가능하도록 욕실, 부엌을 설치할 것 ③ 욕실과 보일러실을 제외한 부분을 하나의 공간으로 구성할 것 　다만, 30m² 이상인 경우 두 개의 공간으로 구성할 수 있다. ④ 지하층에 세대를 설치하지 아니할 것
단지형 연립주택	건축위원회의 심의를 받은 경우에는 5개 층까지 건축할 수 있다.
단지형 다세대주택	건축위원회의 심의를 받은 경우에는 5개 층까지 건축할 수 있다.

* 하나의 건축물에는 도시형 생활주택과 그 밖의 주택을 함께 건축할 수 없다.
　→ 준주거지역, 상업지역은 원룸형 주택 + 도시형 생활주택 외의 주택을 함께 건축할 수 있다.

(4) 준주택: 오피스텔, 노인복지주택, 기숙사, 다중생활시설

(5) 단위규모(주거전용면적)

국민주택규모: 85m² 이하(수도권을 제외한 도시지역이 아닌 읍·면 지역은 100m² 이하)

(6) 공공택지: 공공사업에 따라 개발·조성되는 공동주택이 건설되는 용지

(7) 주택단지: 주택 + 부대시설 + 복리시설을 건설하거나 대지로 조성하는 데 사용되는 일단의 토지.
　　　　　　다만, 다음의 시설로 분리된 토지는 별개의 주택단지로 본다.

① 철도, 고속도로, 자동차전용도로 ② 폭 20m 이상인 일반도로 ③ 폭 8m 이상인 도시계획예정도로

(8) 부대시설: 주택에 딸린 주차장, 관리사무소, 담장, 주택단지 안의 도로 등

(9) 복리시설: 어린이놀이터, 근린생활시설, 유치원, 주민운동시설 및 경로당 등

(10) 간선시설: 주택단지 안의 기간시설을 주택단지 밖에 있는 같은 종류의 기간시설에 연결시키는 시설
　　　　　　(가스·통신·지역난방시설은 주택단지 안의 시설을 포함)

(11) 사업주체: 사업계획승인(주택건설, 대지조성)을 받아 그 사업을 시행하는 자

(12) 리모델링: 건축물의 노후화 억제 또는 기능 향상 등을 위하여 대수선하거나 15년이 경과 + 전용면적 30%(85m² 미만은 40%) 이내 + 세대수 15% 이내에서 증축하는 행위. 수직증축의 경우에는 기존 층수가 14층 이하인 경우에는 2개 층, 15층 이상인 경우에는 3개 층까지 증축 가능

2. 주택의 건설

(1) 사업주체

① 단독사업주체

공공사업주체	국가, 지방자치단체, 한국토지주택공사, 지방공사
등록사업자 (국장에게 등록)	㉠ 주택건설사업[연간 20호(20세대) 이상] ㉡ 대지조성사업(연간 1만m² 이상)

② 공동사업주체: 토지소유자 + 등록사업자(임의적), 주택조합(세대수를 증가하지 아니하는 리모델링주택조합은 제외) + 등록사업자(임의적), 고용자 + 등록사업자(의무)

(2) 주택건설(대지조성)사업의 시행 　→ 한옥은 50호 이상

① 사업계획승인대상(단독주택은 30호 이상 또는 공동주택은 30세대 이상, 대지 1만m² 이상)

승인신청 ➡ **통보(60일 이내)** ➡ **승인** ➡ **5년 이내에 착수** ➡ **시공/감리** ➡ **사용검사**
　　　　　　　　　　　　　　　　　　　　　　　　　　　　　　　　　　　　기간: 15일 이내

② 국공유지 우선매각: 국민주택규모의 주택을 50% 이상 건설하는 사업주체, 주택조합

③ 체비지 우선매각: 국민주택용지로 사용하는 사업주체, 양도가격: 감정가격

◆ **주택조합의 설립(조합설립인가. 다만, 국민주택공급 + 직장주택조합 = 신고)**

구분	조합원의 자격 요건	조합원의 교체 및 신규가입
지역주택조합	① 같은 지역에 6개월 이상 거주할 것 ② 조합설립인가신청일로부터 조합주택의 입주 가능일까지 주택을 소유하지 아니하거나 주거전용면적이 85m² 이하의 주택 1채를 소유한 세대주	① 대상: 지역주택조합 및 직장주택조합 ② 원칙: 조합설립인가를 받은 후 조합원을 교체하거나 신규로 가입하게 할 수 없다. ③ 예외: 충원 가능한 사유 　㉠ 조합원의 사망 　㉡ 사업계획승인 이후에 입주자로 선정된 지위가 양도·증여·판결 등으로 변경 　㉢ 조합원의 탈퇴 → 주택건설예정세대수의 50% 미만 　㉣ 조합원이 무자격자로 판명되어 자격을 상실한 경우 　㉤ 주택건설예정세대수가 변경되어 조합원 수가 변경된 세대수의 50% 미만
직장주택조합	① 같은 국가·지방자치단체·법인에 근무하는 자 ② 조합설립인가신청일로부터 조합주택의 입주 가능일까지 주택을 소유하지 아니하거나 주거전용면적 85m² 이하의 주택 1채를 소유한 세대주 * 국민주택을 공급받기 위한 직장주택조합은 설립 신고로 가능 → 무주택자에 한하여 조합원 가능	
리모델링주택조합	① 공동주택과 복리시설의 소유자 ② 대수선인 리모델링은 사용검사를 받은 후 10년 이상의 기간이 경과할 것(증축인 리모델링은 15년 경과할 것)	

사업주체 ➡ **사업계획승인** ➡ **착수** ➡ **사용검사** ➡ **주택의 공급** ➡ **주택의 리모델링**

사업주체
- 등록사업자
- 주택조합
  - 지역주택조합
  - [　]
  - 리모델링주택조합

사업계획승인
- 30호(한옥은 50호) 이상의 단독주택건설
- 30세대 이상의 공동주택건설
- 1만m² 이상의 대지조성사업
- [　]
- 승인 여부 통보: 60일 이내

착수
- (5년)
  - 2공구: [　]

사용검사
- 사업주체 → 시장·군수·구청장

주택의 공급
- 입주자모집공고승인
- [　]
- 저당권설정제한
- [　] 및 전매제한
- 공급질서교란금지

주택의 리모델링
- 리모델링 허가기준
  (리모델링주택조합: 주택단지 전체를 리모델링하는 경우 → 전체 [　] 이상 + 동별 [　] 이상 동의)
- 리모델링 기본계획 수립 및 고시
  - 수립권자: 특별시장, 광역시장, 대도시 시장
    - 도지사 승인

1. 용어의 정의

(1) 주택: 세대원이 장기간 독립된 주거생활을 할 수 있는 구조로 된 건축물 + [　]

(2) [　] : ① 국가, 지자체, [　], 지방공사가 건설 + 주거전용면적 [　] 이하의 주택
② 국가·지자체의 재정 또는 주택도시기금 + 주거전용면적 [　] 이하의 주택

(3) 도시형 생활주택: [　] 미만의 국민주택규모에 해당하는 주택으로서 도시지역에 건설하는 주택

[　]	① 세대별 주거전용면적은 [　] 이하일 것 ② 세대별로 독립된 주거가 가능하도록 욕실, 부엌을 설치할 것 ③ 욕실과 보일러실을 제외한 부분을 하나의 공간으로 구성할 것 　　다만, [　] 이상인 경우 두 개의 공간으로 구성할 수 있다. ④ 지하층에 세대를 설치하지 아니할 것
단지형 연립주택	건축위원회의 심의를 받은 경우에는 5개 층까지 건축할 수 있다.
단지형 다세대주택	건축위원회의 심의를 받은 경우에는 5개 층까지 건축할 수 있다.

* 하나의 건축물에는 도시형 생활주택과 그 밖의 주택을 함께 건축할 수 없다.
→ 준주거지역, [　]은 원룸형 주택 + 도시형 생활주택 외의 주택을 함께 건축할 수 있다.

(4) 준주택: [　], 노인복지주택, [　], 다중생활시설

(5) 단위규모(주거전용면적)

국민주택규모: 85m² 이하(수도권을 제외한 도시지역이 아닌 읍·면 지역은 [　] 이하)

(6) 공공택지: 공공사업에 따라 개발·조성되는 [　]이 건설되는 용지

(7) 주택단지: 주택 + 부대시설 + 복리시설을 건설하거나 대지로 조성하는 데 사용되는 일단의 토지.
다만, 다음의 시설로 분리된 토지는 [　]의 주택단지로 본다.

① 철도, 고속도로, 자동차전용도로　　② 폭 [　] 이상인 일반도로 ③ 폭 [　] 이상인 도시계획예정도로

(8) 부대시설: 주택에 딸린 [　], 관리사무소, 담장, 주택단지 안의 도로 등

(9) 복리시설: 어린이놀이터, 근린생활시설, [　], 주민운동시설 및 경로당 등

(10) 간선시설: 주택단지 안의 기간시설을 주택단지 밖에 있는 같은 종류의 기간시설에 연결시키는 시설
(가스·통신·지역난방시설은 주택단지 안의 시설을 포함)

(11) 사업주체: 사업계획승인(주택건설, 대지조성)을 받아 그 사업을 시행하는 자

(12) 리모델링: 건축물의 노후화 억제 또는 기능 향상 등을 위하여 대수선하거나 [　]이 경과 + 전용면적
30%(85m² 미만은 [　]) 이내 + 세대수 [　] 이내에서 증축하는 행위. 수직증축의 경우에는
기존 층수가 14층 이하인 경우에는 [　], 15층 이상인 경우에는 [　]까지 증축 가능

2. 주택의 건설

(1) 사업주체
① 단독사업주체

공공사업주체	국가, 지방자치단체, 한국토지주택공사, 지방공사
등록사업자 (국장에게 등록)	㉠ 주택건설사업[연간 [　] (20세대) 이상] ㉡ 대지조성사업[연간 [　] 이상]

② 공동사업주체: 토지소유자 + 등록사업자(임의적), 주택조합(세대수를 증가하지 아니하는 리모델링주택조합은 제외) + 등록사업자(임의적), [　] + 등록사업자(의무)

(2) 주택건설(대지조성)사업의 시행　　→ 한옥은 [　] 이상
① 사업계획승인대상(단독주택은 30호 이상 또는 공동주택은 [　] 이상, 대지 [　] 이상)

승인신청 ➡ **통보(60일 이내)** ➡ **승인** ➡ **5년 이내에 착수** ➡ **시공/감리** ➡ **사용검사**

기간: 15일 이내

② 국공유지 우선매각: 국민주택규모의 주택을 [　] 이상 건설하는 사업주체, 주택조합
③ 체비지 우선매각: 국민주택용지로 사용하는 사업주체, 양도가격: [　]

◈ 주택조합의 설립(조합설립인가. 다만, 국민주택공급 + 직장주택조합 = [　])

구분	조합원의 자격 요건	조합원의 교체 및 신규가입
지역주택 조합	① 같은 지역에 [　] 이상 거주할 것 ② 조합설립인가신청일로부터 조합주택의 입주 가능일까지 주택을 소유하지 아니하거나 주거전용면적이 [　] 이하의 주택 1채를 소유한 세대주	① 대상: 지역주택조합 및 직장주택조합 ② 원칙: 조합설립인가를 받은 후 조합원을 교체하거나 신규로 가입하게 할 수 없다. ③ 예외: 충원 가능한 사유 　㉠ 　㉡ 사업계획승인 이후에 입주자로 선정된 지위가 양도·증여·판결 등으로 변경 　㉢ 조합원의 탈퇴 → 주택건설예정세대수의 　㉣ 조합원이 무자격자로 판명되어 자격을 상실한 경우 　㉤ 주택건설예정세대수가 변경되어 조합원 수가 변경된 세대수의 50% 미만
직장주택 조합	① 같은 국가·지방자치단체·법인에 근무하는 자 ② 조합설립인가신청일로부터 조합주택의 입주 가능일까지 주택을 소유하지 아니하거나 주거전용면적 85m² 이하의 주택 1채를 소유한 세대주 * [　]을 공급받기 위한 직장주택조합은 설립 [　]로 가능 → [　]에 한하여 조합원 가능	
리모델링 주택조합	① 공동주택과 복리시설의 소유자 ② 대수선인 리모델링은 사용검사를 받은 후 10년 이상의 기간이 경과할 것(증축인 리모델링은 [　] 경과할 것)	

97

핵심 POINT

| **목표정답수** | 총 7문제 중 5문제 이상

POINT 01 용어의 정의(1) ★★★☆

- 단독주택: 단독주택, 다중주택, 다가구주택(공관 X)
- 공동주택: 아파트, 연립주택, 다세대주택(기숙사 X)
- 국민주택
  - ① 국가, 지방자치단체, 한국토지주택공사, 지방공사가 건설한 주택 + 85m² 이하인 주택(수도권을 제외한 도시지역이 아닌 읍 또는 면은 100m² 이하)
  - ② 국가, 지방자치단체의 재정 또는 주택도시기금의 자금을 지원받아 건설되는 주택 + 85m² 이하인 주택(수도권을 제외한 도시지역이 아닌 읍 또는 면은 100m² 이하)
- 민영주택: 국민주택을 제외한 주택을 말한다.
- 준주택: 오피스텔, 노인복지주택, 기숙사(학생복지주택 및 공공매입주택 중 독립된 주거의 형태를 갖추지 않은 것을 포함), 다중생활시설 **알기TIP** 오노기다
- 원룸형 주택: 주거전용면적은 50m² 이하일 것. 주거전용면적이 30m² 이상이면 두 개의 공간으로 구성할 수 있다.
- 준주거지역 또는 상업지역: 하나의 건축물에 원룸형 주택 + 도시형 생활주택 외의 주택을 함께 건축할 수 있다.
- 사업계획승인을 받아 건설한 세대구분형 공동주택
  - ① 구분소유를 할 수 없는 주택
  - ② 전체 세대수(주거전용면적)의 3분의 1을 넘을 수 없다.
- 「공동주택관리법」에 따라 허가를 받거나 신고를 하고 설치한 세대구분형 공동주택
  - ① 기존 세대를 포함하여 2세대 이하일 것
  - ② 공동주택 전체 세대수의 10분의 1과 해당 동의 세대수의 3분의 1을 각각 넘지 않을 것
- 별개의 주택단지 ─ 폭 20m 이상의 일반도로 ─┐ 분리된 토지
  - 폭 8m 이상의 도시계획예정도로 ─┘

POINT 02 용어의 정의(2) ★★★☆

- 부대시설: 주차장, 관리사무소, 담장, 도로, 경비실, 자전거보관소, 조경시설, 공중화장실
- 복리시설: 어린이놀이터, 근린생활시설, 유치원, 경로당, 주민운동시설, 소매시장, 상점, 노유자시설, 종교시설
- 간선시설: 주택단지 안의 기간시설을 주택단지 밖의 기간시설에 연결시키는 시설을 말한다. 다만, 가스·통신·지역난방시설은 주택단지 안의 시설을 포함한다.
- 공공택지: 공공사업(산업단지개발사업, 공공주택지구조성사업, 수용방식으로 시행하는 도시개발사업, 혁신도시개발사업) + 공동주택건설용지
- 리모델링
  - ① 대수선
  - ② 증축 ─ ㉠ 15년 경과 + 주거전용면적 30% 이내에서 증축 (주거전용면적 85m² 미만 → 40% 증축)
    - ㉡ 세대수 15% 이내 + 수직 증축 (기존 층수가 14층 이하인 경우 → 2개 층 이하, 15층 이상인 경우 → 3개 층 이하까지 증축 가능)
- 공구: 하나의 주택단지에서 착공신고 및 사용검사를 별도로 수행할 수 있는 구역
  - → 공구별 세대수는 300세대 이상(전체 세대수는 600세대 이상) + 공구 간 경계는 6m 이상일 것

POINT 03 주택조합(1) ★★☆

- 지역주택조합과 직장주택조합
  - : 조합설립인가신청 시 80% 이상의 토지의 사용권원을 확보하고 주택건설대지의 15% 이상
    의 토지의 소유권을 확보하여 시장·군수·구청장에게 제출
- 리모델링주택조합
  - ① 전체를 리모델링하는 경우 → 전체 3분의 2 이상의 결의 + 동별 과반수 결의
  - ② 동을 리모델링하는 경우 → 동의 3분의 2 이상의 결의
    - : 조합설립인가 결의서 + [대수선: 10년, 증축: 15년] 이상의 기간이 경과하였음을
      증명하는 서류를 제출할 것
- 지역주택조합과 직장주택조합의 조합원
  - : 무주택세대주 또는 85m² 이하의 주택을 1채 소유한 세대주
- 국민주택 + 직장주택조합 → 시장·군수·구청장에게 신고(조합원은 무주택자에 한함)
- 주택의 우선공급: 지역주택조합과 직장주택조합(리모델링주택조합은 제외)
- 지역주택조합과 직장주택조합
  - : 조합설립인가를 받는 날부터 사용검사를 받는 날까지 주택건설예정세대수(임대주택 세대
    수는 제외)의 50% 이상이 조합원 + 조합원은 20명 이상이어야 한다.
- 총회의 의결(조합원 100분의 20 이상이 직접 출석)
  - ① 자금의 차입과 그 방법·이자율 및 상환방법
  - ② 예산으로 정한 사항 외에 조합원에게 부담이 될 계약의 체결
  - ③ 사업비의 조합원별 분담 명세 확정 및 변경
  - ④ 시공자의 선정·변경
  - ⑤ 조합임원의 선임 및 해임
  - ⑥ 업무대행자의 선정·변경 및 업무대행계약의 체결
  - ⑦ 조합해산의 결의 및 해산 시의 회계보고
- 충원이 가능한 사유: ① 조합원의 사망, ② 세대수의 50% 미만이 되는 경우
- 추가모집에 따른 자격요건 판단 시점: 조합설립인가신청일
- 추가모집에 따른 변경인가신청: 사업계획승인신청일
- 지역주택조합과 직장주택조합: 조합설립인가를 받은 후 2년 이내에 사업계획승인(사업계획
  승인대상이 아닌 리모델링주택조합은 허가)을 신청하여야
  한다.

POINT 04 주택조합(2) ★★☆

- 조합원의 모집
  - 원칙: 해당 주택건설대지의 50% 이상에 해당하는 토지의 사용권원 확보 → 시장·군
    수·구청장 신고 + 공개모집
  - 예외: 충원하거나 재모집하는 경우에도 신고하지 아니하고 선착순의 방법으로 조합원
    을 모집할 수 있다.
- 조합임원의 결격사유
  - ① 금고 이상의 선고유예를 받고 선고유예기간 중에 있는 사람
  - ② 법원의 판결 등으로 자격이 상실 또는 정지된 사람
  - ③ 공동사업주체인 등록사업자 또는 업무대행자의 임직원
- 조합가입 철회
  - ① 모집주체는 가입비 등을 예치기관에 예치하도록 하여야 한다.
  - ② 주택조합의 가입을 신청한 자는 30일 이내에 청약철회할 수 있다.
  - ③ 청약철회는 서면을 발송한 날에 효력이 발생한다.
  - ④ 모집주체는 7일 이내에 가입비 반환을 요청하여야 한다.
  - ⑤ 예치기관의 장은 10일 이내에 반환하여야 한다.
  - ⑥ 모집주체는 청약철회를 이유로 위약금 또는 손해배상을 청구할 수 없다.
- 조합설립인가의 취소: ~ 할 수 있다.
- 주택조합의 해산 및 종결
  - 해산 여부 결정: 주택조합은 설립인가를 받은 날부터 3년이 되는 날까지 사업계획승인을
    받지 못한 경우 → 총회의 의결을 거쳐 해산 여부를 결정하여야 한다.
  - 종결 여부 결정: 주택조합의 발기인은 조합원 모집신고가 수리된 날부터 2년이 되는 날
    까지 조합설립인가를 받지 못한 경우 → 주택조합 가입신청자 전원으
    로 구성되는 총회의 의결을 거쳐 주택조합사업의 종결 여부를 결정하
    여야 한다. → 가입신청자 3분의 2 이상의 찬성으로 의결한다.

99

핵심 POINT

POINT 05 사업계획승인 ☆☆☆

- 사업계획승인대상: ① 단독주택은 30호(한옥은 50호 이상), ② 공동주택은 30세대 이상, ③ 대지는 1만㎡ 이상
- 사업계획승인권자(60일 이내 통보)
  - ① 대지면적이 10만㎡ 이상: 시·도지사 또는 대도시 시장
  - ② 대지면적이 10만㎡ 미만: 특별시장, 광역시장, 특별자치시장, 특별자치도지사, 시장, 군수
  - ③ 사업주체가 국가 또는 한국토지주택공사: 국토교통부장관
  - ④ 국토교통부장관이 지정·고시하는 지역: 국토교통부장관
- 사업계획승인의 변경: 사업주체가 국가, 지방자치단체, 한국토지주택공사, 지방공사인 경우로 ① 총사업비의 20% 범위에서 증감하는 경우, ② 대지면적의 20% 범위에서 증감하는 경우, ③ 건축물의 설계와 용도별 위치를 변경하지 아니하는 범위에서의 건축물의 배치조정 및 주택단지 안의 도로의 선형변경의 경우에는 변경승인을 받지 않아도 된다.
- 착공신고: 사업계획승인권자는 착공신고를 받은 날부터 20일 이내에 신고수리 여부를 신고인에게 통지하여야 한다.
- 착수: 사업계획승인을 받은 날부터 5년(소송진행으로 공사 착수가 지연되는 경우 1년의 범위에서 연장 가능) 이내에 착수하여야 한다. → 착수하지 않으면 승인을 취소할 수 있다(2공구: 2년, 취소할 수 없다).
- 사업계획승인의 취소사유(분양보증이 된 경우는 제외)
  - ① 사업주체가 대지소유권을 상실한 경우
  - ② 파산 등으로 공사완료가 불가능한 경우
- 국공유지의 우선 매각: ① 국민주택규모의 주택을 50% 이상 건설하는 사업주체, ② 주택조합
- 국공유지를 임차한 자가 2년 이내에 착수 X: 임대계약을 취소할 수 있다.
- 체비지 양도가격: 감정가격. 다만, 85㎡ 이하의 임대주택 또는 60㎡ 이하의 국민주택을 건설하는 경우에는 조성원가를 기준으로 할 수 있다.

POINT 06 매도청구 ☆☆☆

- 지구단위계획구역에서 매도청구
  - ① 매도청구대상: 대지(건축물을 포함)
  - ② 매도청구가격: 시가
  - ③ 협의기간: 3개월 이상
  - ④ 95% 이상 사용권원 확보: 모든 소유자
  - ⑤ 95% 미만 사용권원 확보: 10년 이전에 소유권을 확보하여 계속 보유한 자에게는 매도청구할 수 없다.
  - ⑥ 리모델링주택조합: 리모델링 결의에 찬성하지 아니한 자에게 매도청구할 수 있다.
- 주택소유자의 매도청구
  - ① 매도청구대상: 주택의 소유자 → 토지의 소유권을 회복한 자(실소유자)
  - ② 매도청구가격: 시가
  - ③ 대표자선정: 4분의 3 이상의 동의
  - ④ 매도청구요건: 전체 대지면적의 5% 미만
  - ⑤ 송달기간: 2년 이내
  - ⑥ 판결효력: 주택의 소유자 전체에 대하여 효력이 있다.
  - ⑦ 구상권 행사: 비용의 전부(소유자 → 사업주체)

기출 OX 문제

용어의 정의

01 주택이란 세대의 구성원이 장기간 독립된 주거생활을 할 수 있는 구조로 된 건축물의 전부 또는 일부를 말하며, 그 부속토지는 제외한다. [30회] (O | X)

02 2층의 공관과 3층의 기숙사는 주택법령상 주택에 해당한다. [29회] (O | X)

03 단독주택에는 「건축법 시행령」에 따른 다가구주택이 포함되지 않는다. [30회] (O | X)

04 「건축법 시행령」에 따른 다중생활시설은 '준주택'에 해당하지 않는다. [31회] (O | X)

05 주택단지에 딸린 어린이놀이터, 근린생활시설, 유치원, 주민운동시설, 지역난방공급시설 등은 부대시설에 포함된다. [30회] (O | X)

06 '간선시설'이란 도로·상하수도·전기시설·가스시설·통신시설·지역난방시설 등을 말한다. [31회] (O | X)

07 방범설비와 건축설비는 '복리시설'에 해당한다. [31회], [32회] (O | X)

08 주민공동시설은 '부대시설'에 해당한다. [31회] (O | X)

09 주택단지에 해당하는 토지가 폭 8m 이상인 도시계획예정도로로 분리된 경우, 분리된 토지를 각각 별개의 주택단지로 본다. [30회], [32회] (O | X)

10 폭 10m인 일반도로로 분리된 토지는 각각 별개의 주택단지이다. [28회], [32회] (O | X)

11 공구란 하나의 주택단지에서 둘 이상으로 구분되는 일단의 구역으로서 공구별 세대수는 200세대 이상으로 해야 한다. [28회] (O | X)

12 500세대인 국민주택규모의 원룸형 주택은 도시형 생활주택에 해당한다. [28회], [32회] (O | X)

13 「산업입지 및 개발에 관한 법률」에 따른 산업단지개발사업에 의하여 개발·조성되는 공동주택이 건설되는 용지는 '공공택지'에 해당한다. [28회] (O | X)

14 한국토지주택공사가 수도권에 건설한 주거전용면적이 1세대당 80m²인 아파트는 '국민주택'에 해당한다. [29회] (O | X)

15 주택도시기금으로부터 자금을 지원받아 건설되는 1세대당 주거전용면적 84m²인 주택은 '국민주택'에 해당한다. [31회] (O | X)

정답

01 X (주택이란 세대의 구성원이 장기간 독립된 주거생활을 할 수 있는 구조로 된 건축물의 전부 또는 일부 및 그 부속토지를 말한다)　**02** X (공관과 기숙사는 주택법령상 주택에 해당하지 않는다)
03 X (단독주택에는 「건축법 시행령」에 따른 다가구주택이 포함된다)　**04** X (다중생활시설은 준주택에 해당한다)　**05** X (주택단지에 딸린 어린이놀이터, 근린생활시설, 유치원, 주민운동시설은 복리시설에 해당하고, 지역난방공급시설은 간선시설에 해당한다)　**06** X (간선시설이 아니라 기간시설에 해당한다)　**07** X (방범설비와 건축설비는 부대시설에 해당한다)　**08** X (주민공동시설은 복리시설에 해당한다)　**09** O　**10** X (별개의 주택단지가 아니라 하나의 주택단지이다)　**11** X (공구란 하나의 주택단지에서 둘 이상으로 구분되는 일단의 구역으로서 공구별 세대수는 300세대 이상으로 해야 한다)　**12** X (도시형 생활주택은 세대수가 300세대 미만으로 구성되기 때문에 500세대인 국민주택규모의 원룸형 주택은 도시형 생활주택에 해당하지 않는다)　**13** O　**14** O　**15** O

기출 OX 문제

주택의 건설

01 한국토지주택공사가 연간 10만m² 이상의 대지조성사업을 시행하려는 경우에는 대지조성사업의 등록을 하여야 한다. [31회] (O | X)

02 세대수를 증가하는 리모델링주택조합이 그 구성원의 주택을 건설하는 경우에는 등록사업자와 공동으로 사업을 시행할 수 없다. [31회] (O | X)

03 주택건설공사를 시공할 수 있는 등록사업자가 최근 3년간 300세대 이상의 공동주택을 건설한 실적이 있는 경우에는 주택으로 쓰는 층수가 7개 층인 주택을 건설할 수 있다.

[31회] (O | X)

04 지역주택조합설립인가를 받으려는 자는 해당 주택건설대지의 80% 이상에 해당하는 토지의 사용권원을 확보하고 주택건설대지에 15% 이상의 소유권을 확보하여야 한다. [28회] (O | X)

05 지역주택조합은 주택건설예정세대수의 50% 이상의 조합원으로 구성하되, 조합원은 10명 이상이어야 한다. [28회] (O | X)

06 지역주택조합의 설립인가를 받은 후 조합원이 사망한 경우에는 조합원을 충원할 수 있다. [31회] (O | X)

07 지역주택조합의 설립인가를 받은 후 조합원의 탈퇴 등으로 조합원 수가 주택건설예정세대수의 60%가 된 경우에는 조합원을 충원할 수 있다. [31회] (O | X)

08 지역주택조합은 조합원의 공개모집 이후 조합원의 사망·자격상실·탈퇴 등으로 인한 결원을 충원하거나 미달된 조합원을 재모집하는 경우에는 신고하지 아니하고 선착순의 방법으로 조합원을 모집할 수 있다. [28회] (O | X)

09 지역주택조합은 조합임원의 선임을 의결하는 총회의 경우에는 조합원의 100분의 20 이상이 직접 출석하여야 한다. [29회] (O | X)

10 지역주택조합은 설립인가를 받은 날부터 2년 이내에 사업계획승인을 신청하여야 한다. [29회] (O | X)

11 사업계획승인권자는 사업주체가 경매로 인하여 대지소유권을 상실한 경우에는 그 사업계획의 승인을 취소하여야 한다. [29회] (O | X)

12 사업계획승인권자는 사업계획승인의 신청을 받았을 때에는 정당한 사유가 없으면 신청받은 날부터 60일 이내에 사업주체에게 승인 여부를 통보하여야 한다. [30회], [32회] (O | X)

13 주택단지의 전체 세대수가 500세대인 주택건설사업을 시행하려는 자는 주택단지를 공구별로 분할하여 주택을 건설·공급할 수 있다. [30회], [32회] (O | X)

14 등록사업자는 동일한 규모의 주택을 대량으로 건설하려는 경우에는 시·도지사에게 주택의 형별로 표본설계도서를 작성·제출하여 승인을 받을 수 있다. [31회] (O | X)

15 지방공사가 사업주체인 경우 건축물의 설계와 용도별 위치를 변경하지 아니하는 범위에서의 건축물의 배치조정은 사업계획변경승인을 받지 않아도 된다. [31회] (O | X)

16 사업계획승인권자는 착공신고를 받은 날부터 20일 이내에 신고수리 여부를 신고인에게 통지하여야 한다. [32회] (O | X)

17 사업주체는 사업계획승인을 받은 날부터 1년 이내에 공사를 착수하여야 한다. [32회] (O | X)

정답

01 X (한국토지주택공사는 등록하지 않아도 된다)　**02** X (공동으로 사업을 시행할 수 있다)　**03** O　**04** O　**05** X (지역주택조합은 주택건설예정세대수의 50% 이상의 조합원으로 구성하되, 조합원은 20명 이상이어야 한다)　**06** O　**07** X (주택건설예정세대수의 50% 미만이 된 경우에 조합원을 충원할 수 있다)　**08** O　**09** O　**10** O　**11** X (사업계획승인권자는 사업주체가 경매로 인하여 대지소유권을 상실한 경우에는 그 사업계획의 승인을 취소할 수 있다)　**12** O　**13** X (주택단지의 전체 세대수가 600세대 이상인 주택건설사업을 시행하려는 자는 주택단지를 공구별로 분할하여 주택을 건설·공급할 수 있다)　**14** X (국토교통부장관에게 표본설계도서를 작성·제출하여 승인을 받을 수 있다)　**15** O　**16** O　**17** X (사업주체는 사업계획승인을 받은 날부터 5년 이내에 공사를 시작하여야 한다)

MEMO

1. 주택상환사채 ✩

발행권자	한국토지주택공사와 등록사업자. 다만, 등록사업자는 금융기관 또는 주택도시보증공사로부터 보증을 받은 경우에만 발행할 수 있다.
등록사업자의 발행요건	① 법인으로서 자본금이 5억원 이상일 것 ② 건설업 등록을 한 자일 것 ③ 최근 3년간 연평균 주택건설 실적이 300호 이상일 것
발행규모	등록사업자가 발행할 수 있는 주택상환사채의 규모는 최근 3년간의 연평균 주택건설 호수 이내로 한다.
발행절차	한국토지주택공사와 등록사업자는 발행계획을 수립 → 국토교통부장관(승인)
발행방법	기명증권으로 발행(액면 또는 할인의 방법)
상환기간	3년을 초과할 수 없다. 이 경우 상환기간은 주택상환사채 발행일부터 주택의 공급계약 체결일까지의 기간으로 한다.
양도금지	양도하거나 중도해약을 할 수 없다. 단, 해외이주 등 부득이한 경우로서 국토교통부령으로 정하는 경우에는 그러하지 아니한다.
효력	등록사업자의 등록이 말소된 경우에도 등록사업자가 발행한 주택상환사채의 효력에는 영향을 미치지 아니한다.
적용법률	이 법에서 규정된 것 외에는 「상법」 중 사채발행에 관한 규정을 적용한다.

2. 분양가상한제 적용주택 ✩✩✩

적용대상	사업주체가 공공택지와 공공택지 외의 택지(도심공공주택복합지구, 주거재생혁신지구, 국장이 지정하는 지역)에서 일반인에게 공급하는 공동주택(도시형 생활주택, 경제자유구역에서 건설·공급하는 공동주택으로서 경제자유구역위원회에서 심의·의결한 경우, 관광특구에서 50층 이상이거나 높이가 150m 이상인 공동주택은 제외)
분양가격	택지비 + 건축비로 구성(구체적인 산정방법은 국토교통부령으로 정한다)
분양가 공시주체	① 공공택지 = 사업주체 → (분양가격: 공급가격 + 가산금액) ② 공공택지 외의 택지 = 시장·군수·구청장 → (분양가격: 감정가격 + 가산금액)
분양가 심사위원회	① 시장·군수·구청장이 20일 이내에 설치·운영하여야 한다. ② 시장·군수·구청장은 분양가심사위원회의 심사결과에 따라 입주자모집 승인 여부를 결정하여야 한다.
분양가상한제 적용지역	① 국장이 주택가격이 급등하거나 급등할 우려가 있는 지역 중 심의를 거쳐 지정 ② 지정대상지역: 투기과열지구로 지정된 지역 중 다음의 어느 하나에 해당하는 지역을 말한다. 　㉠ 직전월부터 소급하여 12개월간의 아파트 분양가격상승률이 물가상승률의 2배를 초과한 지역 　㉡ 직전월부터 소급하여 3개월간의 주택매매거래량이 전년 동기 대비 20% 이상 증가한 지역 　㉢ 직전월부터 소급하여 주택공급이 있었던 2개월 동안 해당 지역에서 공급되는 주택의 월평균 청약경쟁률이 모두 5:1을 초과하였거나 해당 지역에서 공급되는 국민주택규모 주택의 월평균 청약경쟁률이 모두 10:1을 초과한 지역

3. 주택의 공급 ✩✩

(1) 공급질서교란금지(양도/양수, 알선/광고 → 금지, 상속과 저당 → 허용)

> ① 주택을 공급받을 수 있는 조합원의 지위
> ② 주택상환사채
> ③ 입주자저축증서
> ④ 시장·군수·구청장이 발행한 무허가건물확인서·건물철거예정증명서 또는 건물철거확인서
> ⑤ 공공사업의 시행으로 인한 이주대책에 따라 주택을 공급받을 수 있는 지위 또는 이주대책대상확인서

(2) 저당권설정 등의 제한
① 사업주체가 입주예정자의 동의 없이 저당권 또는 가등기담보권 등 담보물권을 설정하는 행위를 금지
② 입주자모집공고승인신청일(주택조합의 경우에는 사업계획승인신청일) 이후부터 소유권이전등기를 신청할 수 있는 날(입주 가능일) 이후 60일까지 제한
③ 부기등기: 대지는 입주자모집공고승인신청과 동시에 하여야 하고 주택은 소유권보존등기와 동시에 하여야 한다.

(3) 위반 시 조치
① 공급질서교란금지 위반 시 조치: 지위(무효), 계약(취소), 환매, 퇴거명령, 입주자 자격제한(10년 이내)
② 저당권설정 등의 제한금지 위반: 2년/2천

4. 전매제한의 특례 ✩✩

(1) 세대원이 근무, 생업, 질병치료, 취학, 결혼으로 세대원 전원이 다른 광역시, 자치시, 자치도, 시 또는 군으로 이전(수도권 안에서 이전하는 경우는 제외)
(2) 상속으로 취득한 주택으로 세대원 전원이 이전
(3) 세대원 전원이 해외이주 또는 2년 이상 체류
(4) 이혼으로 인하여 입주자로 선정된 지위나 주택을 배우자에게 이전
(5) 채무불이행으로 경매 또는 공매가 시행되는 경우
(6) 입주자로 선정된 지위 또는 주택의 일부를 배우자에게 증여
(7) 실직·파산 또는 신용불량으로 경제적 어려움이 발생한 경우

5. 사용검사

사용검사권자	① 사업주체 → 시장·군수·구청장(국가, 한국토지주택공사인 경우에는 국장) ② 사업계획승인조건의 미이행: 동별로 가능
사업주체의 파산 시	① 시공을 보증한 자 ② 시공을 보증한 자가 없는 경우에는 입주예정자(대표회의)
사용검사기간	사용검사는 신청일부터 15일 이내에 하여야 한다.
사용검사의 효과	사업주체 또는 입주예정자는 사용검사를 받은 후가 아니면 주택 또는 대지를 사용할 수 없다.
임시사용승인	① 주택: 동별, 대지: 구획별 ② 공동주택: 세대별로 임시사용승인을 할 수 있다.
준공검사 등의 의제	① 의제: 사용승인, 준공검사 또는 준공인가 ② 협의기간: 10일 이내에 의견제출

1. 주택상환사채 ☆

발행권자	한국토지주택공사와 등록사업자. 다만, [ ]는 금융기관 또는 주택도시보증공사로부터 보증을 받은 경우에만 발행할 수 있다.
등록사업자의 발행요건	① 법인으로서 자본금이 [ ] 이상일 것 ② 건설업 등록을 한 자일 것 ③ 최근 3년간 연평균 주택건설 실적이 300호 이상일 것
발행규모	등록사업자가 발행할 수 있는 주택상환사채의 규모는 최근 3년간의 연평균 주택건설 호수 이내로 한다.
발행절차	한국토지주택공사와 등록사업자는 발행계획을 수립 → [ ]
발행방법	기명증권으로 발행(액면 또는 할인의 방법)
상환기간	3년을 초과할 수 없다. 이 경우 상환기간은 주택상환사채 발행일부터 주택의 공급계약 체결일까지의 기간으로 한다.
양도금지	양도하거나 중도해약을 할 수 [ ]. 단, 해외이주 등 부득이한 경우로서 국토교통부령으로 정하는 경우에는 그러하지 아니한다.
효력	등록사업자의 등록이 [ ] 경우에도 등록사업자가 발행한 주택상환사채의 효력에는 영향을 미치지 [ ].
적용법률	이 법에서 규정된 것 외에는 [ ] 중 사채발행에 관한 규정을 적용한다.

2. 분양가상한제 적용주택 ☆☆☆

적용대상	사업주체가 [ ]와 공공택지 외의 택지(도심공공주택복합지구, 주거재생혁신지구, 국장이 지정하는 지역)에서 일반인에게 공급하는 공동주택([ ], [ ]에서 건설·공급하는 공동주택으로서 경제자유구역위원회에서 심의·의결한 경우, [ ]에서 50층 이상이거나 높이가 [ ] 이상인 공동주택은 [ ])
분양가격	택지비 + 건축비로 구성(구체적인 산정방법은 국토교통부령으로 정한다)
분양가 공시주체	① 공공택지 = [ ] → (분양가격: 공급가격 + 가산금액) ② 공공택지 외의 택지 = [ ] → (분양가격: 감정가격 + 가산금액)
분양가 심사위원회	① [ ]이 20일 이내에 설치·운영하여야 한다. ② 시장·군수·구청장은 분양가심사위원회의 심사결과에 따라 입주자모집 승인 여부를 결정하여야 한다.

분양가상한제 적용지역	① [ ]이 주택가격이 급등하거나 급등할 우려가 있는 지역 중 심의를 거쳐 지정
	② 지정대상지역: 투기과열지구로 지정된 지역 중 다음의 어느 하나에 해당하는 지역을 말한다.
	  ㉠ 직전월부터 소급하여 [ ]의 아파트 분양가격상승률이 물가상승률의 [ ]를 초과한 지역
	  ㉡ 직전월부터 소급하여 [ ]의 주택매매거래량이 전년 동기 대비 [ ] 이상 증가한 지역
	  ㉢ 직전월부터 소급하여 주택공급이 있었던 [ ] 동안 해당 지역에서 공급되는 주택의 월평균 청약경쟁률이 모두 [ ]을 초과하였거나 해당 지역에서 공급되는 국민주택규모 주택의 월평균 청약경쟁률이 모두 [ ]을 초과한 지역

3. 주택의 공급 ☆☆

(1) 공급질서교란금지(양도/양수, 알선/광고 → 금지, [   ] → 허용)

> ① 주택을 공급받을 수 있는 조합원의 지위
② [   ]
③ 입주자저축증서
④ 시장·군수·구청장이 발행한 무허가건물확인서·건물철거예정증명서 또는 건물철거확인서
⑤ 공공사업의 시행으로 인한 이주대책에 따라 주택을 공급받을 수 있는 지위 또는 이주대책대상확인서

(2) 저당권설정 등의 제한
  ① 사업주체가 입주예정자의 동의 없이 저당권 또는 가등기담보권 등 담보물권을 설정하는 행위를 금지
  ② 입주자모집공고승인 [   ](주택조합의 경우에는 사업계획승인신청일) 이후부터 소유권이전등기를 신청할 수 있는 날(입주 가능일) 이후 [   ]까지 제한
  ③ 부기등기: 대지는 입주자모집공고승인신청과 [   ]에 하여야 하고 주택은 [   ]와 동시에 하여야 한다.

(3) 위반 시 조치
  ① 공급질서교란금지 위반 시 조치: 지위(무효), 계약(취소), 환매, 퇴거명령, 입주자 자격제한(10년 이내)
  ② 저당권설정 등의 제한금지 위반: 2년/2천

4. 전매제한의 특례 ☆☆

(1) 세대원이 근무, 생업, 질병치료, 취학, 결혼으로 세대원 [   ]이 다른 광역시, 자치시, 자치도, 시 또는 군으로 이전([   ] 안에서 이전하는 경우는 [   ])
(2) [   ]으로 취득한 주택으로 세대원 [   ]이 이전
(3) 세대원 전원이 해외이주 또는 [   ] 이상 체류
(4) [   ]으로 인하여 입주자로 선정된 지위나 주택을 배우자에게 이전
(5) 채무불이행으로 [   ] 또는 [   ]가 시행되는 경우
(6) 입주자로 선정된 지위 또는 주택의 일부를 배우자에게 [   ]
(7) 실직·파산 또는 신용불량으로 경제적 어려움이 발생한 경우

5. 사용검사

사용검사권자	① 사업주체 → 시장·군수·구청장(국가, 한국토지주택공사인 경우에는 국장) ② 사업계획승인조건의 미이행: [ ]로 가능
사업주체의 파산 시	① 시공을 보증한 자 ② 시공을 보증한 자가 없는 경우에는 입주예정자(대표회의)
사용검사기간	사용검사는 신청일부터 [ ] 이내에 하여야 한다.
사용검사의 효과	사업주체 또는 입주예정자는 사용검사를 받은 후가 아니면 주택 또는 대지를 사용할 수 없다.
임시사용승인	① 주택: 동별, 대지: [ ] ② 공동주택: [ ]로 임시사용승인을 할 수 있다.
준공검사 등의 의제	① 의제: 사용승인, 준공검사 또는 준공인가 ② 협의기간: [ ] 이내에 의견제출

핵심 POINT

| **목표정답수** | 총 7문제 중 5문제 이상

POINT 01 주택상환사채 ✰✰

> 보증을 받은 경우에만 발행할 수 있다.

- 발행권자: 한국토지주택공사와 등록사업자
- 등록사업자
  - ① 자본금이 5억원 이상
  - ② 건설업 등록을 한 자
  - ③ 최근 3년간 주택건설 실적이 300호 이상
- 발행계획: 국토교통부장관의 승인
- 발행방법: 기명증권(양도 X, 중도해약 X)
- 명의변경: 취득자의 성명과 주소를 사채원부에 기재하는 방법 → 취득자의 성명을 채권에 기재하지 아니하면 발행자 및 제3자에게 대항할 수 없다.
- 상환기간: 3년을 초과할 수 없다(사채 발행일 ~ 공급계약 체결일).
- 등록사업자의 등록말소: 효력에는 영향을 미치지 않는다.
  > 보증을 받았으므로 효력 유효
- 양도 가능사유
  - ① 세대원의 근무·취학·결혼으로 인하여 세대원 전원이 이전하는 경우
  - ② 세대원 전원이 해외로 이주하거나 2년 이상 해외에 체류하고자 하는 경우
  - ③ 세대원 전원이 상속으로 이전하는 경우

POINT 02 분양가상한제 ✰✰✰

> 견본주택을 건설하는 경우 마감자재목록표와 영상물 등을 승인권자에게 제출

- 입주자모집공고: 시장·군수·구청장의 승인(공공주택사업자 X), 복리시설 → 신고(공공주택사업자 X)
- 분양가상한제 적용대상에서 제외하는 주택
  - ① 도시형 생활주택
  - ② 경제자유구역위원회에서 의결한 경우
  - ③ 관광특구에서 50층 이상 또는 150m 이상인 공동주택
  - ④ 한국토지주택공사 또는 지방공사가 소규모주택 정비사업 등의 시행자로 참여하고, 전체 세대수의 10% 이상을 임대주택으로 건설·공급하는 경우
  - ⑤ 「도시 및 주거환경정비법」에 따른 공공재개발사업에서 건설·공급하는 주택
  - ⑥ 주거재생혁신지구에서 시행하는 혁신지구재생사업 중 면적이 1만m² 미만 또는 전체 세대수가 300세대 미만인 사업에서 건설·공급하는 주택
- 분양가격: 택지비 + 건축비(구체적인 사항은 국토교통부령)
- 분양가격 공시의무: 공공택지(사업주체), 공공택지 외의 택지(시장·군수·구청장)
- 분양가상한제 적용지역: 국장이 지정
  - 투기과열지구로 지정된 지역 중 다음의 어느 하나에 해당하는 지역
    - ① 직전월부터 소급하여 12개월간 아파트 분양가격상승률이 물가상승률의 2배를 초과한 지역
    - ② 직전월부터 소급하여 3개월간 주택매매거래량이 전년 동기 대비 20% 이상 증가한 지역
    - ③ 직전월부터 소급하여 2개월간 월평균 청약경쟁률이 5:1을 초과하였거나, 국민주택규모 주택의 월평균 청약경쟁률이 모두 10:1을 초과한 곳
- 분양가심사위원회: 시장·군수·구청장은 사업계획승인신청이 있는 날부터 20일 이내에 분양가심사위원회를 설치·운영하여야 한다.

◆ 비교정리

구분	공공택지	공공택지 외의 택지
분양가 공시주체	사업주체	시장·군수·구청장
택지비	공급가격 + 가산금액	감정가격 + 가산금액

◆ 입주자 거주의무

분양가격	민간택지	공공택지
80% 미만	3년	5년
80% 이상 100% 미만	2년	3년

POINT 03 조정대상지역 ⭐

① 지정권자: 국토교통부장관

② 지정기준(대상지역)

   ⊙ 과열지역: 직전월부터 소급하여 3개월간 주택가격상승률이 소비자물가상승률의 1.3배를 초과하는 지역으로서 다음의 어느 하나에 해당하는 지역

> ⓐ 직전월부터 소급하여 2개월 동안 월평균 청약경쟁률이 5:1을 초과하였거나 국민주택규모 주택의 월평균 청약경쟁률이 모두 10:1을 초과한 곳
> ⓑ 직전월부터 소급하여 3개월간 분양권 전매거래량이 전년 동기 대비 30% 이상 증가한 지역
> ⓒ 시·도별 주택보급률 또는 자가주택비율이 전국 평균 이하인 지역

   ⓛ 위축지역: 직전월부터 소급하여 6개월간의 주택가격상승률이 마이너스 1.0% 이하인 지역으로서 다음의 어느 하나에 해당하는 지역

> ⓐ 직전월부터 소급하여 3개월 연속 주택매매거래량이 전년 동기 대비 20% 이상 감소한 지역
> ⓑ 직전월부터 소급하여 3개월간 평균 미분양주택의 수가 전년 동기 대비 2배 이상인 지역
> ⓒ 시·도별 주택보급률 또는 자가주택비율이 전국 평균 초과인 지역

③ 해제요청: 시·도지사 또는 시장·군수·구청장은 국장에게 조정대상지역의 해제를 요청할 수 있다.

POINT 04 투기과열지구 ⭐⭐⭐

- 지정권자 ┬ ① 국장 → 시·도지사의 의견청취
-         └ ② 시·도지사 → 국장과 협의(시장·군수·구청장 의견청취 X)
- 지정대상지역
  - ① 직전월부터 소급하여 2개월간 월평균 청약경쟁률이 5:1을 초과하였거나 국민주택규모 주택의 월평균 청약경쟁률이 모두 10:1을 초과한 곳
  - ② 주택의 분양계획이 지난 달보다 30% 이상 감소한 곳
  - ③ 주택건설사업계획승인이나 건축허가 실적이 직전연도보다 급격하게 감소한 곳
  - ④ 시·도별 주택보급률 또는 자가주택비율이 전국 평균 이하인 곳
- 재검토: 국장이 반기마다 재검토
- 전매제한대상: 상속은 제외
- 투기과열지구에서 전매제한기간: 입주자로 선정된 날부터 소유권이전등기일까지. 다만, 그 → 전매제한 기산점 기간이 5년을 초과하는 경우에는 5년으로 한다.
- 해제: 투기과열지구 지정을 유지하는 것으로 결정된 시·도지사 또는 시장·군수·구청장은 특별한 사정이 없으면 그 결정을 통보받은 날부터 6개월 이내에 같은 사유로 해제를 요청할 수 없다.

POINT 05 전매제한의 특례 ⭐⭐⭐

- ① 한국토지주택공사(사업주체가 공공주택사업자인 경우에는 공공주택사업자)의 동의를 받아 전매 가능사유
  - ⊙ 세대원이 근무, 생업상의 사정이나 질병치료, 취학, 결혼으로 인하여 세대원 전원이 다른 시 또는 군으로 이전하는 경우. 다만, 수도권 안에서 이전하는 경우를 제외한다.
  - ⓛ 상속 + 세대원 전원이 이전하는 경우
  - ⓒ 세대원 전원이 해외로 이주하거나 2년 이상의 기간 해외에 체류하고자 하는 경우
  - ⓔ 이혼 + 배우자에게 이전하는 경우
  - ⓜ 분양가상한제 적용주택, 공공택지 외의 택지에서 건설·공급되는 주택, 「도시 및 주거환경정비법」에 따른 공공재개발사업에서 건설·공급되는 주택의 소유자가 국가·지방자치단체 및 금융기관에 대한 채무를 이행하지 못하여 경매 또는 공매가 시행되는 경우
  - ⓗ 주택의 일부를 그 배우자에게 증여하는 경우
  - ⓢ 실직·파산 또는 신용불량으로 경제적 어려움이 발생한 경우
- ② 주택의 우선매입: 분양가상한제 적용주택을 전매하는 경우에는 한국토지주택공사가 그 주택을 우선매입할 수 있다.
- ③ 부기등기의무: 사업주체가 분양가상한제 적용주택 및 공공택지 외의 택지에서 건설·공급하는 주택을 공급하는 경우에는 그 주택의 소유권을 제3자에게 이전할 수 없음을 소유권에 관한 등기에 부기등기하여야 한다.

핵심 POINT

POINT 06 공급질서 교란금지, 저당권설정 제한 ☆☆

① 공급질서 교란금지

　㉠ 대상행위: 매매·증여·알선·광고는 금지(상속·저당은 허용)

　㉡ 대상 증서(지위) ─ ⓐ 조합원의 지위
　　　　　　　　　─ ⓑ 입주자저축증서
　　　　　　　　　─ ⓒ 주택상환사채(토지상환채권 X, 도시개발채권 X)
　　　　　　　　　─ ⓓ 시장·군수·구청장이 발행한 건축물철거확인서
　　　　　　　　　─ ⓔ 공공사업시행으로 인한 이주대책대상자확인서

　㉢ 위반 시: 지위의 무효, 계약의 취소, 사업주체의 환매, 퇴거명령, 입주자 자격제한(10년 이내) → 행정대집행 X

② 저당권설정 제한

　㉠ 제한시기: 입주자모집공고승인신청일(주택조합의 경우 사업계획승인신청일) 이후부터 소유권이전등기를 신청할 수 있는 날 이후 60일까지의 기간 동안 입주예정자의 동의 없이는 저당권설정 등의 행위를 하여서는 아니 된다.

　㉡ 부기등기 시기: 대지(입주자모집공고승인신청과 동시), 주택(소유권보존등기와 동시)

　㉢ 위반 시: 무효

POINT 07 주택의 리모델링 ☆

─ 리모델링주택조합의 허가기준
　─ ① 주택단지 전체를 리모델링하는 경우: 전체 75% 이상 + 동별 50% 이상의 동의
　─ ② 동을 리모델링하는 경우: 75% 이상의 동의

─ 입주자·사용자·관리주체의 허가기준: 입주자 전체의 동의

─ 입주자대표회의 허가기준: 소유자 전원의 동의

─ 리모델링기본계획 ─ ① 수립권자: 특별시장·광역시장 및 대도시 시장. 다만, 대도시가 아닌 시장은 도지사가 리모델링기본계획의 수립이 필요하다고 인정하는 경우 리모델링기본계획을 수립하여야 한다. 　→ 도지사의 승인
　　　　　　　　　─ ② 작성기준: 국토교통부장관이 정한다.
　　　　　　　　　─ ③ 수립단위 및 타당성검토: 10년 단위로 수립하여야 하며, 5년마다 타당성을 검토하여야 한다.

─ 수립절차: 공람(14일 이상) + 지방의회 의견청취(30일 이내 의견제시) + 협의 + 심의

─ 공람 및 지방의회 의견절차를 생략할 수 있는 경우
　: 리모델링 수요가 감소하거나 10% 범위에서 증가하는 경우

─ 리모델링지원센터: 시장·군수·구청장은 리모델링의 원활한 추진을 지원하기 위하여 리모델링지원센터를 설치하여 운영할 수 있다.

> ◆ 권리변동계획
>
> 세대수가 증가되는 리모델링을 하는 경우에는 대지 또는 건축물의 권리변동 명세, 조합원의 비용분담, 사업비, 조합원 외의 자에 대한 분양계획(권리변동계획)을 수립하여 사업계획승인 또는 행위허가를 받아야 한다.

기출 OX 문제

주택건설자금 및 주택의 공급

01 한국토지주택공사는 주택상환사채를 발행할 수 있다. [31회] (O | X)

02 등록사업자가 주택상환사채를 발행하려면 금융기관 또는 주택도시보증공사의 보증을 받아야 한다. [27회] (O | X)

03 주택상환사채는 기명증권으로 한다. [31회] (O | X)

04 주택상환사채는 취득자의 성명을 채권에 기록하지 아니하면 사채발행자 및 제3자에게 대항할 수 없다. [27회] (O | X)

05 등록사업자의 등록이 말소된 경우에는 등록사업자가 발행한 주택상환사채의 효력은 상실된다. [27회], [31회] (O | X)

06 「관광진흥법」에 따라 지정된 관광특구에서 건설·공급하는 층수가 51층이고, 높이가 140m인 아파트는 분양가상한제의 적용대상이다. [27회] (O | X)

07 시·도지사는 주택가격상승률이 물가상승률보다 현저히 높은 지역으로서 주택가격의 급등이 우려되는 지역에 대해서 분양가상한제 적용지역으로 지정할 수 있다. [27회] (O | X)

08 주택의 사용검사 후 주택단지 내 일부의 토지의 소유권을 회복한 자에게 주택소유자들이 매도청구를 하려면 해당 토지의 면적이 주택단지 전체 대지면적의 5% 미만이어야 한다.

[27회], [29회], [30회] (O | X)

09 주택의 사용검사 후 주택단지 내 일부의 토지의 소유권을 회복한 자에게 주택소유자들이 대표자를 선정하여 매도청구에 관한 소송을 하는 경우 대표자는 복리시설을 포함하여 주택의 소유자 전체의 4분의 3 이상의 동의를 받아 선정한다. [29회], [30회] (O | X)

10 주택의 분양계획이 지난 달보다 30% 이상 증가한 곳은 투기과열지구로 지정하여야 한다. [25회], [32회] (O | X)

11 국토교통부장관은 시·도별 주택보급률 또는 자가주택 비율이 전국 평균을 초과하는 지역을 투기과열지구로 지정할 수 있다. [29회] (O | X)

12 시·도지사는 주택의 분양·매매 등 거래가 위축될 우려가 있는 지역을 시·도 주거정책심의위원회의 심의를 거쳐 조정대상지역으로 지정할 수 있다. [29회] (O | X)

13 투기과열지구의 지정기간은 3년으로 하되, 해당 지역 시장·군수·구청장의 의견을 들어 연장할 수 있다. [29회] (O | X)

14 상속에 의하여 취득한 주택으로 세대원 전원이 이전하는 경우로서 한국토지주택공사(사업주체가 공공주택사업자인 경우에는 공공주택사업자)의 동의를 받은 경우에는 전매제한 주택을 전매할 수 있다. [27회] (O | X)

15 사업주체가 공공택지 외의 택지에서 건설·공급하는 주택을 공급하는 경우에는 그 주택의 소유권을 제3자에게 이전할 수 없음을 소유권에 관한 등기에 부기등기하여야 한다.

[27회] (O | X)

정답

01 O   **02** O   **03** O   **04** O   **05** X (등록사업자의 등록이 말소된 경우에도 등록사업자가 발행한 주택상환사채의 효력에는 영향을 미치지 아니한다)   **06** X (「관광진흥법」에 따라 지정된 관광특구에서 건설·공급하는 공동주택으로서 해당 건축물의 층수가 50층 이상이거나 높이가 150m 이상인 경우에는 분양가상한제를 적용하지 아니한다)   **07** X (분양가상한제 적용지역은 국토교통부장관이 지정할 수 있다)   **08** O   **09** O   **10** X (주택의 분양계획이 지난 달보다 30% 이상 감소한 곳은 투기과열지구로 지정할 수 있다)   **11** X (국토교통부장관은 시·도별 주택보급률 또는 자가주택 비율이 전국 평균 이하인 지역을 투기과열지구로 지정할 수 있다)   **12** X (조정대상지역은 국토교통부장관이 지정할 수 있다)   **13** X (투기과열지구의 지정기간은 법령에 규정되어 있지 않다)   **14** O   **15** O

주택법

01 총칙(용어의 정의)

국민주택	① 국가, 지방자치단체, 한국토지주택공사, 지방공사가 건설한 85m² (수도권을 제외한 도시지역이 아닌 읍·면은 100m²) 이하인 주택
	② 국가, 지방자치단체의 재정 또는 주택도시기금으로부터 자금을 지원받아 건설한 주거전용면적 85m² (수도권을 제외한 도시지역이 아닌 읍·면은 100m²) 이하인 주택
도시형 생활주택	① 300세대 미만 + 국민주택규모 + 도시지역에 건설하는 주택
	② 원룸형 주택: 주거전용면적이 50m² 이하. 다만, 30m² 이상이면 두 개의 공간으로 구성할 수 있다.
	③ 단지형 연립·다세대주택: 건축위원회의 심의를 받은 경우에는 5개 층까지 건축 가능
세대구분형 공동주택	① 구분소유를 할 수 없는 주택
	② 주택단지 전체 주거전용면적과 주택 세대수의 1/3을 넘지 아니할 것(사업계획승인을 받아 건설하는 공동주택의 경우)
주택규모별 건설비율	국토교통부장관은 사업주체가 건설하는 주택의 75%(주택조합과 고용자는 100%) 이하의 범위에서 국민주택규모로 건설하게 할 수 있다.
리모델링	① 대수선: 10년 경과된 공동주택
	② 증축: 15년 경과된 공동주택 + 세대별 주거전용면적의 30%(주거전용면적이 85m² 미만인 경우에는 40%) 이하 + 기존 세대수의 15% 이내
	③ 수직증축: 최대 3개 층 이하로 증축 가능. 단, 기존 층수가 14층 이하인 경우에는 2개 층, 15층 이상인 경우에는 3개 층을 말한다.
공구	공구별 세대수는 300세대 이상 + 공구 간의 경계: 6m 이상(전체 세대수: 600세대 이상)
주택단지	일반도로(폭 20m 이상), 도시계획예정도로(폭 8m 이상) → 각각 별개의 주택단지로 본다.

사업주체	**등록기준** └ **국토교통부장관**		① 등록기준: 연간 단독주택 20호, 공동주택 20세대 이상 주택건설 또는 연간 1만m² 이상의 대지조성 ② 도시형 생활주택은 30세대 이상 ③ 자본금: 3억원(개인: 자산평가액 6억원) 이상, 건축·토목기술인: 1인 이상 ④ 시공: 다음의 어느 하나에 해당하는 등록사업자는 주택으로 쓰는 층수가 6개 층 이상인 주택을 건설할 수 있다. 　㉠ 주택으로 쓰는 층수가 6개 층 이상인 아파트를 건설한 실적이 있는 자 　㉡ 최근 3년간 300세대 이상의 공동주택을 건설한 실적이 있는 자
	주택 조합	**조합원의 요건**	① 지역주택조합: 같은 지역 + 6개월 이상 거주 + 무주택세대주 또는 85m² 이하의 주택 1채를 소유한 세대주인 자 ② 직장주택조합: 동일한 특별시·광역시·자치시·자치도·시·군 + 동일한 국가·지자체·법인에 근무 + 무주택세대주 또는 85m² 이하의 주택 1채를 소유한 세대주인 자 　└ 국민주택을 공급받기 위한 직장주택조합의 설립신고의 경우에는 무주택자에 한한다.
		설립인가 └ **시장·군수· 구청장**	① 지역주택조합·직장주택조합: 주택건설대지의 80% 이상의 토지의 사용권원을 확보하고 15% 이상의 토지의 소유권을 확보하여야 한다(리모델링주택조합 X). ② 리모델링주택조합 　㉠ 주택단지 전체를 리모델링하는 경우 결의요건 → 전체 구분소유자 및 의결권 2/3 이상 + 동별 과반수 　㉡ 동을 리모델링하는 경우 결의요건 → 동의 구분소유자 및 의결권의 2/3 이상 ③ 주택건설예정세대수의 50% 이상의 조합원으로 구성하되, 조합원은 20명 이상이어야 한다(리모델링주택조합 X). 　→ 설립인가를 받는 날부터 사용검사를 받는 날까지 충족
		조합원의 교체	① 지역주택조합·직장주택조합은 조합설립인가 후에는 조합원을 교체하거나 신규가입하게 할 수 없다. ② 추가모집 승인을 받은 경우와 충원(조합원의 사망, 사업계획승인 이후 입주자로 선정된 지위가 변경된 경우, 조합원 수가 변경된 세대수의 50% 미만 등)하는 경우에는 조합원을 교체하거나 신규 가입하게 할 수 있다. ③ 조합원으로 추가모집되는 자와 충원되는 자의 조합원 자격요건 판단은 조합설립인가신청일 기준으로 한다. ④ 조합원 추가모집의 승인과 조합원 추가모집에 따른 주택조합의 변경인가신청은 사업계획승인신청일까지 하여야 한다.
		조합원 출석요건	① 자금의 차입, ② 예산으로 정한 사항 외에 조합원에게 부담이 될 계약의 체결, ③ 업무대행자의 선정·변경, ④ 시공자의 선정·변경, ⑤ 조합임원의 선임 및 해임, ⑥ 사업비의 조합원별 분담 명세 확정 및 변경, ⑦ 조합해산의 결의 및 해산 시의 회계보고 → 조합원 100분의 20 이상이 직접 출석하여야 한다.
	사업계획승인신청		① 지역주택조합·직장주택조합은 설립인가를 받은 날부터 2년 이내에 사업계획승인을 신청하여야 한다. ② 사업계획승인대상이 아닌 리모델링주택조합의 경우에는 2년 이내에 허가를 신청하여야 한다.

	사업계획승인 대상	① 단독주택의 경우에는 30호(한옥은 50호) 이상 ② 공동주택의 경우에는 30세대(전용면적이 30m² 이상 + 도로의 폭이 6m 이상인 단지형 연립은 50세대) 이상 ③ 대지의 경우에는 1만m² 이상
	사업계획승인권자	① 대지면적이 10만m² 이상: 시·도지사 또는 대도시 시장 ② 대지면적이 10만m² 미만: 특별시장·광역시장·특별자치시장·특별자치도지사·시장·군수 ③ 국가 및 한국토지주택공사가 사업주체인 경우: 국토교통부장관
	대지의 소유권	① 지구단위계획구역 → 대지의 사용권원을 80% 이상 확보 + 매도청구권 발생(대지의 소유권 확보 X) ② 사업주체가 대지의 소유권을 확보하지 못하였으나 그 대지를 사용할 수 있는 권원을 확보한 경우 ③ 사업주체가 국가·지방자치단체·한국토지주택공사·지방공사(대지의 소유권 확보 X) ④ 국토교통부장관이 지정·고시하는 지역: 국토교통부장관
	승인기간	60일 이내에 승인 여부 통보

	공사착수기간	① 사업계획승인을 받은 경우: 승인받은 날부터 5년 이내에 공사를 시작하여야 한다. 다만, 1년의 범위에서 공사 착수기간을 연장할 수 있다.
		② 공구별 분할시행
		  ⊙ 1공구 → 승인받은 날부터 5년 이내에 공사를 시작하여야 한다.
		  ⓒ 2공구 → 착공신고일로부터 2년 이내에 공사를 시작하여야 한다.
		③ 착공의무를 위반하여 공사를 시작하지 아니하는 경우에는 사업계획승인을 취소할 수 있다.
		  → 2공구는 취소할 수 없다.

	경미한 변경	사업주체가 국가, 지방자치단체, 한국토지주택공사, 지방공사인 경우로 ① 총사업비의 20%의 범위에서 사업비가 증감하는 경우, ② 대지면적의 20% 범위에서 면적이 증감하는 경우에는 변경승인을 받지 않아도 된다.
사용검사	**사용검사**	① 원칙: 주택단지 전체 ② 예외: 동별(사업계획승인 조건의 미이행 등의 사유), 공구별로 사용검사 가능 ③ 사용검사기간: 신청일부터 15일 이내
	임시사용승인	① 주택: 동별, 대지: 구획별 ② 공동주택: 세대별

	사용검사신청 특례	① 사용검사의 신청: 사업주체 → 시장·군수·구청장
		② 사업주체의 파산
		  ⊙ 시공을 보증한 자
		  ⓒ 시공을 보증한 자가 없는 경우에는 입주예정자 대표회의

주택건설 촉진 대책	국공유지 우선매각	① 국민주택규모의 주택을 50% 이상 건설하는 사업주체 또는 주택조합
		② 2년 이내에 주택건설 또는 대지조성사업을 시행하지 아니하면 환매하거나 임대계약을 취소할 수 있다.
	체비지의 우선매각	① 사업주체가 국민주택용지로 사용하기 위하여 체비지의 매각을 요구한 경우 도시개발시행자는 체비지 총 면적의 50%의 범위에서 이를 우선적으로 사업주체에게 매각할 수 있다.
		② 양도가격
		㉠ 원칙: 감정가격
		㉡ 예외: 조성원가(85m² 이하의 임대주택, 60m² 이하의 국민주택)
	매도청구 (지구단위계획구역)	① 매도청구권자: 80% 이상 사용권원을 확보하여 사업계획승인을 받은 사업주체
		② 매도청구방법: ㉠ 3개월 이상 협의, ㉡ 시가로 매도청구, ㉢ 대지+건축물에 대하여 매도청구할 수 있다.
		③ 95% 이상 사용권원 확보: 사용권원을 확보하지 못한 대지의 모든 소유자에게 매도청구할 수 있다.
		④ 95% 미만 사용권원 확보: 10년 이전에 소유권을 취득하여 계속 보유한 자를 제외하고 매도청구할 수 있다.
주택건설 자금	주택상환사채	① 발행권자: 한국토지주택공사(지급보증 X), 등록사업자(금융기관 또는 주택도시보증공사의 지급보증 O)
		② 등록사업자의 발행요건: 법인 + 자본금 5억원 이상 + 최근 3년간 연평균 300호 이상 건설
		③ 상환기간: 3년 초과 금지(발행일로부터 주택공급계약 체결일까지)
		④ 발행방법: 기명증권(양도 금지), 등록사업자의 등록이 말소된 경우에도 주택상환사채의 효력에는 영향을 미치지 아니한다.

03 공급

분양가 상한제	분양가상한제 적용주택	① 적용대상: ㉠ 공공택지, ㉡ 공공택지 외의 택지(도심공공주택복합지구, 주거재생혁신지구, 국장이 지정하는 지역)에서 사업주체가 공급하는 공동주택
		② 적용제외: ㉠ 도시형 생활주택, ㉡ 경제자유구역에서 경제자유구역위원회가 심의·의결한 경우, ㉢ 관광특구에서 50층 이상 또는 높이가 150m 이상인 공동주택, ㉣ 한국토지주택공사 또는 지방공사가 소규모주택 정비사업 등의 시행자로 참여하는 등 공공성요건을 충족하는 경우로서 해당 사업에서 건설·공급하는 주택, ㉤ 「도시 및 주거환경정비법」에 따른 공공재개발사업에서 건설·공급하는 주택, ㉥ 주거재생혁신지구에서 시행하는 혁신지구재생사업 중 면적이 1만m² 미만 또는 전체 세대수가 300세대 미만인 사업에서 건설·공급하는 주택
		③ 분양가격: 택지비 + 건축비(구체적인 산정방법은 국토교통부령으로 정함)
		④ 공시주체: ㉠ 공공택지−사업주체, ㉡ 공공택지 외의 택지−시장·군수·구청장

분양가상한제 적용지역 **(국토교통부장관이 지정)**		투기과열지구로 지정된 지역 중 다음의 어느 하나에 해당하는 지역을 말한다. ① 직전월부터 소급하여 12개월간의 아파트 분양가격상승률이 물가상승률의 2배를 초과한 지역 ② 직전월부터 소급하여 3개월간의 주택매매거래량이 전년 동기 대비 20% 이상 증가한 지역 ③ 직전월부터 소급하여 주택공급이 있었던 2개월 동안 해당 지역에서 공급되는 주택의 월평균 청약경쟁률이 모두 5:1을 초과하였거나 해당 지역에서 공급되는 국민주택규모 주택의 월평균 청약경쟁률이 모두 10:1을 초과한 지역
분양가심사위원회		① 시장·군수·구청장이 사업계획승인신청이 있은 날부터 20일 이내에 설치·운영하여야 한다. ② 10인 이내 위원(민간 위원 6명 이상 포함)으로 구성
투기과열지구		① 국토교통부장관 또는 시·도지사는 ㉠ 주택공급이 있었던 직전 2개월간 해당 지역에서 공급되는 주택의 월평균 청약경쟁률이 5:1을 초과하였거나 국민주택규모 주택의 월평균 청약경쟁률이 10:1을 초과한 곳, ㉡ 주택의 분양계획이 직전월보다 30% 이상 감소한 지역, ㉢ 시·도별 주택보급률 또는 자가주택비율이 전국 평균 이하인 지역을 투기과열지구로 지정할 수 있다. ② 국토교통부장관은 반기마다 주거정책심의위원회를 소집하여 지정의 유지 여부를 재검토하여야 한다. ③ 지정해제를 요청받은 국토교통부장관 또는 시·도지사는 40일 이내에 심의를 거쳐 통보하여야 한다.
조정대상지역 **(국토교통부장관이 지정)**		① 과열지역: 직전월부터 소급하여 3개월간의 해당 지역 주택가격상승률이 해당 지역이 포함된 시·도 소비자물가상승률의 1.3배를 초과한 지역으로서 다음의 어느 하나에 해당하는 지역을 말한다. 　㉠ 직전월부터 소급하여 주택공급이 있었던 2개월 동안 해당 지역에서 공급되는 주택의 월평균 청약경쟁률이 모두 5:1을 초과하였거나 국민주택규모 주택의 월평균 청약경쟁률이 모두 10:1을 초과한 지역 　㉡ 직전월부터 소급하여 3개월간의 분양권 전매거래량이 전년 동기 대비 30% 이상 증가한 지역 　㉢ 시·도별 주택보급률 또는 자가주택비율이 전국 평균 이하인 지역 ② 위축지역: 직전월부터 소급하여 6개월간의 평균 주택가격상승률이 마이너스 1.0% 이하인 지역으로서 다음의 어느 하나에 해당하는 지역을 말한다. 　㉠ 직전월부터 소급하여 3개월 연속 주택매매거래량이 전년 동기 대비 20% 이상 감소한 지역 　㉡ 직전월부터 소급하여 3개월간의 평균 미분양주택의 수가 전년 동기 대비 2배 이상인 지역 　㉢ 시·도별 주택보급률 또는 자가주택비율이 전국 평균을 초과하는 지역
저당권설정 등의 제한		① 입주자모집공고승인신청일부터 소유권이전등기를 신청할 수 있는 날(입주 가능일) 이후 60일까지의 기간 ② 주택조합인 경우에는 사업계획승인신청일부터 소유권이전등기신청할 수 있는 날(입주 가능일) 이후 60일까지의 기간 ③ 부기등기 시기: 대지 – 입주자 모집공고승인신청과 동시, 주택 – 소유권보존등기와 동시에 하여야 한다.

공급질서 교란금지	① 조합원의 지위, 주택상환사채, 입주자저축증서, 시장·군수·구청장이 발행한 무허가건물확인서, 이주대책대상자확인서
	② 양도·양수(매매·증여 등 권리변동을 수반하는 모든 행위)·알선·광고 금지 → 상속·저당은 허용
	③ 위반 시 조치: 지위 무효, 계약 취소, 퇴거명령, 환매, 입주자 자격제한(10년 이내)
사용검사 후 매도청구	① 대표자 선정: 3/4 이상 동의
	② 매도청구요건: 전체 대지면적의 5% 미만
	③ 송달기간: 2년 이내

04 **관리**

리모델링	리모델링 허가(요건) └ 시장·군수· 구청장	① 리모델링주택조합 　㉠ 주택단지 전체를 리모델링하는 경우에는 전체 75% 이상 + 동별 50% 이상의 동의를 받아야 한다. 　㉡ 동을 리모델링하는 경우에는 동별 75% 이상의 동의를 받아야 한다. ② 입주자·사용자·관리주체: 입주자 전체의 동의 ③ 입주자대표회의: 소유자 전원의 동의
	리모델링기본계획	① 수립대상: 세대수 증가형 리모델링 ② 수립권자: 특별시장·광역시장·대도시 시장 → 10년 단위로 수립, 5년마다 타당성검토 ③ 수립절차: 공람(14일 이상) + 지방의회 의견청취(30일 이내 의견제시) ④ 대도시 시장 → 도지사의 승인을 받아야 한다.

MEMO

PART 6

농지법

40문제 중
2문제 출제

5%

소유

- 소유제한: 자기의 농업경영에 이용 ┐ 처분의무
- 소유상한: 원칙적 폐지, 예외적 인정 ┘ (처분명령 → 이행강제금)
- 농지취득자격증명: 시장·구청장·읍장·면장

1. 농지의 소유제한

(1) 원칙: 경자유전
(2) 예외: 국가·지자체, 학교, 주말·체험영농, 상속, 8년 이상 경작 후 이농, 담보농지, 농지전용허가(신고), 농지전용협의, 토지수용, 매립농지

① 매수청구: 농지소유자 → 한국농어촌공사
② 매수가격: 공시지가와 실제거래가격 중 낮은 가격
③ 융자: 농지관리기금

2. 농지의 소유상한 ☆☆

주말·체험영농(1천m² 미만), 상속(1만m²), 8년 이상 농업경영 후 이농(1만m²)

3. 농지취득자격증명 ☆☆

(1) 농·취·증(O): 학교 + 시험·연구·실습지, 농지전용허가·농지전용신고 —→ 농업경영계획서 X
(2) 농·취·증(X): 국가·지자체·상속·담보농지·농지전용협의·법인의 합병·공유농지의 분할·시효완성
(3) 발급권자: 시장·구청장·읍장·면장(7일 이내 발급 → 농업경영계획서를 작성하지 아니하고 신청한 경우에는 4일, 농지위원회 심의대상인 경우에는 14일 이내 발급)

4. 농지의 처분의무 ☆☆☆

(1) 처분: 사유가 발생한 날로부터 1년 이내
(2) 통지: 처분대상농지, 처분의무기간
(3) 처분명령: 6개월 이내(3년간 처분명령유예 가능)
(4) 매수청구(처분명령받은 때)
(5) 이행강제금(시장·군수·구청장이 부과)
　① 부과: 처분명령의 이행을 하지 아니한 자
　② 절차: 미리 문서로써 계고(요식행위)
　③ 금액: 감정가격 또는 개별공시지가 중 높은 가액의 100분의 25에 해당하는 금액
　④ 방법: 이행 시까지 반복 부과(1년에 1회씩)
　⑤ 이의신청: 고지를 받은 날로부터 30일 이내

◆ 농지의 처분사유

① 정당한 사유(징집, 질병, 취학, 공직취임) 없이 자기의 농업경영에 이용하지 아니한 경우
② 농업회사법인이 요건에 맞지 아니하게 된 후 3개월이 지난 경우
③ 학교 등이 실습지 등의 목적사업에 이용하지 아니하게 되었다고 인정한 경우
④ 주말·체험영농에 이용하지 아니하게 되었다고 인정한 경우
⑤ 전용허가(신고) 후 2년 이내에 착수 X
⑥ 농지의 소유상한을 초과하여 취득

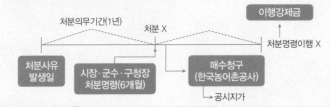

이용

- 농지의 대리경작: 유휴농지(지력 증진을 위한 경우는 제외)
- 농지의 임대차: 원칙 → 금지, 예외 → 허용

1. 대리경작제도 ☆

(1) 지정권자: 시장·군수·구청장
(2) 지정대상: 유휴농지의 소유권자·임차권자 —→ 이의신청: 10일 이내 시장·군수·구청장
(3) 지정절차: ① 지정예고: 소유권자·임차권자　② 지정통지: 대리경작자, 소유권자·임차권자
　③ 지정예고를 할 수 없는 경우: 14일 이상 시·군·구 게시판에 공고
(4) 대리경작자 지정: ① 농업인·농업법인　② 농업생산자단체·학교
(5) 대리경작기간: 따로 정하지 아니하면 3년으로 한다.
(6) 토지사용료: 수확량의 100분의 10을 수확일로부터 2개월 이내에 지급 → 거부 시 공탁

2. 농지의 임대차

(1) 임대차사유: 국가·지방자치단체, 주말·체험영농, 상속, 이농, 담보농지, 한국농어촌공사, 매립농지, 60세 이상 + 농업경영기간이 5년이 넘는 농지를 임대하는 경우
(2) 임대차계약방법: 서면계약, 임대차계약은 등기가 없어도 시장·구청장·읍장·면장의 확인을 받고 해당 농지를 인도받은 경우 다음 날부터 제3자에게 효력이 생긴다.
(3) 임대차계약기간: 3년 또는 5년 이상, 임대차기간을 정하지 아니하거나 3년 또는 5년보다 짧은 경우에는 3년 또는 5년으로 한다. —→ 다년생식물 재배지, 비닐하우스를 설치한 농지
(4) 임대인의 지위승계: 임대농지의 양수인은 임대인의 지위를 승계한 것으로 본다.
(5) 무효: 「농지법」에 위반된 약정으로서 임차인에게 불리한 것은 효력이 없다.

보전

- 농업진흥지역: 시·도지사가 지정
- 전용허가: 농림축산식품부장관
- 전용신고: 시장·군수·구청장

☆ 농업진흥지역

시·도지사(지정) → 심의 → 농림축산식품부장관(승인)

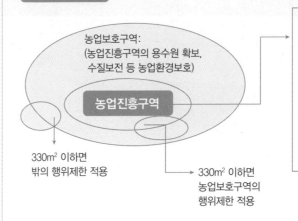

◆ 농지가 집단화

① 원칙: 농업생산 또는 농지개량과 직접적으로 관련되지 아니한 토지이용행위를 할 수 없다.
② 예외: 농업인 주택, 어린이놀이터, 마을회관, 농수산물 가공시설, 매장문화재의 발굴 행위도 허용한다.

소유

- 소유제한: 자기의 농업경영에 이용 ┐ 처분의무
- 소유상한: 원칙적 폐지, 예외적 인정 ┘ (처분명령 → 이행강제금)
- 농지취득자격증명: 시장·구청장· [ ]

1. 농지의 소유제한

(1) 원칙: 경자유전

(2) 예외: 국가·지자체, 학교, 주말·체험영농, 상속, 8년 이상 경작 후 이농, [ ], 농지전용허가(신고), 농지전용협의, 토지수용, 매립농지

┌─────────────────────────────┐
│ ① 매수청구: 농지소유자 → [ ] │
│ ② 매수가격: 공시지가와 실제거래가격 중 │
│   낮은 가격 │
│ ③ 융자: 농지관리기금 │
└─────────────────────────────┘

2. 농지의 소유상한 ★★☆

주말·체험영농([ ] 미만), 상속([ ]), 8년 이상 농업경영 후 이농([ ])

3. 농지취득자격증명 ★★★

농업경영계획서 X

(1) 농·취·증(O): 학교 + 시험·연구·실습지, [ ]·[ ]

(2) 농·취·증(X): 국가·지자체·상속·담보농지·농지전용협의·법인의 합병·공유농지의 분할·

(3) 발급권자: 시장·구청장·읍장·면장(7일 이내 발급 → 농업경영계획서를 작성하지 아니하고 신청한 경우에는 4일, 농지위원회 심의대상인 경우에는 14일 이내 발급)

4. 농지의 처분의무 ★★☆

(1) 처분: 사유가 발생한 날로부터 [ ] 이내

(2) 통지: 처분대상농지, 처분의무기간

(3) 처분명령: [ ] 이내(3년간 처분명령유예 가능)

(4) 매수청구(처분명령 받은 때)

(5) 이행강제금(시장·군수·구청장이 부과)

　① 부과: 처분명령의 이행을 하지 아니한 자

　② 절차: 미리 문서로써 계고(요식행위)

　③ 금액: 감정가격 또는 개별공시지가 중 높은 가액의 [ ]에 해당하는 금액

　④ 방법: 이행 시까지 반복 부과(1년에 1회씩)

　⑤ 이의신청: 고지를 받은 날로부터 30일 이내

┌─────────────────────────────┐
│ ◈ 농지의 처분사유 │
│ ① 정당한 사유(징집, [ ], 취학, [ ]) │
│   없이 자기의 농업경영에 이용하지 아니한 │
│   경우 │
│ ② 농업회사법인이 요건에 맞지 아니하게 된 │
│   후 3개월이 지난 경우 │
│ ③ 학교 등이 실습지 등의 목적사업에 이용 │
│   하지 아니하게 되었다고 인정한 경우 │
│ ④ 주말·체험영농에 이용하지 아니하게 되 │
│   었다고 인정한 경우 │
│ ⑤ 전용허가(신고) 후 [ ] 이내에 착수 X │
│ ⑥ 농지의 소유상한을 초과하여 취득 │
└─────────────────────────────┘

처분의무기간(1년)　　처분 X

처분사유 발생일 — 시장·군수·구청장 처분명령([ ]) — 매수청구 [ ] — 공시지가

처분명령이행 X → [ ]

이용

- 농지의 대리경작: 유휴농지(지력 증진을 위한 경우는 제외)
- 농지의 임대차: 원칙 → 금지, 예외 → 허용

1. 대리경작제도 ☆

(1) 지정권자: 시장·군수·구청장

이의신청: 10일 이내 시장·군수·구청장

(2) 지정대상: 유휴농지의 소유권자·임차권자

(3) 지정절차: ① 지정예고: 소유권자·임차권자　② 지정통지: 대리경작자, 소유권자·임차권자

　③ 지정예고를 할 수 없는 경우: 14일 이상 시·군·구 게시판에 공고

(4) 대리경작자 지정: ① 농업인·농업법인　② 농업생산자단체·학교

(5) 대리경작기간: 따로 정하지 아니하면 [ ]으로 한다.

(6) 토지사용료: 수확량의 [ ]을 수확일로부터 [ ] 이내에 지급 → 거부 시 공탁

2. 농지의 임대차 ☆

(1) 임대차사유: 국가·지방자치단체, 주말·체험영농, 상속, 이농, 담보농지, 한국농어촌공사, 매립농지, 60세 이상 + 농업경영기간이 5년이 넘는 농지를 임대하는 경우

(2) 임대차계약방법: [ ] 임대차계약은 등기가 없어도 시장·구청장·읍장·면장의 확인을 받고 해당 농지를 인도받은 경우 [ ]부터 제3자에게 효력이 생긴다.

(3) 임대차계약기간: [ ] 이상. 임대기간을 정하지 아니하거나 3년 또는 5년보다 짧은 경우에는 [ ]으로 한다.　다년생식물 재배지, 비닐하우스를 설치한 농지

(4) 임대인의 지위승계: 임대농지의 양수인은 임대인의 지위를 승계한 것으로 본다.

(5) 무효: 「농지법」에 위반된 약정으로서 임차인에게 불리한 것은 효력이 [ ].

보전

- 농업진흥지역: [ ]가 지정
- 전용허가: 농림축산식품부장관
- 전용신고:

★ [ ] 시·도지사(지정) → 심의 → [ ](승인)

농업보호구역: (농업진흥구역의 용수원 확보, 수질보전 등 농업환경보호)

[ ]

330㎡ 이하면 밖의 행위제한 적용

330㎡ 이하면 농업보호구역의 행위제한 적용

┌─────────────────────────────┐
│ ◈ [ ] │
│ ① 원칙: 농업생산 또는 농지개량 │
│   과 직접적으로 관련되지 │
│   아니한 토지이용행위를 할 │
│   수 없다. │
│ ② 예외: 농업인 주택, 어린이놀이 │
│   터, 마을회관, 농수산물 │
│   가공시설, 매장문화재의 │
│   발굴 행위도 허용한다. │
└─────────────────────────────┘

핵심 POINT

| 목표정답수 | 총 2문제 중 1문제 이상

POINT 01 농지 및 농업인 ★★★☆

- **농지의 개념**: 전·답·과수원, 그 밖의 법적 지목을 불문하고 실제로 농작물 경작지 또는 다년생식물 재배지로 이용되는 토지(조경목적으로 식재한 것은 제외)

- **농지의 제외** ─ ① 지목이 전·답·과수원이 아닌 토지로서 농작물 경작지 또는 다년생식물 재배지로 계속하여 이용되는 기간이 3년 미만인 토지
  - ② 지목이 임야인 토지로서 산지전용허가를 거치지 아니하고 농작물의 경작 또는 다년생식물 재배에 이용되는 토지
  - ③ 「초지법」에 따라 조성된 초지

- **농업인** ─ ① 1천m² 이상의 농지에서 농작물 또는 다년생식물을 경작 또는 재배하거나 1년 중 90일 이상 농업에 종사하는 자
  - ② 농지에 330m² 이상의 고정식 온실·버섯재배사·비닐하우스 등 농업생산에 필요한 시설을 설치하여 농작물 또는 다년생식물을 경작 또는 재배하는 자
  - ③ 대가축 2두, 중가축 10두, 소가축 100두, 가금 1,000수 또는 꿀벌 10군 이상을 사육하거나 1년 중 120일 이상 축산업에 종사하는 자
  - ④ 농업경영을 통한 농산물의 연간 판매액이 120만원 이상인 자

POINT 02 농지의 소유제한 ★★☆

- **농지의 소유상한** ─ ① 주말·체험영농: 세대원 합산 1천m² 미만 ─┐ 소유 가능
  - ② 상속과 이농(8년 이상 경영): 1만m²까지 ─┘

- **농지취득자격증명을 발급받아야 하는 경우**
  - ① 학교 + 시험·연구·실습지 → 농업경영계획서 작성 X
  - ② 농지전용허가를 받거나 농지전용신고를 한 자 → 농업경영계획서 작성 X
  - ③ 주말·체험영농 → 주말·체험영농계획서 O

- **농지의 처분의무**: 1년

- **농지의 처분사유** ─ ① 소유농지를 정당한 사유(징집, 질병, 취학, 공직취임) 없이 자기의 농업경영에 이용하지 아니한 경우
  - ② 농지전용허가를 받거나 전용신고를 하고 2년 이내에 목적사업에 착수하지 아니한 경우(면제사유 없음)

- **농지의 처분명령**: 6개월(3년간 직권으로 처분명령유예)

- **매수청구**: 한국농어촌공사(공시지가)   ◆ 비교정리: 농업진흥지역에서의 매수청구 → 감정가격

- **이행강제금**: 1년에 1회씩. 감정가격 또는 개별공시지가 중 높은 가액의 100분의 25

POINT 03 농지의 보전 ★☆

농림축산식품부장관은 효율적인 농지관리를 위하여 매년 유휴농지조사, 농업진흥지역의 실태조사를 하여야 한다.

- **농업진흥지역 지정권자**: 시·도지사 → 농림축산식품부장관의 승인

- **농업진흥지역 구분**: 농업진흥구역(집단화) + 농업보호구역

- **농업진흥지역 지정대상**: 녹지지역(특별시는 제외)·관리지역·농림지역·자연환경보전지역

- **농업진흥구역에서 허용되는 행위**
  : ① 농수산물 가공·처리시설, ② 농수산물 관련 시험·연구시설, ③ 문화재 보수·복원, ④ 농업인 주택의 설치

- **농업보호구역에서 허용되는 행위**
  : ① 관광농업사업(2만m² 미만), ② 주말농원사업(3천m² 미만), ③ 단독주택(1천m² 미만), ④ 양수장·정수장(3천m² 미만), ⑤ 태양에너지 발전설비(1만m² 미만)의 설치

- **농지전용허가의 필수적 취소**: 명령을 위반한 경우

- **타용도 일시사용허가(시장, 군수, 구청장)**
  : 현장사무소(사업시행기간 이내), 토석과 광물을 채굴하는 경우(5년 이내), 농지보전부담금 납입 X

- **타용도 일시사용신고(시장, 군수, 구청장)**
  : 썰매장, 지역축제장으로 일시적으로 사용하는 경우 → 6개월 이내, 농지보전부담금 납입 X

기출 OX 문제

농지의 소유 및 보전

01 실제로 농작물 경작지로 이용되는 토지이더라도 법적 지목이 과수원인 경우에는 농지에 해당하지 않는다. [27회] (O | X)

02 3천m²의 농지에서 농작물을 경작하면서 1년 중 80일을 농업에 종사하는 개인은 농업인에 해당한다. [27회] (O | X)

03 꿀벌 10군을 사육하는 자는 농업인에 해당한다. [28회] (O | X)

04 8년 이상 농업경영을 한 후 이농한 자는 이농 당시 소유농지 중에서 총 1만m²까지만 소유할 수 있다. [21회] (O | X)

05 농지를 농업인 주택의 부지로 전용하려고 농지전용신고를 한 사람은 그 농지를 취득하는 경우에는 농지취득자격증명을 발급받지 아니하고 농지를 취득할 수 있다. [26회] (O | X)

06 농지 소유자가 선거에 따른 공직취임으로 휴경하는 경우에는 소유농지를 자기의 농업경영에 이용하지 아니하더라도 농지처분의무가 면제된다. [25회] (O | X)

07 농지처분의무기간은 처분사유가 발생한 날부터 6개월이다. [25회] (O | X)

08 농지 소유자가 시장·군수 또는 구청장으로부터 농지처분명령을 받은 경우 한국토지주택공사에 그 농지의 매수를 청구할 수 있다. [25회] (O | X)

09 시장·군수 또는 구청장은 농지처분명령을 받은 후 농지법령상의 정당한 사유 없이 지정기간까지 그 처분명령을 이행하지 아니한 자에게 감정가격 또는 개별공시지가 중 높은 가액의 100분의 25에 해당하는 이행강제금을 부과한다. [28회] (O | X)

10 농지 소유자가 6개월간 미국을 여행 중인 경우에는 소유농지를 위탁경영할 수 있다. [29회] (O | X)

11 유휴농지의 대리경작자는 수확량의 100분의 10을 농림축산식품부령으로 정하는 바에 따라 그 농지의 소유권자나 임차권자에게 토지 사용료로 지급하여야 한다. [28회] (O | X)

12 광역시의 녹지지역은 농업진흥지역 지정대상이 아니다. [22회] (O | X)

13 특별시의 녹지지역은 농업진흥지역으로 지정할 수 있다. [31회] (O | X)

14 녹지지역을 포함하는 농업진흥지역을 지정하는 경우 국토교통부장관의 승인을 받아야 한다. [22회] (O | X)

15 농업보호구역에서는 매장 문화재의 발굴행위를 할 수 없다. [22회] (O | X)

16 농지의 임차인이 농작물의 재배시설로서 비닐하우스를 설치한 농지의 임대차기간은 10년 이상으로 하여야 한다. [31회] (O | X)

17 산지전용허가를 받지 아니하고 불법으로 개간한 농지라도 이를 다시 산림으로 복구하려면 농지전용허가를 받아야 한다. [29회] (O | X)

18 농지전용허가를 받은 자가 조업의 정지명령을 위반한 경우에는 그 허가를 취소하여야 한다. [24회] (O | X)

19 농업진흥지역 밖의 농지를 농지전용허가를 받지 아니하고 전용한 자는 3년 이하의 징역 또는 해당 토지가액의 100분의 50에 해당하는 금액 이하의 벌금에 처한다. [28회] (O | X)

20 지력의 증진이나 토양의 개량·보전을 위하여 필요한 기간 동안 휴경하는 농지에 대해서도 대리경작자를 지정할 수 있다. [32회] (O | X)

정답

01 X (실제로 농작물의 경작에 이용되는 토지는 농지에 해당한다)　**02** O　**03** O　**04** O　**05** X (농지전용신고를 한 사람이 농지를 취득한 경우에는 농지취득자격증명을 발급받아야 한다)
06 O　**07** X (농지처분의무기간은 1년이다)　**08** X (농지처분명령을 받은 경우 한국농어촌공사에 그 농지의 매수를 청구할 수 있다)　**09** O　**10** O　**11** O　**12** X (광역시의 녹지지역은 농업진흥지역의 지정대상이다)　**13** X (특별시의 녹지지역은 농업진흥지역으로 지정할 수 없다)　**14** X (농림축산식품부장관의 승인을 받아야 한다)　**15** X (농업보호구역에서는 매장 문화재의 발굴행위를 할 수 있다)　**16** X (임대차기간은 5년 이상으로 하여야 한다)　**17** X (산지전용허가를 받지 아니하고 불법으로 개간한 농지를 다시 산림으로 복구하려는 경우에는 농지전용허가를 받지 않아도 된다)　**18** O　**19** O　**20** X (지력의 증진이나 토양의 개량·보전을 위하여 필요한 기간 동안 휴경하는 농지에 대해서는 대리경작자를 지정할 수 없다)

농지법

01 농지

농지에서 제외	① 지목이 전·답·과수원이 아닌 토지로서 경작기간이 3년 미만인 토지 ② 지목이 임야인 토지로서 산지전용허가를 거치지 아니하고 농작물의 경작 또는 다년생식물 재배지로 이용되는 토지 ③ 「초지법」에 따라 조성된 초지

02 농업인

요건	① 1천m² 이상의 농지에서 농작물을 경작하거나 1년 중 90일 이상을 농업에 종사하는 자 ② 농지에 330m² 이상 고정식 온실·비닐하우스 등을 설치하여 경작하는 자 ③ 대가축 2두·중가축 10두·소기축 100두, 가금 1,000수, 꿀벌 10군 이상을 사육하거나 1년 중 120일 이상 축산업에 종사하는 자 ④ 농산물을 통한 연간 판매액이 120만원 이상인 자

03 농업법인

영농조합법인 또는 업무집행권을 가진 자 중 1/3 이상이 농업인인 농업회사법인

04 자경

농업인이 그 소유농지에서 상시 종사하거나 농작업의 1/2 이상을 자기의 노동력으로 경작 또는 재배하는 것

05 농지의 소유상한

① 상속농지: 1만m²까지만 소유 ② 8년 이상 농업경영 후 이농하는 자: 1만m²까지만 소유 ③ 주말·체험영농: 1천m² 미만

06 농지취득자격증명

발급권자: 시장·구청장·읍장·면장 – 7일 이내 발급(농업경영계획서 작성이 필요 없는 경우에는 4일, 농지위원회의 심의대상인 경우에는 14일)

07 농지의 처분

처분사유	① 농업회사법인이 농업법인요건에 맞지 아니하게 된 후 3개월이 지난 경우
	② 농지전용허가·신고 후 농지를 취득한 자가 취득한 날부터 **2년** 이내에 그 목적사업에 <mark>착수하지 아니한 경우</mark> 등
처분기간	① 처분사유가 발생한 날부터 **1년** 이내에 처분하여야 한다.
	② 처분의무기간에 처분하지 아니하는 경우 및 거짓이나 부정한 방법으로 농지취득자격증명을 발급받아 농지를 소유한 것으로 시장·군수 또는 구청장이 인정한 경우에는 **6개월** 이내에 처분할 것을 명할 수 있다.
처분유예	3년간 직권으로 처분명령을 유예 → 자기 농업경영에 이용하는 경우, 한국농어촌공사와 매도위탁계약을 체결하는 경우

08 이행강제금 부과

부과금액	감정가격 또는 개별공시지가 중 높은 가액의 **100분의 25** + 매년 1회 부과·징수(30일 이내에 이의제기 가능)

09 농지의 대리경작 ◆ 비교정리: 농지의 임대차기간 → 3년 또는 5년 이상

대리경작자 지정 및 기간	① 이의신청: 지정예고일부터 10일 이내 → 시장·군수·구청장 → 7일 이내에 결과를 알려야 한다(기간만료 3개월 전까지 해지신청).
	② 대리경작자의 의무: 대리경작자는 수확량의 **10/100**을 농작물의 수확일부터 **2개월** 이내에 토지사용료로 해당 농지의 소유자 또는 임차권을 가진 자에게 지급하여야 한다.
	③ 대리경작기간: 따로 정하지 아니하면 3년으로 한다.

10 농지의 위탁경영

사유	① 「병역법」에 따라 징집 또는 소집된 경우
	② **3개월 이상 국외여행** 중인 경우
	③ 농업법인이 청산 중인 경우
	④ 질병, 취학, 공직취임, 부상으로 3개월 이상 치료가 필요한 경우
	⑤ 농업인이 자기 노동력이 부족하여 농작업의 일부를 위탁하는 경우
	⑥ 임신 중이거나 분만 후 6개월 미만인 경우
	⑦ 교도소·구치소 또는 보호감호시설에 수용 중인 경우

11 농업진흥구역에서 가능한 행위

① 농지개량시설, 미곡종합처리장 3만㎡ 미만, 육종연구를 위한 시험연구시설 3천㎡ 미만

② 농업기계수리시설 3천㎡ 미만, 유기질비료제조시설 3천㎡(지방자치단체가 설치하는 경우에는 1만㎡) 미만

12 농업보호구역에서 가능한 행위

① 농업진흥구역에서 가능한 모든 행위

② 관광농원 2만㎡ 미만, 주말농원 3천㎡ 미만, 양수장·정수장 3천㎡ 미만, 단독주택 1천㎡ 미만, 태양에너지발전설비 1만㎡ 미만

13 농지전용허가 취소(필수)

조치명령을 위반한 경우에는 허가를 취소하여야 한다.

14 농지전용신고대상

① 농업진흥지역 밖: 농·어업인 주택(660㎡ 이하), 축산업용 시설(농업인 1,500㎡ 이하, 법인 7천㎡ 이하)

② 농업진흥지역 밖: 농수산물 유통·가공시설(농업인 3,300㎡ 이하, 법인 7천㎡ 이하), 양어장 및 양식장(세대 또는 법인 1만㎡ 이하)

③ 농수산업 관련 시험·연구시설[법인당 7천㎡(농업진흥지역 안의 경우에는 3천㎡) 이하]

④ 농업진흥지역 밖에 설치하는 어린이놀이터·마을회관 등 공동생활 편의시설(규모 제한 없음)

15 타용도 일시사용(전용 X)

① 간이 농수축산업용 시설: 7년 이내, 현장사무소: 사업시행기간 이내, 토석과 광물의 채굴: 5년 이내 → 시장·군수·구청장의 허가

② 썰매장, 지역축제장 등으로 일시적으로 사용하는 경우: 6개월 이내 → 시장·군수·구청장에게 신고

③ 농지의 타용도 일시사용허가를 받거나 타용도 일시사용신고를 한 자는 농지보전부담금 납입대상이 아니다.

유형별 계산문제

국토의 계획 및 이용에 관한 법률

| 유형1 | 연면적 계산문제

A시에 소재하는 甲의 대지 1,000m² 중 700m²는 제3종 일반주거지역에 걸쳐 있고, 나머지 300m²는 일반공업지역에 걸쳐 있을 경우, 이 토지에 건축할 수 있는 최대 연면적으로 옳은 것은? (단, A시의 제3종 일반주거지역의 용적률은 300%이고 일반공업지역에 적용되는 용적률은 250%이며, 그 밖의 다른 조건은 고려하지 않음)

① 1,650m² ② 2,200m² ③ 2,500m²
④ 2,850m² ⑤ 3,200m²

해설 하나의 대지가 둘 이상의 용도지역에 걸치는 경우로서 각 용도지역에 걸치는 부분 중 가장 작은 부분의 규모가 330m² 이하인 경우에는 전체 대지의 건폐율 및 용적률은 각 부분이 전체 대지면적에서 차지하는 비율을 고려하여 가중평균한 값을 적용하므로, 용적률 = (700 × 3 + 300 × 2.5) ÷ 1,000 × 100 = 285%이다. 용적률 285%란 대지면적의 2.85배가 연면적이 된다는 뜻이므로, 건축 가능한 최대 연면적은 2,850m²이다.

정답 ④

| 유형2 | 건폐율 계산문제

국토의 계획 및 이용에 관한 법령상 일반상업지역 내의 지구단위계획구역에서 건폐율이 60%이고, 대지면적이 400m²인 부지에 건축물을 건축하려는 자가 그 부지 중 100m²를 공공시설의 부지로 제공하는 경우, 지구단위계획으로 완화하여 적용할 수 있는 건폐율의 최대한도(%)는 얼마인가? (단, 조례는 고려하지 않으며, 건축주가 용도 폐지되는 공공시설을 무상양수받은 경우가 아님) [27회]

① 60% ② 65% ③ 70%
④ 75% ⑤ 80%

해설 완화할 수 있는 건폐율 = 해당 용도지역에 적용되는 건폐율 × [1 + 공공시설 등의 부지로 제공하는 면적(공공시설 등의 부지를 제공하는 자가 법 제65조 제2항에 따라 용도가 폐지되는 공공시설을 무상으로 양수받은 경우에는 그 양수받은 부지 면적을 빼고 산정한다) ÷ 원래의 대지면적] 이내이다. 따라서 60 × (1 + 100 ÷ 400) = 75%이다.

정답 ④

| 유형3 | 용적률 계산문제(1)

A시에서 甲이 소유하고 있는 1,000m²의 대지는 제1종 일반주거지역에 800m², 제2종 일반주거지역에 200m²씩 걸쳐 있다. 甲이 대지 위에 건축할 수 있는 최대 연면적이 1,200m²일 때, A시 조례에서 정하고 있는 제1종 일반주거지역의 용적률은? (단, 조례상 제2종 일반주거지역의 용적률은 200%이며, 기타 건축제한은 고려하지 않음) [21회]

① 100% ② 120% ③ 150%
④ 180% ⑤ 200%

해설 제2종 일반주거지역에 걸쳐 있는 대지면적이 200m²이기 때문에 전체 대지에 적용되는 용적률은 가중평균하여 적용한다. 가중평균한 용적률 = 1,200 ÷ 1,000 × 100 = 120%가 된다. 가중평균한 용적률 120% = [(800 × x%) + (200 × 200%)] ÷ 1,000으로 계산하면 120,000 = 800x + 40,000이 된다. 따라서 제1종 일반주거지역의 용적률은 100%이다.

정답 ①

| 유형4 | 용적률 계산문제(2)

甲은 도시지역 내에 지정된 지구단위계획구역에서 제3종 일반주거지역인 자신의 대지에 건축물을 건축하려고 하는바, 그 대지 중 일부를 학교의 부지로 제공하였다. 국토의 계획 및 이용에 관한 법령상 다음 조건에서 지구단위계획을 통해 완화되는 용적률을 적용할 경우 甲에게 허용될 수 있는 건축물의 최대 연면적은? (단, 지역·지구의 변경은 없는 것으로 하며, 기타 용적률에 영향을 주는 다른 조건은 고려하지 않음) [24회]

- 甲의 대지면적: 1,000m²
- 학교 부지 제공면적: 200m²
- 제3종 일반주거지역의 현재 용적률: 300%
- 학교 제공부지의 용적률은 현재 용도지역과 동일함

① 3,200m² ② 3,300m² ③ 3,600m²
④ 3,900m² ⑤ 4,200m²

해설 공공시설 등의 부지를 제공하는 경우에는 다음의 비율까지 용적률을 완화하여 적용할 수 있다.

완화할 수 있는 용적률 = 해당 용도지역에 적용되는 용적률 + [1.5 × (공공시설 등의 부지로 제공하는 면적 × 공공시설 등 제공 부지의 용적률) ÷ 공공시설 등의 부지 제공 후의 대지면적] 이내

따라서 용적률(300) + [1.5 × (200m² × 300) ÷ 800m²] = 412.5%가 된다. 최대 연면적 = 대지면적(800) × 용적률(4.125)이기 때문에 3,300m²이다.

정답 ②

도시개발법

| 유형1 | 평균 토지부담률 계산문제(1)

도시개발법령상 다음 조건에서 환지계획구역의 평균 토지부담률은? [22회]

- 환지계획구역 면적: 120만m^2
- 보류지 면적: 60만m^2
- 체비지 면적: 30만m^2
- 시행자에게 무상귀속되는 공공시설 면적: 20만m^2
- 청산대상 토지면적: 10만m^2

① 10% ② 25% ③ 40% ④ 50% ⑤ 60%

해설 평균 토지부담률 = (보류지 면적 - 무상귀속되는 공공시설 면적) ÷ (환지계획구역의 면적 - 무상귀속되는 공공시설 면적) × 100%이다. 따라서 (60만m^2 - 20만m^2) ÷ (120만m^2 - 20만m^2) × 100% = 40%이다.

정답 ③

| 유형2 | 평균 토지부담률 계산문제(2)

도시개발법령상 조합인 시행자가 면적식으로 환지계획을 수립하여 환지방식에 의한 사업시행을 하는 경우, 환지계획구역의 평균 토지부담률(%)은 얼마인가? (단, 다른 조건은 고려하지 않음) [27회]

- 환지계획구역 면적: 200,000m^2
- 공공시설의 설치로 시행자에게 무상귀속되는 토지면적: 20,000m^2
- 시행자가 소유하는 토지면적: 10,000m^2
- 보류지 면적: 106,500m^2

① 40% ② 45% ③ 50% ④ 55% ⑤ 60%

해설 조합인 시행자의 평균 토지부담률 = [보류지 면적 - (무상귀속되는 면적 + 시행자가 소유하는 토지면적)] ÷ [환지계획구역 면적 - (무상귀속되는 면적 + 시행자가 소유하는 토지면적)] × 100이다. 따라서 [106,500 - (20,000 + 10,000)] ÷ [200,000 - (20,000 + 10,000)] × 100 = 45%이다.

정답 ②

| 유형3 | 비례율 계산문제

도시개발법령상 환지 설계를 평가식으로 하는 경우 다음 조건에서 비례율은? (단, 제시된 조건 이외의 사항은 고려하지 않음) [24회]

- 도시개발사업으로 조성되는 토지·건축물의 평가액 합계: 80억원
- 환지 전 토지·건축물의 평가액 합계: 40억원
- 총 사업비: 20억원

① 100% ② 125% ③ 150% ④ 200% ⑤ 250%

해설 환지 설계를 평가식으로 하는 경우 비례율 = [도시개발사업으로 조성되는 토지·건축물의 평가액 합계(공공시설 또는 무상으로 공급되는 토지·건축물의 평가액 합계는 제외) - 총 사업비] ÷ 환지 전 토지·건축물의 평가액 합계(법 제27조 제5항 각 호에 해당하는 토지 및 같은 조 제7항에 해당하는 건축물의 평가액 합계는 제외) × 100이다. 따라서 비례율은 (80억원 - 20억원) ÷ 40억원 × 100 = 150%이다.

정답 ③

도시 및 주거환경정비법

| 유형1 | 토지등소유자 산정방법

도시 및 주거환경정비법령상 재개발사업을 시행하기 위하여 조합을 설립하고자 할 때, 다음 표의 예시에서 산정되는 토지등소유자의 수로 옳은 것은?

① 3명   ② 4명

③ 5명   ④ 6명

⑤ 8명

지번	토지 소유자	건축물 소유자	지상권자
1	A	H	
2	B		D
3	F	G	
4	A	A	

해설 토지등소유자 산정 = 지번1의 경우 A와 H 각각 1명, 지번2의 경우 B, D 중 1명, 지번3의 경우 F와 G 각각 1명, 지번4의 경우 A가 이미 지번1에서 산정되었으므로 0명이다. 따라서 조합원은 모두 5명이다.

보충 토지등소유자 산정방법

1. 주거환경개선사업, 재개발사업의 경우에는 다음의 기준에 따라 산정한다.
   - 1필지의 토지 또는 하나의 건축물을 여럿이서 공유할 때에는 그 여럿을 대표하는 1인을 토지등소유자로 산정할 것
   - 토지에 지상권이 설정되어 있는 경우, 토지의 소유자와 해당 토지의 지상권자를 대표하는 1인을 토지등소유자로 산정할 것
   - 1인이 다수 필지의 토지 또는 다수의 건축물을 소유하고 있는 경우에는 필지나 건축물의 수에 관계없이 토지등소유자를 1인으로 산정할 것. 다만, 재개발사업으로서 토지등소유자가 재개발사업을 시행하는 경우 토지등소유자가 정비구역 지정 후에 정비사업을 목적으로 취득한 토지 또는 건축물에 대해서는 정비구역 지정 당시의 토지 또는 건축물의 소유자를 토지등소유자의 수에 포함하여 산정하되, 이 경우 동의 여부는 이를 취득한 토지등소유자에 따를 것
2. 재건축사업의 경우 1인이 둘 이상의 소유권 또는 구분소유권을 소유하고 있는 경우에는 소유권 또는 구분소유권의 수에 관계없이 토지등소유자를 1인으로 산정할 것
3. 추진위원회 또는 조합의 설립에 동의한 자로부터 토지 또는 건축물을 취득한 자는 추진위원회 또는 조합의 설립에 동의한 것으로 볼 것
4. 토지등기부등본·건물등기부등본·토지대장 및 건축물관리대장에 소유자로 등재될 당시 주민등록번호의 기록이 없고 기록된 주소가 현재 주소와 상이한 경우로서 소재가 확인되지 아니한 자는 토지등소유자의 수에서 제외할 것
5. 국·공유지에 대해서는 그 재산관리청 각각을 토지등소유자로 산정할 것

정답 ③

건축법

| 유형1 | 대지면적 산정방법

건축법령상 대지 A의 건축선을 고려한 대지면적은?
(단, 도로는 보행과 자동차 통행이 가능한 통과 도로로서 법률상 도로이며, 대지 A는 도시지역임) [21회]

① 170m²   ② 180m²

③ 200m²   ④ 205m²

⑤ 210m²

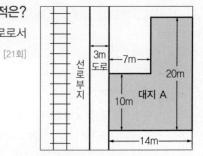

해설 소요 너비에 못 미치는 도로로서 도로 반대쪽에 선로부지가 있으므로 선로부지가 있는 쪽의 도로 경계선에서 소요 너비에 해당하는 수평거리의 선을 건축선으로 한다. 따라서 대지 A쪽으로 1m를 후퇴하여 건축선이 정해지므로 대지면적은 (7m × 10m) + (13m × 10m) = 200m²가 된다.

정답 ③

| 유형2 | 증축 가능한 면적 산정방법

다음의 그림은 지상 3층과 다락의 구조를 갖추고 있는 다세대주택인 건축물이다. 2층과 3층은 주거전용공간이며, 지붕이 경사진 형태인 다락의 높이는 1.7m, 처마길이는 50cm이다. 대지면적이 200m², 용적률 및 건폐율 한도가 각각 200%, 50%라 할 때, 증축 가능한 최대면적은 얼마인가? (단, 기타 건축제한 및 인센티브는 없는 것으로 함) [20회]

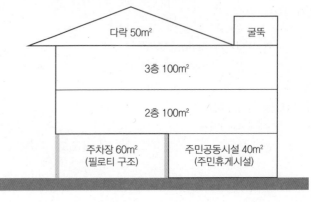

① 90m²   ② 110m²   ③ 140m²

④ 160m²   ⑤ 200m²

· 승강기탑, 계단탑, 장식탑, 다락[충고가 1.5m(경사진 형태의 지붕인 경우에는 1.8m) 이하인 것만 해당한다]은 바닥면적에 산입하지 아니한다. 따라서 다락 50m^{2}는 바닥면적에 포함되지 않는다.

· 건축물의 외부 또는 내부에 설치하는 굴뚝은 바닥면적에 산입하지 않는다.

· 1층 부분의 주차장 면적은 용적률 산정 시 연면적에서 제외된다.

· 대지면적 200m^{2}에 용적률 200%를 곱하면 최대 연면적은 400m^{2}가 된다. 현재 1층의 주민공동시설 면적 40m^{2}와 2층 부분의 바닥면적 100m^2, 3층 부분의 바닥면적 100m^{2}를 사용하고 있다.

따라서 최대 연면적 400m^2 중 현재 사용하고 있는 240m^{2}를 제외한 160m^{2}의 면적이 최대 증축 가능한 면적이다.

정답 ④

| 유형3 | 용적률 산정방법

건축법령상 1,000m^{2}의 대지에 건축한 다음 건축물의 용적률은 얼마인가? (단, 제시된 조건 외에 다른 조건은 고려하지 않음)   [24회]

· 하나의 건축물로서 지하 2개 층, 지상 5개 층으로 구성되어 있으며, 지붕은 평지붕임

· 건축면적은 500m^{2}이고, 지하층 포함 각 층의 바닥면적은 480m^{2}로 동일함

· 지하 2층은 전부 주차장, 지하 1층은 전부 제1종 근린생활시설로 사용됨

· 지상 5개 층은 전부 업무시설로 사용됨

① 240%   ② 250%   ③ 288%

④ 300%   ⑤ 480%

해설 용적률 = 연면적 ÷ 대지면적 × 100이다. 연면적은 하나의 건축물 각 층의 바닥면적의 합계로 하되, 용적률을 산정할 때에는 지하층의 면적, 지상층의 주차용으로 쓰는 면적, 초고층건축물과 준초고층 건축물에 설치하는 피난안전구역의 면적, 건축물의 경사지붕 아래에 설치하는 대피공간의 면적은 연면적에서 제외한다. 그러므로 연면적 = 480m^2 × 5 = 2,400m^{2}이다.

따라서 용적률 = 2,400m^2 ÷ 1,000m^2 × 100 = 240%가 된다.

정답 ①

| 유형4 | 층수 산정방법

지하층이 2개 층이고 지상층은 전체가 층의 구분이 명확하지 아니한 건축물로서, 건축물의 바닥면적은 600m^{2}이며 바닥면적의 300m^{2}에 해당하는 부분은 그 높이가 12m이고 나머지 300m^{2}에 해당하는 부분의 높이는 16m이다. 이러한 건축물의 건축법령상 층수는? (단, 건축물의 높이는 건축법령에 의하여 산정한 것이고, 지표면의 고저차는 없으며, 건축물의 옥상에는 별도의 설치물이 없음)   [23회]

① 1층   ② 3층   ③ 4층

④ 5층   ⑤ 6층

해설 층의 구분이 명확하지 아니한 건축물은 그 건축물의 높이 4m마다 하나의 층으로 보기 때문에 높이가 12m인 경우에는 3층이 되고, 높이가 16m인 경우에는 4층의 건축물이 된다. 또한, 건축물의 부분에 따라 층수가 다른 경우에는 가장 많은 층수로 보기 때문에 해당 건축물의 층수는 4층이 된다.

정답 ③

| 유형5 | 바닥면적 산정방법

건축법령상 대지면적이 160m^{2}인 대지에 건축되어 있고, 각 층의 바닥면적이 동일한 지하 1층 · 지상 3층인 하나의 평지붕 건축물로서 용적률이 150%라고 할 때, 이 건축물의 바닥면적은 얼마인가? (단, 제시된 조건 이외의 다른 조건이나 제한은 고려하지 아니함)   [25회]

① 60m^2 ② 70m^2 ③ 80m^2

④ 100m^2 ⑤ 120m^2

해설 용적률 = 연면적 ÷ 대지면적 × 100이다. 현재 용적률은 150%이고, 대지면적은 160m^{2}이다. 이 경우 대지면적(160m^2)의 1.5배가 연면적이 된다. 따라서 이 건축물의 연면적은 240m^{2}가 된다. 여기에서 지하층은 용적률 산정 시 연면적에서 제외되기 때문에 지상 3층만 계산하면 이 건축물의 바닥면적은 80m^{2}가 된다.

정답 ③

건축법령상 다음의 예시에서 규정하고 있는 건축물의 높이로 옳은 것은?

- 건축물의 용도: 일반업무시설
- 건축면적: 560m^2
- 층고가 4m인 6층의 건축물
- 옥상에 설치된 높이 6m인 장식탑의 수평투영면적 80m^2

① 18m   ② 25m   ③ 28m

④ 30m   ⑤ 36m

해설 건축면적의 1/8은 560m^2 × 1/8 = 70m^{2}가 된다.
옥상에 설치된 높이 6m인 장식탑의 수평투영면적이 80m^{2}이기 때문에 건축면적의 1/8을 초과한다. 따라서 옥상에 설치된 높이 6m인 장식탑의 높이는 건축물의 높이에 포함하여야 한다.
즉, 층고가 4m인 6층의 건축물의 높이는 24m + 6m = 30m가 된다.

정답 ④

MEMO

MEMO

삶의 순간순간이
아름다운 마무리이며
새로운 시작이어야 한다.

– 법정 스님

2022 에듀윌 공인중개사 부동산공법 체계도

발 행 일	2022년 1월 9일 초판
편 저 자	김희상
펴 낸 이	이중현
펴 낸 곳	(주)에듀윌
등록번호	제25100-2002-000052호
주 소	08378 서울특별시 구로구 디지털로34길 55
	코오롱싸이언스밸리 2차 3층

ISBN 979-11-360-1366-8

www.eduwill.net

대표전화 1600-6700

여러분의 작은 소리
에듀윌은 크게 듣겠습니다.

본 교재에 대한 여러분의 목소리를 들려주세요.

공부하시면서 어려웠던 점, 궁금한 점,

칭찬하고 싶은 점, 개선할 점, 어떤 것이라도 좋습니다.

에듀윌은 여러분께서 나누어 주신 의견을

통해 끊임없이 발전하고 있습니다.

합격자가 답해주는 ───────

에듀윌 지식인

공인중개사
무엇이든지
궁금하다면

?

접속방법

에듀윌 지식인(kin.eduwill.net) 접속

에듀윌 지식인 신규가입회원 혜택

5,000원 쿠폰증정

발급방법 | 에듀윌 지식인 사이트 (kin.eduwill.net) 접속 ▶ 신규회원가입 ▶ 자동발급

사용방법 | 에듀윌 온라인 강의 수강 신청 시 타 쿠폰과 중복하여 사용 가능

※ 본 혜택은 예고 없이 다른 혜택으로 대체될 수 있습니다.

에듀윌
지식인

에듀윌 공인중개사 동문회 가입

에듀윌 공인중개사 동문회와 함께 8가지 특권을 만나보세요!

① 에듀윌 공인중개사 합격자 모임

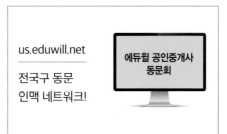

us.eduwill.net

전국구 동문 인맥 네트워크!

에듀윌 공인중개사 동문회

② 동문회 사이트

③ 정기모임과 선후배 결연 멘토링

믿고 의지할 수 있는 동문들을 한 손에!

④ 동문회 인맥북

⑤ 동문회와 함께하는 사회공헌활동

⑥ 개업 시 동문 중개업소 홍보물 지원

⑦ 동문회 주최 실무 특강

⑧ 동문회 소식지 <에공회 톡톡> 무료 구독 서비스

※ 본 특권은 회원별로 상이하며, 예고 없이 변경될 수 있습니다.

에듀윌 공인중개사 동문회 | us.eduwill.net
문의 | 1600-6700

공인중개사
동문회

에듀윌 부동산 아카데미 강의 듣기

성공 창업의 필수 코스 | 부동산 창업 CEO 과정

창업 컨설팅
- 창업 입지 컨설팅
- 사업 계획 수립
- 동문 네트워킹

중개 실무 기본
- 계약서 작성
- 중개 영업
- 온라인 마케팅

실전 Level-Up
- 토지 실무
- 상가 실무
- 부동산 컨설팅

부동산 투자
- 실전 경매
- 개발과 분양
- 재개발 재건축

부동산으로 성공하는 | 취업·창업 준비 3대 정규 과정

부동산 중개업 마스터
- 계약서 작성
- 중개 영업
- IT 마케팅
- 부동산 세무

부동산 컨설턴트
- 토지 중개 컨설팅
- 상가 중개 컨설팅
- 상업용 부동산
- 계약서 심화

투자자산관리
- 실전 경매
- 부동산 개발과 분양
- 재개발 재건축 실무
- 자산 관리

경매의 神과 함께 | 부자 되기 경매 스쿨

- 공인중개사를 위한 경매 실무
- 기초에서 심화까지 실전 경매
- 고수들만 아는 돈 되는 특수 물권
- 법원, 토지 현장 등 임장 활동
- 경매 정보 사이트 무료 이용

실전 경매의 神 안성선, 황종화, 장석태, 이주왕

에듀윌 부동산 아카데미 | uland.eduwill.net
문의 | 온라인 강의 1600-6700, 학원 강의 02)6736-0600

부동산
아카데미

11년간* 베스트셀러 1위
에듀윌 공인중개사 교재

합격자 수 1위를 만들어낸
에듀윌 공인중개사 명품 커리큘럼 교재

기초서 2종

기본서 1차 2종

기본서 2차 4종

단원별 기출문제집 2종

문제집 1차 2종

문제집 2차 4종

약점 보완을 위한 이론서

부동산공법 체계도

부동산세법 체계도

한손끝장 5종

핵심요약집 2종

2주끝장 부동산학개론

7일끝장 부동산학개론 계산문제

민법판례집

부동산공법 합격노트

민개공 30일끝장

실전 대비를 위한 기출문제집과 모의고사

7일끝장 회차별 기출문제집 2종

기출OX 6종

실전모의고사 2종

봉투모의고사 2종

더 많은
공인중개사 교재

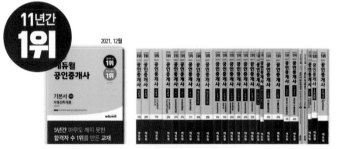

1위 21.12월 · 2022 에듀윌 전기자기학 · 필기 기본서+5개년 기출 · 20개월 베스트셀러 1위 · 한권으로 끝내는 전기자기학
전기기사 필기/실기/기출문제집

1위 21.11월 · 2022 에듀윌 전기기능사 · 필기 한권끝장 · 연속 11개월 베스트셀러 1위! · 21년 기출로 KEC 완벽대비
전기기능사 필기/실기

1위 21.2월 · 2021 에듀윌 한국사 능력검정시험 · 2주끝장 심화 · 32개월 베스트셀러 1위 · 3,250여 기출선지 완벽 분석
한국사능력검정시험 기본서/2주끝장/기출/우선순위50/초등

1위 21.12월 · 2022 에듀윌 조리기능사 · 필기 1주끝장 · 조리기능사 교육 1위... · 핵심테마 X 토막강의로 합격
조리기능사 필기/실기

1위 21.11월 · 에듀윌 제과·제빵기능사 · 필기끝장 · 163회 베스트셀러 1위 · 혼자서도 초단기 합격!
제과제빵기능사 필기/실기

1위 21.10월 · 2022 에듀윌 SMAT 모듈A · 1주끝장 비즈니스 커뮤니케이션 · 출간 전종 베스트셀러 1위 · 4년연속 주관처 공식인증 교재
SMAT 모듈A/B/C

1위 21.12월 · 2021 에듀윌 ERP 정보관리사 · 인사 1급 · 10개월 베스트셀러 1위 · 핵심만 모아 단번에 합격
ERP정보관리사 회계/인사/물류/생산(1, 2급)

1위 21.12월 · 2021 에듀윌 전산세무 1급 · 이론편+실무편+최신기출 · 52개월 베스트셀러 1위 · 독학으로 6주 합격
전산세무회계 기초서/기본서/기출문제집

1위 21.12월 · 에듀윌 상공회의소 한자 3급 · 2주끝장 · 40개월 베스트셀러 1위 · 일사천리 초단기 암기 비법
어문회 한자 2급 | 상공회의소한자 3급

1위 21.12월 · 에듀윌 ToKL 국어능력인증시험 · 2주끝장 · 66개월 베스트셀러 1위 · 2주 초단기 고득점 공략!
ToKL 한권끝장/2주끝장

1위 21.12월 · 2022 에듀윌 KBS 한국어능력시험 · 한권끝장 · 8개월 베스트셀러 1위 · 기본부터 제대로, 고득점 공략!
KBS한국어능력시험 한권끝장/2주끝장/문제집/기출문제집

1위 21.12월 · 59개월 연속 2주만에 끝내는 실용글쓰기 대표교재 · 2021 에듀윌 한국실용글쓰기 · 2주끝장
한국실용글쓰기

1위 21.6월 · 2021 에듀윌 매경TEST · 2주끝장 · 39개월 베스트셀러 1위 · 꼭 나올 핵심테마 2주합격
매경TEST 기본서/문제집/2주끝장

1위 21.12월 · 2022 에듀윌 TESAT · 한권끝장 핵심시간 대비서 · 42개월 베스트셀러 1위 · 이론+기출 한권으로 올킬!
TESAT 기본서/문제집/기출문제집

1위 21.12월 · 2022 에듀윌 스포츠지도사 · 필기 한권끝장 · 17개월 베스트셀러 1위 · 한권으로 5종 자격증 보장!
스포츠지도사 필기/실가구술 한권끝장

1위 21.12월 · 2021 에듀윌 산업안전기사 · 필기 한권끝장 · 이론편+기출문제편 · 前 출제위원 검증! · 기출 기반 한달 합격
산업안전기사 | 산업안전산업기사

1위 21.12월 · 2021 에듀윌 위험물산업기사 · 필기 2주끝장 · 前 출제위원 검증! · 무료특강+기출로 초단기 합격
위험물산업기사 | 위험물기능사

1위 21.12월 · 2021 에듀윌 무역영어 1급 · 한달끝장 2일 완전 대비 · 17개월 베스트셀러 1위! · 기출 기반, 기출 집중 교재
무역영어 1급 | 국제무역사 1급

1위 21.12월 · 2021 에듀윌 답만 보는 운전면허 · 필기시험 · 17개월 베스트셀러 1위 · 기출+문제 집중 교재
운전면허 1종·2종

· 2022 에듀윌 IT자격증 **EXIT** 컴퓨터활용능력 · EXIT 합격 서비스 · 이 책에서 100% 출제
컴퓨터활용능력 | 워드프로세서

1위 20.2월 · 취업상식 84개월 베스트셀러 1위 · 에듀윌 시사상식
월간시사상식 | 일반상식

1위 21.12월 · 20일 후 취업성공 NCS 점수! 매1N · 에듀윌 공기업 · 매일 1회씩 꺼내 푸는 NCS
월간 NCS | 매1N

1위 21.8월 · 에듀윌 공기업 · NCS 독학 가능한 통합 기본서
NCS 통합 | 모듈형 | 피듈형

1위 20.7월 1주 · 2021 에듀윌 PSAT형 NCS 자료해석 · 실전 380제 · 베스트셀러 1위 · PSAT형 자료해석 1권 끝장!
PSAT형 NCS 자료해석 380제

· 2022 버전 · 에듀윌 공기업 NCS를 위한 PSAT 기출완성 · 해석솔루션형 · NCS에 딱! 맞는 PSAT 언어논리 집중!
PSAT 기출완성 | 6대 출제사 기출PACK

1위 21.10월 · 에듀윌 공기업 **코레일** 한국철도공사 · NCS+전공 봉투모의고사 · 6·2회
한국철도공사 | 서울교통공사 | 부산교통공사

1위 21.10월 1주 · 2021. 5월 NCS+법률 기출 · 에듀윌 공기업 **국민건강 보험공단** · NCS+법률 봉투모의고사 · 4·3회
국민건강보험공단 | 한국전력공사

1위 21.11월 · 2021년 상반기 기출 · 에듀윌 공기업 한국수력원자력 +5대 발전회사 · NCS+전공 봉투모의고사 · 6·2회
한수원 | 수자원 | 토지주택공사

1위 21.10월 · 이것이 '진짜' 행과연 · 에듀윌 공기업 **행과연** 행정과학연구소 · NCS 봉투모의고사 · 3회
행과연 | 기업은행 | 인천국제공항공사

1위 21.12월 · 2021 에듀윌 대기업 인적성 통합 기본서 · 수리·추리 영역 집중 · 대기업 합격의 관문 · 수리·추리를 단 한권으로!
대기업 인적성 통합 | GSAT

1위 21.12월 · 에듀윌 **SKCT** SK그룹 종합역량검사 기본서 · 16개월 베스트셀러 1위
LG | SKCT | CJ | L-TAB

1위 21.12월 · 에듀윌 **ROTC·학사장교** 통합 기본서 · 58개월 베스트셀러 1위 · 시험과목 변경 완벽 반영!
ROTC·학사장교 | 부사관

꿈을 현실로 만드는
에듀윌

DREAM

공무원 교육
- 선호도 1위, 인지도 1위!
  브랜드만족도 1위!
- 합격자 수 1,495% 폭등시킨 독한 커리큘럼

자격증 교육
- 합격자 수 최고 기록 공식 인증 3회 달성
- 가장 많은 합격자를 배출한
  최고의 합격 시스템

직영학원
- 직영학원 수 1위, 수강생 규모 1위!
- 표준화된 커리큘럼과 호텔급 시설
  자랑하는 전국 50개 학원

종합출판
- 4대 온라인서점 베스트셀러 1위!
- 출제위원급 전문 교수진이
  직접 집필한 합격 교재

공기업 · 대기업 취업 교육
- 브랜드만족도 1위!
- 공기업 NCS, 대기업 직무적성,
  자소서와 면접까지
  빈틈없는 온·오프라인 취업 지원

학점은행제
- 96.9%의 압도적 과목 이수율
- 13년 연속 교육부 평가 인정 기관 선정

콘텐츠 제휴 · B2B 교육
- 고객 맞춤형 위탁 교육 서비스 제공
- 기업, 기관, 대학 등 각 단체에 최적화된
  고객 맞춤형 교육 및 제휴 서비스

부동산 아카데미
- 부동산 실무교육 1위!
- 전국구 동문회 네트워크를 기반으로 한
  부동산 실전 재테크 성공 비법

국비무료 교육
- 고용노동부 인증 우수훈련기관
- 4차 산업, 뉴딜 맞춤형 훈련과정